KB214830

장로 핸드북

장로 핸드북

지은이	제랄드 벌고프, 레스터 데 코스터
옮긴이	송광택
펴낸이	김종진
편집	김예담
디자인	이재현
초판 발행	2020. 10. 13.
등록번호	제2018-000357호
등록된 곳	서울특별시 강남구 선릉로107길 15, 202호
발행처	개혁된실천사
전화번호	02)6052-9696
이메일	mail@dailylearning.co.kr
웹사이트	www.dailylearning.co.kr

책값은 뒤표지에 있습니다.
ISBN 979-11-89697-11-2 03230

개혁된
실천
시리즈

모든 성도가 알아야 할 장로 직분

THE ELDERS HANDBOOK

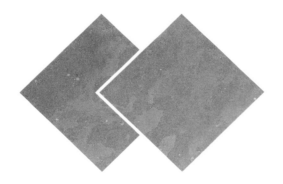

장로 핸드북

제랄드 벌고프, 레스터 데 코스터 지음

송광택 옮김

개혁된실천사

목차

장로의 면모

본서는 사도행전 20장 28-31절에서 바울이 에베소 교회 장로들에게 고한 이별의 말을 중심으로 기획된 것이다.

> "여러분은 자기를 위하여
> 또는 온 양 떼를 위하여 삼가라
> 성령이 그들 가운데 여러분을 감독자로 삼고
> 하나님이 자기 피로 사신
> 교회를 보살피게 하셨느니라
> 내가 떠난 후에 사나운 이리가
> 여러분에게 들어와서 그 양 떼를 아끼지 아니하며
> 또한 여러분 중에서도 제자들을 끌어
> 자기를 따르게 하려고 어그러진 말을 하는 사람들이
> 일어날 줄을 내가 아노라
> 그러므로 여러분이 일깨어 내가 삼 년이나 밤낮 쉬지 않고
> 눈물로 각 사람을 훈계하던 것을 기억하라."

서문

싸움에 찢기고 폭력이 난무하는 이 세상의 장래 운명은 교회에 달려 있다. 교회의 충분한 자원을 과감하게 개발하기 위해서는 활기 있는 평신도들의 역할이 중요하다. 이들은 강단에서 선포되는 하나님의 말씀에 자극을 받은 장로들을 통해서 그 기능과 효과를 발휘할 수 있다.

세속화되어 버린 이 세상은 교회를 의존해야 할 필요성을 깨닫지 못하고 있고, 또 교회는 교회대로 자신이 인류의 정신적 건강과 안녕의 구심 세력이라는 사실을 거의 잊어버리고 있는 것 같다. 그런 점에서 이 책은 실천적인 성명서로 다가온다. 이 책은 계시된 진리에 대한 임명받은 증인인 교회를 가정하고 있다. 교회가 이 역할을 수행하지 않을 때 인간은 모두 멸망해 버리고 세계는 대혼란에 빠지고 말 것이다.

교회만이 시대와 변화를 뛰어넘어 살아남는다. 오직 교회만이 국가나 시대적 유행의 부침을 초월할 수 있다. 복음적인 부흥 운동이 일어나 확산될 때, 이것을 교회와 연결시켜 인간 세상을 위한 항구적인 영향력이 되게 하지 않는다면 그 영향력은 사라지고 말 것이다.

자유 세계가 민주적인 제도를 수립하고 과학적인 성취를 할 수 있었던 것은 종교 개혁 당시와 그 이후에 교회가 강단을 통해서 또는 평신도들을 통해서 주도했던 해방적인 역할에 힘입었기 때문이다. 전체주의가 물러가고 서구인이 해방된 것은 계시된 진리를 교회가 그대로 전하고 그 진리대로 과감하게 살았기 때문이다. 바로 이 해방운동에서 정치적 민주주의, 의무 교육, 문화의 보급, 인권 존중, 기업 경쟁, 기술 진보 및 광범위한 번영이 유래된 것이다.

그러나 불행히도 인간은 현대 민주 문화의 기독교적 뿌리들이 시들어 버리는 것을 묵과하고 있다. 인간의 삶은 세속화되어 버렸다. 교회 자체는 그 능력의 원천인 성경을 종종 배반하기 일쑤였고, 학자라는 자들은 고작해야 성경을 보통 서적 정도로 취급하고 있다. 일반적으로 교육은 종교를 배척하고 있고 도덕은 하나님의 율법과의 연관을 끊었다. 교회의 영적 감화로 발전된 여러 가지 정신적 소산 아래 일찍이 사람들이 향유했던 자유는 이제 방종으로 치달아 급기야는 가정과 학교, 실업계와 정치계 그리고 사회 전반을 위협하기에 이르렀다.

따라서 이 시대에 긴급히 요청되는 것은, 하나님께서 영감을 통해 우리에게 주신 진리를 권위 있게 증언하는 일이다. 교회의 강단에 부여된 과업은 말씀에 대한 이 같은 증언이다. 그러한 증언은 사실 모든 신자의 소명이다. 이러한 증언들을 지도하는 것이 바로 다스리는 장로들에게 요구되는 임무이다. 이 책은 그들에게 바쳐지는 것이다.

우리는 하나님이 임명하신 장로들의 리더십 아래 구약에서 선지자들을 통해 미리 예언적으로 보여주신 신약 시대의 "만인 제사장직"이라는 제도가 다시 활기차게 전개되기 바란다. 문명의 미래는 교회의 증언에 달려 있다.

이 책은 다스리는 장로들에게 하나님이 요구하시는 직무를 이행하는 데 필요한 지식을 제공하려고 쓴 것이다.

우리들의 문화가 직면한 위기는 날로 가중되고 있고, 장로직에 대한 요청은 날마다 증대해 가고 있다. 바라건대 이 지침서가 장로들의 창조적인 직무 이행에 도움이 되기 바라며, 모든 신도가 장로들에게 기대하는 바가 무엇인지 시사해줄 수 있기를 바란다.

저자들

Part 1

자기를 위하여 삼가라

Part 1
"자기를 위하여 삼가라"

1부에서는, 하나님의 영감된 말씀의 빛 아래 장로가 자기 자신을 살피는 스킬(skill)을 발전시킴과 아울러, 하나님의 가족을 보다 잘 살피는 자질을 갖추어 나가기 위한 방도를 논하려 한다. 장로의 살핌은 교리와 삶 양면에서 이루어지며, 개인적 및 집단적으로 이루어진다.

또한 양무리를 지키고 보존하기 위한 실천적인 지침들을 제시할 것이며, 회합이나 공중 앞에서 말하는 방법을 개선하기 위한 조언과 회의 진행법에 대한 간결한 지침도 제시할 것이다.

또한 성공적 지도력의 기초, 곧 계획된 목표를 달성하기 위해 시간을 신중하게 관리하는 방법과 여러 사람과 함께 협동적 노력을 구가하는 방법을 개선하기 위한 구체적 건의 사항들을 포함할 것이다.

1장
도전

교회는 낙심을 한다든지 현실을 도피할 겨를이 없다. 우리 시대가 혼돈하고 목적 없이 치달릴수록 교회는 그 모든 노력을 갱신해야 할 도전을 받을 뿐이다. 다스리는 장로(the ruling eldership)는 그런 갱신을 주도하도록 특별한 부르심을 받았다. 우리는 "만인 제사장직"이 장로에게 이러한 갱신의 주역을 담당하도록 요청하는 것으로 이해한다. 갱신을 주도하는 능력은 인간 내부에서 나오는 것이 아니라 하나님의 영감된 말씀의 매개를 통해서 하나님께로부터 오는 것이다. 우리가 여기서 말하는 모든 것의 기초는 성경이다. 성령께서 말씀을 통해 창조하신 교회는 그리스도의 몸이며, 역사 안에서 그리스도를 대리하는 역할을 수행한다. 그리스도께서는 이 목적을 위해 신약성경 안에서 세우신 직분을 통해 그분의 몸 안에서 다스리신다. 우리는 여러 개신교 교회 안에 있는 직분들이, 가르치는 장로(teaching elder) 또는 사역자(minister), 다스리는 장로(ruling elder), 관리

위원(trustee), 감독(bishop), 목사(pastor), 집사(deacon) 등 여러 명칭으로 불리고 있음을 알고 있다. 이렇듯 명칭은 서로 다르지만 그리스도의 몸 안에서 지도력을 행사하는 책임에 있어서는 본질적으로 같다. 그 책임이란, 영감으로 주어진 말씀이 선명히 전파되고, 성례전이 충실히 집례되며, 신자들 가운데 자기희생적 제사장직이 권장되고, 필요할 때에는 권징이 행사되어야 한다는 것이다. 그리고 이 모든 것은 우리가 장로직이라고 규정한 치리 직분의 책임 있는 지도를 받아야 하는 것이다. 이 장로라는 직분을 견고하게 세우기 위해 우리는 이 지침서를 내놓는다.

우리는 장로 외에도 집단적으로 치리하는 직분을 나타내기 위해 당회, 노회, 위원회 등의 명칭이 사용되는 것을 알고 있다. 비록 용어는 다를지라도 본질적으로 기능은 같은 것이니, 곧 교회의 안녕을 위한 복수 지도체제라는 것이다.

이름이야 어떻든지 교회를 치리하는 지도층들은, 하나님의 말씀을 전파하고 그 말씀에 복종함으로써 세상을 향한 증언의 언덕 위에 교회를 다시 한번 높이 세울 수 있는 기회를 부여받고 있는 것이다. 그러므로 우리는 이 일을 위해 장로에게 도전한다.

처음부터 그러했다

여기서 간략하게 다루는 사상들을 나중에(특히 제18장에서) 본격적으로 다룰 기회가 있을 것이다. 그러나 미리 말해둘 것은, 하나님께서 교회 발생 초기부터 자기 백성이 장로들에 의해 인도되기를 바라셨음이 분명하다는 사실이다. 고대 이스라엘에서도 그러했고 신약 시대에도 그러하다. 바울과 바나바는 그들의 사역과 관련하여 "각 교회에서 장로들을 택하여"(행 14:23) 세웠다고 한다. 야고보는 장로의 존재를 당연시했다.

"너희 중에 병든 자가 있느냐 그는 교회의 장로들을 청할 것이요"(약 5:14).

우리는 언제나 장로가 복수로 언급된 것에 주목한다. 그들은 평신도들, 곧 안수받지 않은 신도들 사이에서 선정되거나 선출되었다. 그리고 종교 개혁과 더불어 장로직을 통한 교회의 평신도 치리 제도가 다시 수립되었다.

교회는 신주(神主) 정치이지 민주(民主) 정치가 아니다. 교회는 만왕의 왕에 의해서 통치되며, 그분의 홀(笏, scepter)은 영감된 말씀이요, 그분의 대행자들은 그 말씀을 따라 임명된 "가르치는 장로", "다스리는 장로" 및 "집사"이다.

신약성경에는 다스리는 장로직을 가리키기 위해 두 개의 용어가 사용되고 있다. 곧 "장로"(presbyter)라는 용어와 "감독"(bishop)이라는 용어이다. 이 용어들은 "다스리거나 가르치는 직책"을 위해 번갈아 사용되었는데, 바울이 그의 사역 말기에 에베소 교회의 장로들을 청할 때 "바울이 밀레도에서 사람을 에베소로 보내어 교회 장로들(presbyters)을 청하니"(행 20:17)라고 했고, 후에 그들이 바울에게 왔을 때에 그는 "여러분은…온 양 떼를 위하여 삼가라 성령이 그들 가운데 여러분을 감독자(bishops)로 삼고"(행 20:28)라고 기록한다. 즉 두 용어가 동일한 대상에 대해 번갈아 사용되었다.

본서는 이 장로 겸 감독들에게 한 바울의 고별사에 비추어 기록된 것이다. 그리고 오늘날의 다스리는 장로들은 에베소의 장로 겸 감독들의 공식적 후계자들인 것이다. 이들 다스리는 장로들에게 바울이 감동 어린 말로 한 도전이 아직도 내려오고 있는 것이다. 이하에 나오는 여러 부분의 제목들은 바울의 고별사에서 따온 것들이다.

당신은 장로 혹은 피택 장로인가? 그렇다면 영감받은 사도가 에베소에 있던 당신들의 선배 장로들에게 했던 당대의 도전을 오늘 당신의 것으로 받아들이라.

당신은 교회, 곧 예수 그리스도의 몸을 형성하는 만인 제사장직에 속한 한 사람인가? 그렇다면 평신도의 한 사람으로서, 당신의 지도자들인 장로들에게 교회의 주(主)되신 분께서 그들에게 부과하신 모든 책임을 받아들이도록 권고하라.

혹은 당신은 초대 교회의 가르치는 장로, 곧 오늘날 안수받은 목사로 인식되는 그러한 일꾼들 가운데 하나인가? 그렇다면 장로들에게 교회를 잘 다스리도록 격려하며, 당신과 함께 힘을 모아 "몸된 교회"에 선한 감화를 끼치게 하며, 교회를 잘 지도하고 다스리게 함으로써 역사 안에서 주님을 섬기도록 해야 할 것이다.

2장
회중 안에 있는 장로

영감받은 사도인 바울은 장로직에 대한 교훈을 이러한 말로 시작한다. "여러분은 자기를 위하여…삼가라."(keep watch over yourself) 이것이 최고의 우선순위이다. 장로는 자기를 위하여 날로 더 깨어서 살필 줄 알게 됨에 따라 그만큼 회중을 더 잘 살필 줄 알게 되는 법이다. 개인적으로 장로 각자에게, 그리고 집단적으로 모든 장로에게 요구되는 것은 끊임없이 깨어 자신을 살펴 삼가는 일이다.

각자가 자신의 교실이 되라

각성한 장로는 자기 경험이라는 학교에서 배운다. 당신의 삶은 당신이 택함 받아 지키도록 위임받은 자들의 삶을 조명해준다. 비록 두 생애가 똑같은 방향으로 간다고는 말할 수 없지만, 당신이 겪고 있는 삶의 무게를 통해서 다른 사람이 겪고 있는 시련을 이해할 수 있을 것이다. 당신이 고통을 당해봄으로써 다른 사람의 문제들이 무엇인지, 당신이 기쁨을 맛봄으로써 다른 사람의 기쁨이 무엇인지 알게 될 것이다. 당신이 보다 더 주님께 순종함으로써 다른 사람을 주께 순종하도록 더욱 힘 있게 격려할 수 있을 것이며, 당신이 실패를 거듭했을 때 다른 사람의 결점들에 대한 동정심이 깊어질 것이다. 당신의 신앙생활이 성장할 때 당신의 발걸음은 가벼워지고, 다른 사람에게도 그런 생활을 소개하고 싶은 열심이 생길 것이다. 각성한 장로로서의 삶은 하나님께서 허락하신 기회라 할 것인데, 무엇보다도 그는 "자기를 위하여 삼가" 훌륭한 장로로 성장할 수 있도록 기회를 잘 활용해야 할 것이다.

장로는 또한 경험의 학교에서 함정을 피하는 몇 가지 방법을 배워야 한다. 자신에 대해 속히 만족해 버리는 자는 남들에 대해 이내 불만족하게 된다는 사실을 그는 알아야 한다. 이런 마음의 자세는 피해야만 한다. 자신을 위해 그다지 높은 목표들을 세우지 않는 장로는 아마 교회를 위해서도 별로 높은 목표들을 세우지 않을 것이다.

"지극히 작은 것에 충성된 자는 큰 것에도 충성되고"라는 주님의 말씀에 격려를 받고, "지극히 작은 것에 불의한 자는 큰 것에도 불의하니라"(눅 16:10)는 주님의 경고에 각성하라. 그리고 깨어 당신 자신을 계속 살피라.

어떻게 살필 것인가

교회 안에서 깨어 살피는 태도는 언제나 믿음과 행동, 다시 말해서 교리와 삶에 집중된다. 이것은 자기 훈련과 회중에 대한 감독에 다 같이 해당한다. 이것은 두 가지 질문을 수반한다. 첫째는 '그대는 무엇을 믿는가?'이고 둘째는 '그러한 믿음은 언제 어디서든 그대의 삶을 지배하고 있는가?'이다.

사실상 믿음과 행동은 쌍둥이와 같아서 서로 영향을 주게 되어 있다. 믿기는 이렇게 믿고 행동은 저렇게 하기란 어려운 법이다. 우리가 참으로 믿는다면, 그것은 우리들의 행동을 지배해야 한다. 우리가 행동하는 양상은 참으로 우리가 믿고 있는 것을 반영하는 경향이 있다. 우리가 살아가는 하루하루는 마치 믿음이라는 실에다 꿴 구슬과 같은 것이다.

따라서 "살핀다"는 말은 믿음(곧 우리가 무엇을 믿는지)과 삶(곧 우리가 어떻게 행동하는지)을 살핀다는 뜻이다. 장로는 이를 행함에 있어서 자기가 자기 자신의 "교실"이라는 것을 발견한다. 하나님이 믿음과 삶에 있어 장로의 교사이시며, 하나님의 영감된 교과서는 성경이다.

사람이 자기 시력에 맞는 안경을 쓰고 사물을 보듯이, 장로는 성경 말씀을 통하여 자기와 다른 사람들을 살펴야 한다. 그는 이 세상을 인간의 소유가 아닌 하나님의 피조물로 보아야 하며, 다른 사람을 이웃으로, 교회를 그리스도의 거룩한 몸으로 볼 줄 알아야 한다. 그렇게 보게 해주는 안경은 하나님의 말씀, 곧 우리에게 은혜로 계시해주신 말씀이다. 성경 말씀을 당신의 외부의 눈과 내부의 눈의 안경으로 삼으라. 장로는 오로지 그것들을 통해서만 자신과 다른 사람과 하나님의 세계를 바로 볼 수 있을 것이다.

"주의 말씀을 열면 빛이 비치어 우둔한 사람들을 깨닫게 하나이다"(시 119:130).

교리에 관하여

장로는 교리에 관해 아래와 같은 방법으로 자기를 살펴야 한다.

① 끊임없이, 조직적으로 성경을 연구함으로써 그렇게 한다. 우리는 아무리 하나님의 말씀을 읽고 연구하고 명상하고 그 말씀을 중심으로 기도를 드린다 해도 넉넉하지 않다. 시편 기자는 "내가 주의 법을 어찌 그리 사랑하는지요 내가 그것을 종일 작은 소리로 읊조리나이다…주의 말씀의 맛이 내게 어찌 그리 단지요 내 입에 꿀보다 더 다니이다"(시 119:97, 103)라고 외쳤다. 이런 체험을 몸소 해본 장로만이 그 말씀을 남에게 전할 수 있을 것이니 말씀을 탐구하고 그것을 중심으로 기도하고 실천하라.

② 신앙 신조들을 연구함으로써 그렇게 한다. 영감된 말씀을 요약해서 가르치려는 것이 바로 교회의 신경이요, 신앙고백서요, 교리 문답서이다. 이것들을 가리켜 기독교 신앙 신조들이라고 한다. 이것은 믿음의 내용을 교회와 세상에 알려주는 것들이다. 초대 교회가 발전시켜 놓은 위대한 신경들을 잘 기억해두라. 그것은 "사도신경"(the Apostles Creed), "니케아 신경"(the Nicene Creed) 및 "아타나시

우스 신경"(the Athanasian Creed)이다. 당신이 속한 교파가 믿는 바를 천명하고 가르치는 신앙 신조들을 알아두고 연구하라. 장로들의 회합 등에서 신조들을 토의해보라. 목사나 그 밖에 다른 이들을 청해서 그런 토론회를 주도하도록 부탁하라. 당신들의 교파 안에 장로회의를 조직해서 당신들의 신앙고백서들을 연구해보라. 그것들에 통달했다고 장담할 자는 아무도 없기 때문이다. 그것들은 당신들의 신앙의 내용을 가늠해볼 수 있는 척도, 곧 "너희 속에 있는 소망에 관한 이유를 묻는 자에게는 대답할 것을 항상 준비하되"(벧전 3:15)라고 한 사도의 분부에 복종하려고 교회가 구성해 놓은 신앙 척도이다. 장로가 신경들을 알고 있어야 기독교 신앙의 일시적인 유행 조류를 평가할 수 있고, 설교와 출판물 가운데서 알곡과 가라지를 구별할 수 있으며, 목회자들과 신학자들이 하는 말을 평신도의 입장에서 분별하고 판단할 수 있는 것이다. 아울러 자기를 살피는 중요한 임무의 범위도 신경과 고백서와 교리 문답서 등을 익히 앎으로써 더욱 넓어질 수 있는 것이다. 당신은 과연 이 일을 부지런히 수행하고 있는가?

③ 자기 점검을 함으로써 그렇게 한다. 당신이 믿는 바를 당신 교파의 신조들의 빛으로 비춰보아라. 서로 일치하는가? 만일 그렇지 못할 경우에는, 그 의문점과 난제들을 교단의 헌법(the Church Order)에 입각해서 해결하도록 하라.

삶에 관하여

장로는 자기의 삶을 살펴야 한다. 교리는 결코 교리 자체로 그쳐서는 안 된다. 영감된 성경은 특별한 목적을 위해 주어진 것이다.

"모든 성경은 하나님의 감동으로 된 것으로 교훈과 책망과 바르게 함과 의로 교육하기에 유익하니 이는 하나님의 사람으로 온전하게 하며 모든 선한 일을 행할 능력을 갖추게 하려 함이라"(딤후 3:16-17).

하나님께서는 자기 아들의 피로 구속한 자들을 위해 분명한 의도를 가지고 계신다.

"우리는 그가 만드신 바라 그리스도 예수 안에서 선한 일을 위하여 지으심을 받은 자니 이 일은 하나님이 전에 예비하사 우리로 그 가운데서 행하게 하려 하심이니라"(엡 2:10).

그러므로 교회는 주님께서 "내가 너희에게 분부한 모든 것을 가르쳐 지키게 하라"(마 28:20)고 명령하신 대로 모든 멤버에게 선한 일을 하도록 가르칠 의무가 있는 것이다. 장로는 가장 훌륭한 교사가 되기 위하여 가장 훌륭한 학습자가 될 수 있도록 늘 자기를 살펴야 하는 것이다.

당신은 하나님의 학교에서 아래와 같은 거울에다 당신의 진보 과정을 비춰봄으로써 자신을 신중하게 살필 수 있다.

① 출애굽기 20장과 신명기 5장에 나와 있는 도덕법에 요약된 하나님의 뜻.

② 구약과 신약에서 다음과 같이 가르친 계명의 요약, 즉 "너는 마음을 다하고 뜻을 다하고 힘을 다하여 네 하나님 여호와를 사랑

하라"(신 6:5; 마 22:37). "둘째도 그와 같으니 네 이웃을 네 자신 같이 사랑하라"(레 19:18; 마 22:39).

③ 신명기를 포함한 구약의 예언서들과 복음서에 실린 계명들에 관한 영감된 주해들을 통해서.

④ 사도 바울, 야고보, 요한이 그들의 글에서 내린 실천적인 결론 안에서 제시한 율법의 자세한 적용들을 통해서.

⑤ 예수님의 교훈들, 특히 마태복음 5-7장의 산상 설교에 요약된 교훈들을 통해서.

⑥ 주님을 사랑하고 그분에게 복종하기를 소원하는 자들에게 이 세상뿐만 아니라 영원 세계에서 주시겠다고 하신 그 풍성한 성경적인 축복의 약속, 곧 "하나님을 사랑하는 자 곧 그의 뜻대로 부르심을 입은 자들에게는 모든 것이 합력하여 선을 이루느니라"(롬 8:28)고 하신 약속을 날마다 묵상함으로써.

⑦ 당신 자신을 포함한 각자가 장차 지극히 높으신 분의 심판대 앞에 서서 그리스도께서 가르치신 "므나"의 비유(눅 19:12-27) 및 "하나님께서 각 사람에게 그 행한 대로 보응하시되"(롬 2:6), "또 내가 보니 죽은 자들이 큰 자나 작은 자나 그 보좌 앞에 서 있는데 책들이 펴 있고 또 다른 책이 펴졌으니 곧 생명책이라 죽은 자들이 자기 행위를 따라 책들에 기록된 대로 심판을 받으니"(계 20:12)라는 말씀에 따라, 땅 위에 있을 때 하나님께서 은혜로 주신 생명과 시간과 재능과 소유를 어떻게 사용했는지 우리 입으로 직접 아뢰게 될 것이라는 사실을 결코 잊지 않음으로써. 우리 각자는 날마다 이 책들에다

우리의 생활을 기록하고 있다는 것을 유념해야 할 것이다.

교리와 삶 양면에 관하여

영감된 하나님의 말씀은 건전한 교리를 가르친다. 조심해서 그 교리를 깨닫도록 하라. 영감된 하나님의 말씀은 능력을 전달한다. 이 능력이 당신을 지배하게 해야 한다.

교리와 삶 양면에서 우리가 스스로를 철저히 살피려 결심한다 해도, 그러한 노력의 성공은 하나님의 손에 달려 있다는 것을 깨달아야 한다. 우리는 그분의 지시하심을 발견할 수 있는 곳인 성경으로 되돌아갈 뿐이다. 그리고 우리는 성령님을 의지해야 되는데, 곧 "하나님이 자기에게 순종하는 사람들에게 주신 성령"(행 5:32)이라는 말씀이 뜻하는 바와 같이 하나님의 말씀에 순종함으로써 성령의 임재를 추구한다.

영적으로 깨어 살피는 장로는 하나님의 영감된 말씀인 성경을 철저히 의지한다. 하나님은 그분의 말씀의 능력으로 만물을 창조하셨고(창 1장; 시 33:6), 그 말씀의 능력으로 만물을 유지하신다(사 40:26). 그리고 하나님은 그분의 말씀을 통해서 타락하고 죄로 병든 인간을 재창조하신다(사 55:10-11; 마 13:3-23). 우리는 진리를 찾기 위해 성경을 의존하며 진리를 행하기 위해서도 성경을 의존한다.

자기를 살피는 장로는 결과적으로 말씀에 더욱 가까워지게 된다. 성경은 당신이 장로직에 있는 동안 당신의 변함없는 동료가 되어야 한다.

깨어서 살피는 자에게 주어지는 보상

이해력

지식과 이해를 혼동하지 말라. 사람은 많은 것을 알면서도 그것들을 별로 이해하지 못할 수도 있다. "안다"는 것은 어떤 것을 열심히 연구한 결실이라면, "이해한다"는 것은 그 안 것을 실생활에 적용시켜 얻은 결실이다. 하나님의 말씀에 대한 이해력은 그 말씀에 순종하려고 애쓰는 자들에게 성령을 통하여 주시는 은사다. 사실상 우리는 말씀의 명령 아래 서 있어야만 성경을 이해할 수 있게 되는 것이다. 당신 자신은 자신이 그러한 "이해의 경지"에 도달한 것을 자각하지 못할 수도 있다. 그러나 다른 사람들은 그것으로 유익을 누리고, 교회는 그것으로 인해 복을 받을 것이다. 그리고 당신 자신이 먼저 말씀에 순종함으로써, 중요한 직분에 합당한 자연스러운 권위를 갖추게 될 것이다. 이 모든 것은 당신 자신의 순종 여부를 끊임없이 살핌으로써 성취된다.

지혜

지혜는 직접적 수단으로 얻을 수 있는 것이거나 누구한테 배워서 얻을 수 있는 것이 아니다. 경험에 의해서 무르익고, 보다 철저히 순종하고자 하는 꾸준한 노력에 의해서 심화된 이해력이 점점 더 원숙해져서 지혜가 되는 것이다. 지혜란 사랑의 봉사에 투입된 이해력을 말한다. 지혜는 나이가 듦에 따라 천천히 오는 것이다. 그렇기에 장로는 장로라 불린다.

교회 안의 다른 지체들과는 달리, 장로는 교회 안에서 체인을 이루는 "고리들" 가운데 가장 강력한 고리, 곧 가장 지혜로운 멤버일 것이다. 교회의 유익과 주님의 축복을 위해서 당신이 굳센 "고리"가 되기 위해 기도하고, 애쓰고, 노력하고, 배우고, 신뢰하라.

한마디 주의의 말

양심적인 장로는 자신의 약점과 실패를 자신의 책임의 막중함과 비교하면서 좌절해서는 안 된다. 하나님의 가속을 치리하는 당신의 권위는 자기 훈련의 성공이나 당신의 가정에서 완전한 가장으로서의 성공에 달려 있는 것이 아니다. 장로의 위임은 하나님에게서 온 것이며 그 직임은 하나님으로부터 세움받은 것이다. 그 치리는 하나님의 이름과 권능으로 하는 것이지 당신 자신의 이름으로 하는 것이 아니다. 그러므로 교리나 삶에서의 당신의 실패 때문에 낙심하지 말라. 다만 그러한 실패가 당신을 더욱 분발하게 하는 자극제가 되게 하라.

바울을 본보기로 삼고 용기를 내라. 위대한 사도는 믿는 자들에게 자기를 본받으라고 권고했다(고전 4:16; 11:1; 빌 3:17). 그러면서도 온전한 선행을 하는 데 실패하는 자신의 무능을 심히 통탄했다(롬 7:18-19; 갈 5:17). 그럼에도 바울은 산헤드린 공회 재판장들 앞에서 "오늘까지 나는 범사에 양심을 따라 하나님을 섬겼노라"(행 23:1)고 선언할 수 있었고, 그의 마지막 간증 중에 "청결한 양심으로 조상적부터 섬겨 오는 하나님께 감사"(딤후 1:3)한다고 쓸 수 있었다. 어떻게 이 동일하게 영감받은 필자가 자기 자신에 관해서 그토록 표면적으로 모순되는 말을 쓸 수 있었는가? 어떻게 그는 자기를 "그리스도를 본받는 자"(고전 11:1)라고 말하는 동시에 "죄인 중에…괴수"(딤전 1:15)라고 아울러 말할 수 있었는가? 우리에게 큰 위로가 될 수 있는 설명은 노력과 성취, 선을 의도하는 것과 그것을 온전히 이행하는 것 사이에 수립해놓은 바울의 구별에서 찾아볼 수 있다. 그 자신에 대해서 사도는 이렇게 덧붙였다.

"내가 이미 얻었다 함도 아니요 온전히 이루었다 함도 아니라 오직 내가 그리스도 예수께 잡힌 바 된 그것을 잡으려고 달려가노라…푯대를 향하여 그리스도 예수 안에서 하나님이 위에서 부르신 부름의 상을 위하여 달려가노라 그러므로 누구든지 우리 온전히 이룬 자들은 이렇게 생각할지니"(빌 3:12, 14-15).

바울의 양심에 만족을 주었던 것은, 그가 어떤 일을 성취한 분량에 있었던 것이 아니라 하나님의 뜻을 이루고자 한 그의 의지적 자세에 있었다. 바라건대 우리들의 양심 역시 많은 실패에도 불구하고 이렇게 만족을 얻어야 할 것이다. "그의 나라를 구하라"(마 6:33)고 주께서 분부하셨으며, 우리는 "좁은 문으로 들어가기를 힘"(눅 13:24)써야 할 것이다. 우리가 하나님의 뜻을 기쁜 마음으로 이루어드리려고 하기만 한다면, 온전함에 미흡할 때가 자주 있기는 해도 하나님께서 우리를 진리와 깨달음과 지혜 속으로 인도해주실 것이다.

그것이 바로 주님 자신의 약속이며(요 7:17), 영감받은 사도 바울의 경험이기도 하다.

따라서 당신이 장로직을 통하여 주의 일을 할 때에, 바울이 "선한 싸움을 싸우기 위해" 노력함으로써 양심의 평안을 얻었듯이 당신의 선한 양심도 쉼을 얻을 수 있을 것이다. 그렇게 함으로써 당신은 바울이 "나는 선한 싸움을 싸우고 나의 달려갈 길을 마치고 믿음을 지켰으니 이제 후로는 나를 위하여 의의 면류관이 예비되었으므로 주곧 의로우신 재판장이 그 날에 내게 주실 것이며 내게만 아니라 주의 나타나심을 사모하는 모든 자에게도니라"(딤후 4:7-8)고 말한 그 승리의 면류관을 향하여 바울과 함께 전진할 수 있을 것이다.

당신의 실패를 하나님께 고백하고, 뉘우치고, 결심하고, 바로잡으라. 당신의 의지가 참으로 하나님의 뜻을 받들려고 결심하고 있는 한, 이러한 실패가 당신이 장로직을 이행하는 데 결코 장애물이 되지 못하게 하라.

교만을 조심하라

당신의 직책은 우리들의 상전이신 주님께서 그러하셨듯이, 남을 섬기는 자리에서 다스리도록 부름받은 직책인 것이다. 당신 자신의 말이 아니라 하나님의 말씀을 강조하되, 겸손과 용기를 가지고 그렇게 하라. 감사나 보상이나 인정을 기대하지 말라. 모든 일을 오로지 교회의 유익을 위하여 하라. 고린도전서 13장이 당신의 끊임없는 지침서와 동반자가 되도록 하라.

"사랑은 오래 참고 사랑은 온유하며 시기하지 아니하며 사랑은 자랑하지 아니하며 교만하지 아니하며 무례히 행하지 아니하며 자기의 유익을 구하지 아니하며 성내지 아니하며 악한 것을 생각하지 아니하며 불의를 기뻐하지 아니하며 진리와 함께 기뻐하고 모든 것을 참으며 모든 것을 믿으며 모든 것을 바라며 모든 것을 견디느니라"(4-7절).

이와 같이 말씀으로 인도함을 받을 때에 당신은 교만에 빠지지 않을 것이며, 당신의 방식대로 하다가 주의 일을 방해하지 않게 될 것이다.

사람의 종들에게 내린 바울의 훈계를 그리스도의 종의 입장에서 들어보라.

"종들아 두려워하고 떨며 성실한 마음으로 육체의 상전에게 순종하기를 그리스도께 하듯 하라 눈가림만 하여 사람을 기쁘게 하는 자처럼 하지 말고 그리스도의 종들처럼 마음으로 하나님의 뜻을 행하고 기쁜 마음으로 섬기기를 주께 하듯 하고 사람들에게 하듯 하지 말라 이는 각 사람이 무슨 선을 행하든지 종이나 자유인이나 주께로부터 그대로 받을 줄을 앎이라"(엡 6:5-8).

집단적 살핌

장로들은 개인적으로 뿐만 아니라 집단적으로 자신들을 감시해야 한다. 장로 개인이 자기 자신의 교실이 될 수 있음과 마찬가지로, 집단으로서의 장로들은 자신들의 학원이 되고 훈련원이 될 수 있다. 이를테면, 장로단은 상호 격려를 통해 서로 도움을 받을 수 있다. 사랑으로 서로 권고함으로써, 회중이 잘못된 길로 갈 때에 그들을 권고할 수 있는 기량을 연마할 수 있다. 자기들의 소명에 빛을 비추어줄 성경 구절을 함께 찾아봄으로써, 장로단은 후대에 전수할 가치가 있는 좋은 사역 모델을 창안해 낼 수 있다.

바울이 말했듯이, 하나님의 영감으로 기록된 성경은 교훈과 책망과 바르게 함과 의로 교육하기에 유익하다(딤후 3:16). 교회를 치리함으로써 하나님을 섬기는 장로의 과업에 이 성경 말씀이 적용된다. 하나님의 말씀을 자신들에게 적용하는 문제를 놓고 장로들의 모임에서 충분한 시간을 두고 토의해보라.

꾸밈없는 사랑으로(고린도전서 13장을 기억하라) 서로를 살피는 활동을 할 때에, 그 장로단은 하나님의 참된 말씀으로 근육이 단단해지고 한 몸으로 결합될 것이다. 하나님께서 의도하신 대로 상호 교훈과 책망과 교정과 권징을 위해 하나님의 말씀이 사용될 때, 장로들은 상전이신 주님이 주시는 능력있는 면에서 성장하게 되고 몸된 교회를 섬기는 면에서 성장하게 될 것이다. 장로들 안에 긴장과 분열과 분쟁이 있다면, 그것은 주님의 거룩한 존전에서 벌어진 추문이다. 이것이 용납되어서는 안 된다. 기도를 하고 성경 말씀에 마음의 문을 열어서 당신 자신들을 살피는 일을 게을리하지 말라.

교리와 삶 양면에서 빈틈없이 스스로를 살피기로 결심한 장로는 그러한 살핌에 관해 동료 장로들이 제공하는 모든 공헌을 환영할 것이다. 그는 비판을 받아들일 능력이 자기에게 없을 때 그것은 자기의 영적 미숙의 증거인 줄 깨닫고 그러한 결함을 정복하려고 몸부림칠 것이다.

마음에 간직해 두어야 할 몇 가지 지침이 있다.

① 일치 : 교회는 성경에 그리스도의 몸, 도성, 가족, 건물, 성전 등 여러 가지 비유로 묘사되었다. 자체로서는 "온전한 하나"이면서 각각 독자적인 역할을 하는 여러 부품들이 결합되어 조성된 것이다. 그 어느 부분도 그것 자체만으로는 온전할 수 없기 때문에, 모든 부품이 상호 필요성에 의해서 서로 의존하고 있는 것이다. 그리고 어떠한 개체도 자신의 은사를 자체만의 독점적 용도를 위해 사용하지 못하게 되어 있다. 모든 은사는 전체의 유익을 위해 주어진 것이다. 따라서 장로단이 항상 직면해야 할 도전은 개인적인 은사를 창조적으로 규합해서 "주님의 공동체"를 섬기는 데 쓰고, 나아가서 그 공동체의 힘과 자원을 또 다시 개인들을 섬기는 데 투입해야 한다는 것이다.

이 어렵고도 섬세한 과업을 잘 수행하기 위해서 장로는 주님의 몸인 교회 안에서 자신이 갖는 권위의 원천과 범위와 목적을 알고 있어야 한다. 당신은 몸의 머리이신 예수 그리스도께 책임을 져야 한다는 것을 기억하라. 그분은 당신의 직분을 제정하셨고, 그분의 교회를 말씀에 입각하여 치리하도록 당신을 택하셨다. 비록 교회는 그리스도께서 말씀을 통하여 수립해 놓으신 직분을 충원하기 위하여 보통 선거(popular election)의 방법을 사용하기는 하지만, 어디까지나 신주 정치이지 민주 정치는 아닌 것이다.

장로로서 당신은 회중을 대표하고 있는 것도 아니며, 또한 회중에게 신세를 지고 있는 것도 아니다(정치적 민주주의에 익숙한 시민들에게는 이 이론이 그럴듯해 보이겠지만). 장로단은 성경에 입각해서 판단을 내려야 하며, 성경은 그 교파의 신앙고백들과 그 교파의 교회 헌법이 정당하게 인정하는 바에 따라서 해석되어야 한다. 당신은 회중의 생각에 당연히 민감해야 하겠지만, 교회를 다스릴 때는 보편적인 의견이나 일반 투표에 의거하는 것이 아니다. 하나님의 백성에 대한 영감된 분부는 명백하다.

"너희를 인도하는 자들에게 순종하고 복종하라 그들은 너희 영혼을 위하여 경성하기를 자신들이 청산할 자인 것 같이 하느니라"(히 13:17).

회중과 장로가 모두 이 훈계를 명심하기 바란다. 이 청지기직을 어떻게 수행하였는지 주님께 보고를 할 때가 장차 올 것이다. 성경 말씀을 따라 잘 다스리라. 회중이 주님께 순종하도록 해야지 당신에게 순종하도록 해서는 안 된다.

장로와 회중의 관계는 대단히 밀접하다. 그러므로 몸된 교회는 장로의 행동을 바르게 유도할 책임을 지고(accountable), 장로는 성도들의 행동을 바르게 유도할 책임을 진다.

교회가 한 몸이라는 것은 바로 이것을 의미한다. 실천적인 측면에서 이 상호 책임이 의미하는 바는 장로단이 그 직무를 수행해나갈 때 그 내용을 회중에게 명확하고 상세하게 알려야 한다는 것이다. 그러나 이것은 회중이 장로단을 더 이상 신임할 수 없게 되었는 것이 아니며, 그들의 개인적인 문제를 밝히라는 것도 아니요, 깊은 비밀을 넌지시 파헤치려는 것도 아니다. 오히려 이것은 장로들이 몸된 교회와 관련된 모든 문제를 자발적으로 알리는 것이다. 장로단은 "당회"가 결정한 사항들을 교우들에게 회람 형식으로 이따금 알리는 것이 좋을 것이다. 회중에 대해 솔직하게 보고하고 그들의 질문에 대한 정직하고 공개적인 답변을 하는 것은 중요하다. 이렇게 정보를 공유함으로써 그들은 운명 공동체가 될 수 있다.

일치를 위해 장로단은 그들 앞에 놓여진 어떤 문제에 대해 공통된 견해에 도달하기 위해 최선을 다해 노력해야 한다. 찬반의 표 차이를 좁히지 못한 채 그냥 다수결로 결정을 서두르기보다는, 가능하면 결정을 좀 연기하더라도 만장일치에 가까운 결정을 내릴 수 있도록 노력해보라. 물론 의견 차이는 늘 있는 것이므로, 어떤 때는 갑론을박하면서 시간 낭비를 하는 것보다 신속히 투표에 부치는 것이 상책일 때가 있다. 그러나 신앙과 삶을 다루는 문제에 봉착했을 때에 장로단은 하나님의 말씀을 살핌으로써 "공동의 빛"을 발견하도록 해야 할 것이다. 하나님의 말씀은 신앙과 행위에 관한 모든 중대한 문제에 있어 한 목소리로 말씀하고 있다는 것을 마음에 간직하라.

② 복수성 : 개신교 교회 정치의 근본 원리인 이 복수성에 관해 신약성경은 명확히 말하고 있다. 권위의 행사는 우월성의 행사가 아니다. 장로 각자는 개별적으로 그 소명으로 부름받았지만 전체적인 몸에 관한 문제들을 치리할 때에는 말씀의 지시 아래 집단적으

로 그렇게 해야 하는 것이다.

구약과 마찬가지로 신약도 장로들을 언급할 때 언제나 복수형을 사용하고 있다. 동격인 장로들 사이에서 한 사람이 다른 사람들보다 더 높다는 암시조차 찾아볼 수 없다. 아마도 한 사람이 회의를 진행해야 하겠지만 이것은 질서를 유지하기 위한 필수 조건일 뿐이다. 그러나 아무도 다른 사람을 주장해서는 안 된다. 남을 다스리는 자는 또한 섬기는 자이며, 장로직은 서로서로 함께 다스림으로써 회중을 섬기는 것이다.

그러므로 성경적 모형에 입각한 교회 치리는, 위계와 권위에 있어 동격인 장로의 복수 제도에 의해서 이루어지는 것이다. 몸된 교회 안에서 장로로서의 지도력을 훌륭하게 행사하려면, 그들끼리 서로 존경하고 자제함으로써 부단히 자체적인 훈련을 거듭함으로써만 가능하다.

③ 완전 동격(complete parity) : 교회사의 진행 과정에서 유래된 두 장로직, 곧 "가르치는 장로"와 "다스리는 장로" 사이의 직능상 차이와 더불어, 전자(목사)가 후자보다 어떤 우월한 지위에 있는 양 생각하는 경향성이 생기게 되었으며, 이러한 생각이 장로들의 모임과 보다 광범한 교회 회의들에까지 스며들게 되었다. 그러나 이러한 차별에 성경적인 근거는 없다.

"그러나 너희는 랍비라 칭함을 받지 말라 너희 선생은 하나요 너희는 다 형제니라"(마 23:8).

이것이 바로 주님의 가르침이다.

④ 절차 : 일치와 동등을 구현하고 의견의 합치를 모색하려면, 장로들의 회의를 위한 적절한 절차가 구비되어 있어야 한다. 다음과 같은 예를 참고하라.

- 회의의 의사 규칙을 따른다.
- 회의의 어젠다를 미리 준비하되, 가급적이면 사전에 배부하는 것이 바람직하다.
- 어젠다에 올려져 있는 안건에 대해 충분히 배경을 설명함으로써, 의사 결정이 확고한 기초 위에서 이루어지도록 한다.
- 아무리 긴급을 요하고 구실이 어떻든지, 안건을 밀어붙여 통과시키는 것은 피해야 한다.
- 충분한 토의 시간을 가지도록 하며, 발언하고 싶은 사람들의 모든 견해를 청취하라. 그렇게 하기 위해 필요하다면 회의를 연장하라.
- 모든 점에서 마치 그리스도께서 그곳에 계신 것처럼(아닌게 아니라 주님은 그곳에 계신다) 행동하고 말하라.

책임의 범위

장로직은 광범위한 책임을 지는 직책이다. 본서는 이에 대해 설명하고 있다. 당신이 관여해야 할 주요 분야를 아래와 같이 요약할 수 있다.

① 설교 : 설교되는 말씀을 감독한다. 설교는 교회의 최고 직능이

기 때문에, 이것을 감독하는 것은 주의 몸된 교회를 치리함으로써 주님을 섬기는 자들의 최고 책임이다 (11장 참조).

② **성례전의 집례** : 성만찬과 세례식의 집례는 교회의 표지이다. 이것을 신실하고 합당하게 집례하는 것이 장로들의 책임이다 (12장 참조).

③ **권징** : 설교된 말씀과 그 말씀이 가시적으로 표현된 성례전은 모든 성도의 실제 생활에서 열매를 맺어야 한다. 권징하고 필요시에 출교하여 격려와 훈계를 하는 것이 장로의 과업이다 (8, 9, 17장 참조).

④ **멤버십** : 지역 교회의 회원으로 받아들이는 것은 장로단이 관장하는 사항이다 (13, 20장 참조).

⑤ **돌봄과 위로** : 그리스도의 몸은 또한 하나님의 가족이다. 장로들은 이 가족의 구성원 각자가 가진 영적 필요성이 무엇이든지 그것을 채워주려고 세심한 마음을 기울여야 한다 (6, 7, 8, 14장 참조).

⑥ **회중 활동** : 장로단은 예배, 주일학교, 교회 안의 각 기관, 외부 구제 및 봉사 사역 등 회중의 활동 전반을 감독해야 한다 (5, 6, 13장 참조).

⑦ **세태의 동향 관찰** : 장로단은 교회 안의 동향 및 교회 밖의 세태 풍조에 민감해야 하며, 특히 교인들의 교리적 입장과 신앙 생활을 위협하는 이단 사상을 경계해야 한다 (3, 18, 19장 참조).

장로들은 주께서 배분하신 각종 은사의 분량에 따라 이상의 감독직을 전부 또는 부분적으로 감당해야 할 것이다. 자기 자신과 성도 개개인 및 집단에 대한 살핌은 언제나 다른 형태의 살핌의 근간이 되는 것이다.

사도신경

이 신경을 가리켜 "사도신경"이라 한 것은, 이것을 사도들이 작성했기 때문이 아니라 사도들의 가르침을 간략하게 요약했기 때문이다. 기독교 세계 안의 어떤 신조보다도 이것은 범교회적 신앙 신조라고 할 수 있을 것이다.

전능하사 천지를 만드신 하나님 아버지를 내가 믿사오며,

그 외아들 우리 주 예수 그리스도를 믿사오니,

이는 성령으로 잉태하사 동정녀 마리아에게 나시고,

본디오 빌라도에게 고난을 받으사 십자가에 못박혀 죽으시고,

장사한 지 사흘 만에 죽은 자 가운데서 다시 살아나시며,

하늘에 오르사 전능하신 하나님 우편에 앉아 계시다가,

저리로서 산 자와 죽은 자를 심판하려 오시리라.

성령을 믿사오며,

거룩한 공회와,

성도가 서로 교통하는 것과,

죄를 사하여 주시는 것과,

몸이 다시 사는 것과,

영원히 사는 것을 믿사옵나이다. 아멘.

니케아 신경

이 신경은 아리우스주의(Arianism) 이단 사상에 반대하여 초기 그리스도 교회의 정통 신앙을 진술한 것이다. 아리우스주의 이단은 제4세기에 교회를 괴롭힌 이단으로서, 특히 삼위일체 및 그리스도의 인격에 관한 교리와 관련되었다.

전능하사 천지를 만드시고, 보이는 만물과 보이지 않는 만물을 만드신 한 분 하나님 아버지를 내가 믿사오며,

온 세상이 있기 전에 아버지에게서 나신 하나님의 외아들, 곧 하나님에게서 나신 하나님, 빛으로부터 나신 빛, 하나님에게서 나신 참 하나님, 피조되지 않고 독생하셨고, 아버지와 한 본체이시며, 만물이 그에게서 창조된 한 주 예수 그리스도를 믿사오니,

이는 우리 인간을 위하여, 우리 구원을 위하여, 하늘에서 내려오셨으며, 성령으로 말미암아 동정녀 마리아에게서 성육되사 사람이 되셨고, 본디오 빌라도 밑에서 우리를 위하여 십자가에 못박혀 죽으셨으며, 고통을 당하신 후 장사지낸 바 되었다가, 성경대로 사흘 만에 다시 살아나셨으며, 하늘에 오르사 아버지 오른편에 앉아 계시다가 산 자와 죽은 자를 심판하러 영광 가운데 다시 오시리니 그의 나라가 무궁하리라.

생명의 주인이시며 생명을 주시는 분이신 성령을 믿사오니, 이는 아버지와 아들에게서 나셨으며, 아버지와 아들과 함께 경배와 영광을 받으시오며, 선지자들을 통하여 말씀하시는 분이시니이다.

거룩한 하나의 사도적 공회를 믿사오며,

죄 사함을 위한 하나의 세례를 믿사오며,

죽은 자의 부활과,

장차 임할 세계에서 사는 것을 믿사옵나이다. 아멘.

아타나시우스 신경

이 신경의 명칭은 아타나시우스(Athanasius, 296-373년)의 이름을 따른 것이다. 그는 정통 신앙의 수호자로서 삼위일체 교리를 공박한 아리우스와 대결하여 싸웠다. 수 세기에 걸쳐 로마 가톨릭교회와 성공회에서는, 어떤 장엄한 행사가 있을 때 공예배에서 이 신경을 낭송하는 관습이 있어 왔다.

1. 누구든지 구원을 받고자 하는 자는 무엇보다도 먼저 보편적 신앙을 가질 필요가 있다.
2. 사람마다 이 신앙을 온전하고 흠 없이 지키지 않는다면 의심할 여지 없이 그는 영원히 멸망받을 것이다.
3. 보편적 신앙은 다음과 같다. 곧 우리는 삼위로 계신 한 하나님, 일체이신 삼위 하나님을 예배하되,
4. 위격을 혼동하거나, 본체(substance)를 분할하지 않는다.
5. 이는 성부의 위격이 있고, 성자의 위격이 있고, 성령의 위격이 있기 때문이다.
6. 그러나 성부와 성자와 성령의 신격은 모두 하나요, 영광은 동격이요,

존귀는 다 같이 영원하다.

7. 성부께서 어떠하시면 성자와 성령께서도 그러하시다.

8. 성부도 성자도 성령도 피조물이 아니시며,

9. 성부도 성자도 성령도 불가해(不可解)하시다.

10. 성부도 성자도 성령도 영원하시나,

11. 영원하신 분이 셋 있는 것이 아니라 오직 한 영원하신 분이 계신다.

12. 마찬가지로 피조되지 않으신 분이 셋 있는 것이 아니며 불가해한 분은 셋 있는 것이 아니라, 하나의 피조되지 않은 분과 하나의 불가해한 분이 계신다.

13. 성부께서 전능하심과 마찬가지로 성자와 성령께서도 그러하시나,

14. 전능하신 분이 세 분이 아니라, 오직 한 전능자가 계신다.

15. 성부도 하나님이시고 성자도 성령도 하나님이시나,

16. 세 하나님이 아니라 한 하나님이시다.

17. 성부도 성자도 성령도 주(Lord)이시나,

18. 세 주가 아니라 한 주가 계신다.

19. 삼위의 각 위가 하나님이시며 주님이심을 마땅히 우리 그리스도인들은 진실히 인정해야 하지만,

20. 세 하나님(three Gods) 또는 세 주님(three Lords)이라고 말하지 못하도록 보편적 신앙은 금지하고 있다.

21. 성부께서는 어느 것으로부터 만드심을 받았거나 피조되셨거나 나시지 않으셨다.

22. 성자께서는 지으심을 받았거나 피조되시지 않고 오직 성부에게만 속하시고 나셨을 따름이다.

23. 성령께서는 성부와 성자에게 속하셨으나 지으심을 받으시지도, 피조되시지도, 나시지도 아니하시고 두 위(位)로부터 나오셨다.

24. 따라서, 한 성부이시지 세 성부가 아니시며, 한 성자이시지 세 성자가 아니시며, 한 성령이시지 세 성령이 아니시다.

25. 이 삼위 가운데 아무도 앞서거나 뒤서지 않으시며, 아무도 더 크거나 열등하지 않으시고,

26. 다만 전체 삼위께서는 한가지로 영원하시며 한가지로 동등하시다.

27. 그러므로 앞에서 이미 말한 대로 삼위이신 일체, 일체이신 삼위께서 범사에 예배를 받으셔야 한다.

28. 그러므로 구원을 받고자 하는 자는 이렇게 삼위일체를 생각해야 한다.

29. 뿐만 아니라 한 주 예수 그리스도의 성육신을 바로 믿는 것이 영원한 구원을 받는 데 필요하다.

30. 바로 믿는다 함은 하나님의 아들, 우리 주 예수 그리스도께서 하나님이시며 사람이심을 믿고 고백하는 것이며,

31. 성부와 같은 본체의 하나님이시며, 창세전에 나셨으며, 그 육신의 어머니의 본체를 취하사 세상에 태어나신 사람이시며,

32. 완전한 하나님이신 동시에, 이성적인 영혼과 살아 있는 인간 육체를 지니신 완전한 사람이시며,

33. 신성에 관해서는 성부와 동격이시고, 인성에 관해서는 성부보다 열등하시며,

34. 비록 하나님이시며 사람이시기는 하나, 두 분 그리스도가 아니라 한 분 그리스도이시며,

35. 신성이 변질되어 육신이 되신 것이 아니라 신성 안에 인성을 수납하신 것이며,

36. 본체의 혼동에 의해서가 아니라 인격의 연합에 의해 온전히 하나이신 분이며,

37. 이성적 영혼과 육체가 한 사람이 되듯이, 하나님과 사람이 한 그리스도이시다.

38. 그는 우리를 구원하시려고 고난을 당하시고 음부에 내려가셨다가 죽은 자 가운데서 사흘 만에 다시 살아나시며,

39. 하늘에 오르사 전능하신 하나님 아버지 우편에 앉아 계시다가,

40. 저리로서 산 자와 죽은 자를 심판하러 오시리라.

41. 그리하면 무리는 그들의 행한 것을 직고하리라.

42. 그리고 선을 행한 자는 영원한 생명으로 들어가고, 악을 행한 자는 영원한 불구덩이로 들어가리라.

43. 이것은 보편적 신앙이니, 충성되이 믿지 않으면 구원을 받을 수 없으리라.

3장
그리스도의 몸 안에 있는 회중

장로는 끊임없이 자기 자신을 살피며, 또한 주께서 자기를 임명하사 지키게 하신 회중을 살펴야 할 내부적인 의무를 가지고 있다. 또한 그는 우리가 이미 살핀 것처럼, 독립교회이거나 회중교회인 경우를 제외하고는, 지역 교회가 보다 더 큰 교단의 구조적 일부라는 사실을 인식하고 있어야 할 외부적인 의무를 가지고 있다.

제15장에서 자세히 논하겠지만, 보편 교회의 일치가 가장 잘 표현된 곳은 사도신경에 있는 "성도가 서로 교통하는 것과"라는 조항이라고 우리는 확신한다. 그러한 영적 교제는 세계를 포함하는 것이며, 모든 교파에 속한 그리스도인들이 여러 면에서 그렇게 하고 있듯이, 그들이 언제 어느 곳에서나 함께 모여 일할 때마다 두드러지게 드러난다. 우리가 하나됨에 대하여 바울은 다음과 같이 말했다.

"몸이 하나요 성령도 한 분이시니 이와 같이 너희가 부르심의 한 소망 안에서 부르심을 받았느니라 주도 한 분이시요 믿음도 하나요 세례도 하나요 하나님도 한 분이시니 곧 만유의 아버지시라 만유 위에 계시고 만유를 통일하시고 만유 가운데 계시도다"(엡 4:4-6).

교회 정치 또는 교회법이라는 관점에서 볼 때 교파 및 지역 교회는 세 가지 기본적 교회 정치로 나누어진다.

이 세 가지 정치 형태는 간단히 말해서 아래와 같다.

① 독립교회(independents) 및 회중교회(congregationalists)는 지역 교회 자체만으로 충분하다고 여기고 있다. 이 교회들은 특별하고 실제적인 목적을 위해 지역 교회들이 연합회를 구성하는 것은 인정하나, 통제하는 권위를 갖는 확대 기구를 가지는 것은 인정하지 않는다. 신학적으로는 이들 다수가 개혁파적이고 칼빈주의적인 전통을 지키고 있다. 침례교 회중들은 일반적으로 특정한 신앙고백적 기초는 가지지 않지만, 그들 나름대로 대회(conventions)를 구성하고 있다.

② 로마 가톨릭교회 및 여러 감독교회를 지배하는 견해에 따르면, 주님께서는 성직 정치의 위계 구조를 통해 자기의 몸인 교회에 대한 통치를 행사하신다. 성직 계급은 하위인 사제로부터 시작해서 주교, 대주교 및 로마 가톨릭의 경우에는 교황에까지 이른다.

③ 장로교회 및 개혁교회는 그리스도에게서 전래된 권위를 교회 회중이 선출한 장로단에게 부여한다. 확대된 회합인 노회 등은 지역협의회(the local council) 또는 당회가 선출해 보낸 대의원들에 의해 그 권위가 형성된다. 노회(presbytery), 대회(the synod) 및 총회(general assembly)는 지역 단위 조직인 당회를 위해 행동하는데, 그것은 이러한 확대회의들은 어디까지나 당회의 연장에 불과하다는 것이 전제

되고 있기 때문이다. 본서는 이러한 여러 배경을 고려해서 여러 교파에서 자신에 맞게 적용할 수 있도록 기록되었다.

공동체적 책임

지역 회중의 경우라도 어떤 결정을 내리는 것은 일부 대표자들의 손에 위임되어야만 하는 경우가 흔히 있다. 즉, 대다수는 직접 참여하지 않고 몇몇 사람들이 이들을 대신하여 직접 참여한다. 광회(廣會)가 어떤 결정들을 내렸을 때에, 지역 교회 회원들은 그 모임이 "저 위" 어딘가에 모여 자기네들의 문제를 다루는 것이라고 곡해하기 쉽다. 심지어는 지역 교회 장로단도 광회가 하는 일에 참여의식을 가지지 못하거나 책임을 느끼지 않을 수도 있다.

이것은 잘못이다. 교회는 비록 여러 교파적 형태를 가질지는 몰라도 언제나 단일체이다. 어떤 회중이든지 광회의 결정에서 자신을 제외시킬 수 없다. 지역 교회 장로단은 대표자로서 노회에서 활동한다. 지역 교회 장로단은 대의원을 통해 확대된 몸에 참석한다. "이것은 우리 교회, 저것은 당신들의 교회"가 아니라 전적으로 우리들의 교회인 것이다.

당신은 장로로서 마땅히 이렇게 느껴야 하고, 또한 이러한 느낌을 남에게 전달하도록 신경써야 한다. 광회에서 협의된 문제들이 추상적일 수도 있다. 그것은 신조 및 신앙고백서 같은 교회 헌법 문제, 예배 형식의 문제, 또는 작은 교회로서는 해결할 수 없는 질서와 권징 문제일 수도 있을 것이다. 그러나 이러한 문제들은 교인 각자가 살아 있는 한 부분을 구성하는 그리스도의 몸된 교회에 영향을 준다.

광회는 교리적 결정들을 특별한 문제들에 관한 특수한 경우에 국한시켜야 한다고 우리는 믿는다. 회의에 의한 신학은 교회에 대해 영향력을 끼치는 일이 드물고, 통상 그 결정을 강제하는 힘이 약하다.

개신 교회 대부분에서는 일반적으로 공동체적 책임이 결여되어 있다. 정치적으로 결코 독립교회가 아닌 회중들까지 점점 사실상 독립 교회처럼 행동하고 있다. 교단에 의해서, 그리고 교단을 위하여 채택된 교회 헌법이 무시당하고 있다. 지역 교회에서 선호하는 것을 헌법보다 우선시하는 것이다. 이것은 개탄할 만한 일이다. 회중주의를 판단하자는 것이 아니라, 다만 명목상으로만 장로교회요 개혁교회가 된다면, 결국에는 명목상으로만 교회로 존재하는 그런 참담한 지경에 처하게 되기 쉽기 때문이다. 만일 당신이 속해 있는 지역 교회가 공식적으로는 어느 교단의 일부이지만 실질적으로는 독자적인 행동을 한다면, 어느 한쪽을 분명히 택하는 성실성을 보여야 할 것이다. 우리 주님께서 말씀하셨듯이, "집이 스스로 분쟁하면 그 집이 설 수 없[다]"(막 3:25). 우리는 교회 질서에 가장 훌륭하게 이바지하는 것으로 여겨지는 개혁교회(또는 장로회) 정치에 충실하고자 한다.

장로의 일부는 직업상 회사에서 일하고 있고, 거기서 그에게 위촉된 임무만을 종속적으로 감당한다. 따라서 그는 회사 전체를 위해서는 별로 권위를 행사하지 못하고 전체적인 참여의식을 가지지 못할 수도 있다. 아마도 이러한 정신적 자세야말로 앞에서 말한 광회와 지역 회중의 관계에 대한 장로들의 생각을 예시(例示)하는 것일는지 모르겠다.

고립주의를 방지하고, 지역 교회가 마땅히 가져야 할 전체에 대한 책임의식을 강조하기 위하여 다음 사항들을 제안한다.

① 장로단은 노회나 대회 같은 광회 안에 위원회를 설치하고, 그 위원회로 하여금 지역 교회들의 충실한 지원을 받고 있는 그 광회의 업무 내용 및 결정 사항들을 지역 교회에게 자세히 알리는 업무를 담당하게 해야 할 것이다.

② 그 위원회에 속한 위원들이 정식 대의원은 아닐지라도 광회의 회의에 방청자로 참석하도록 권장할 것이며, 그들은 자기 교회에서 파견된 정식 대의원들이 나중에 자기 교회에 회의에 관한 보고를 할 때 완벽한 첨가 보고를 할 수 있을 것이다.

③ 광회에 대의원을 파견할 때에는 동일인들을 계속해서 파견하는 것도 좋을 것이다. 이들이 회의의 내용과 진행 과정에 익숙해지면 회의에 적극적으로 참여할 수 있을 것이기 때문이다.

④ 지역 회중은 광회에 그 회중의 담임 목사 1인과 장로 1인을 파견하는 것이 보통이다. 이 경우에 목사는 번번이 대의원으로 참석하기 때문에 장로인 대의원보다 그 광회의 구조와 내용에 대해 훨씬 더 많은 지식을 갖고 있겠지만 장로는 그렇지 못하다. 따라서, 같은 장로를 여러 차례 광회에 파견하면 장로들 쪽에서도 목사 못지않게 그 모임의 내용을 잘 알게 될 것이고, 따라서 목사뿐 아니라

장로들도 그 회의에 적극 참여하는 결과를 가져오게 될 것이다.

⑤ 광회에 상정될 사항에 관하여 대의원들이 어떤 태도를 취할지에 대해서 지역 회중이 그들에게 지시하는 일은 드물다. 대의원들은 허심탄회한 심정으로 토의에 임해야 할 것이며, 또한 성령의 이끄심을 받아야 한다. 그러나 장로단이 대의원을 선정할 때에는 충분한 지혜를 가지고 해야 하며, 대의원을 뽑기 전에 그 후보자가 앞으로 상정될 안건에 대해 어떤 견해를 가지고 있는지 알아보는 것이 좋을 것이다.

⑥ 광회에서 주로 토의될 안건들을 사전 협의하기 위해 지역 장로 회의를 소집하는 일도 바람직할 것이다.

⑦ 당신이 있는 지역 장로들 상호 간에 교단의 중요 사항을 공유하는 부정기(또는 정기) 간행물을 출판해보는 것도 좋을 것이다.

⑧ 광회에 참석하느라고 결손을 본 금전에 대해 보상을 해줄 수 있으면 해주라.

개교회 장로단은 이상의 여러 조항들을 더 확대해서 적용할 수 있을 것이다. 이러한 조항들을 제안한 데에는 한 가지 목적이 있다. 소속 교단의 제반 사항에, 지역 교회가 보다 더 적극적으로 참여하도록 유도하려는 것이다.

이상의 모든 것 역시, 당신이 장로로서 자기 자신을 삼가는 한 부분이라 할 것이다.

4장
지도자로서의 장로

당신은 교회를 지도하도록 선택받았다. 이 일은 공개적으로 누구에게 자랑할 일이거나 신문의 표제감이거나 텔레비전의 인터뷰감은 아니다. 우리는 정치적인 또는 카리스마적인 지도자를 말하고 있는 것이 아니다.

지도자로서의 장로는 자신의 능력의 한도 안에서 효과적, 효율적으로 시간을 내서 자기 직무를 완수하는 그러한 장로를 뜻한다.

시간을 잘 관리하라

시간은 독특한 자원이다. 우리 모두는 매해 매주 매일, 같은 시간의 양을 가지고 시작한다. 시간은 지나가 버리면 다시 찾을 수 없는 선물이다. 당신이 시간을 관리하는 것을 보면, 당신이 지도자로서 교회를 섬기는 시간을 어떻게 관리할 것인가를 알 수 있는 주요 시금석이 된다.

모든 사람에게 날마다 같은 양의 시간이 주어지건만, 어떤 사람은 자신에게 할당된 시간을 마음껏 활용하고 어떤 이는 별로 성과를 올리지 못한다. 이상하게도 사람은 굉장히 바쁘면 바쁠수록, 덜 바쁜 사람들보다 일할 시간을 더 많이 가진 듯이 보인다. 가장 바쁜 사람들이 큰일에 앞장을 서는 연유는 그들이 시간을 관리하는 비결을 알고 있기 때문이다. 그 비결은 누구나 배울 수 있다. 실로 시간(hours)은 짧지만 분(minutes)은 긴 것이다.

분을 잘 관리하면 시간은 알아서 제대로 될 것이다. 그리하여 주말이 되었을 때, 당신이 한 주 동안 얼마나 많은 일을 할 수 있었는지에 대해 놀라며 기뻐할 수 있을 것이다.

실상을 파악하기

당신의 시간에 어떤 일이 일어났었는지에 대한 확실한 실상을 파악하려면 시간 활용 목록표를 만들어 보아야 한다. 당신이 무엇을 하면서 시간을 보냈는지 전부 다 기억할 수는 없기 때문이다. 시간을 낭비하는 습관이 이제는 제2의 천성같이 되어 버렸을지도 모른다. 우리는 별로 깊이 생각하지 않은 채 시간을 낭비하고 있으며, 귀중한 시간이 귀중하게 쓰이지도 않은 채 흘러가 버리는 것을 깨닫지도 못하고 있다.

시간을 사용하는 방법을 쉽게 발견할 도리는 없지만 한 가지 간단한 방도가 있다. 당신이 이 방법을 따를 수 있는지 여부는, 당신이 스스로를 훈련시킬 수 있을지의 여부를 알아볼 수 있는 좋은 시험 대이다.

몇 주간, 날마다 당신의 시간 활용 목록표를 꼼꼼히 적어보라. 하루를 24시간으로 구분해놓은 계획표식 달력을 사용해보라. 특히 당신의 공적인 업무 외의 시간 사용의 내용을 구체적으로 기입하도록 하라. 왜냐하면 이런 시간은 대부분 당신 자신이 마음대로 조절할 수 있는 것이기 때문이다.

만일 당신이 하나님의 선물인 이 돌이킬 수 없는 자원을 가장 훌륭하게 관리할 방법을 배우려는 단호한 결심을 가지고 이러한 기록을 정성스럽게 해나가기만 한다면, 오래지 않아 당신에게 "나의 시간 사용"이라는 시간 사용 기록지가 남게 될 것이다.

평가하라

이렇게 당신 자신을 조사해보는 목적을 마음에 간직하라. 특히 장로가 된 다음에 당신에게 요구되는 여러 가지 의무 수행이라는 관점에서 당신은 삶이라는 선물을 얼마나 잘 활용하고 있는지 알고 싶을 것이다.

당신의 시간 사용 기록지를 면밀히 검토해보라. 당신의 직업이 요구하고 가족이 요구하고 휴식이 요구하는 시간이 얼마나 되는지, 교회와 공공사업과 사회적인 의무를 위해 바치는 시간이 얼마나 되는지, 신문을 읽고 국가와 사회를 위해 관심을 쏟는 시간이 얼마나 되는지, 성경을 읽고 묵상을 하고 기도를 하는 시간이 얼마나 되는지 이 모든 시간을 평가해보고 그 배분에 마음을 쓰라. 당신과 당신 가족의 환경에 긴요한 것들이 무엇인지 감안해보고, 이를 위해 소중한 시간들을 배정하라.

우선순위를 설정하라

당신이 하루하루를 어떻게 보내는지 파악했고, 당신의 시간을 어떻게 배분해야 할지 숙고하였다면, 하나님께서 당신에게 주신 시간을 잘 사용하기 위하여 이제 우선순위를 설정해야 한다.

어느 때나 당신의 직업과 당신의 가족을 위하여 충분한 시간을 배분하도록 하라. 당신의 일은 당신의 현재 재정 수입과 당신의 노후 문제와 직접적 연관이 있기 때문이며, 당신의 가족, 특히 자녀들 역시 곧 성장해서 오래지 않아 헤어지게 되기 때문이다.

이와 관련해서 당신은 낭비되는 분초를 확보해서 더 유용하게 사용해야 할 것이다. 특히 식사를 기다리는 시간, 이동 중에 이동수단을 기다리는 시간, 약속시 기다리는 시간 등 기다리면서 흘려버리는 시간을 잘 확보해야 한다. 생각하는 데 쓰는 시간, 무엇인가를 비망록에 기입하고, 전화를 거는 시간은 주로 낭비되기 쉽다.

긴요하지 않은 것들을 제거하라

지금까지 낭비해 왔던 순간들을 활용하는 것 외에(이를테면 차를 타고 가는 순간들은 기도 시간으로 얼마든지 활용할 수 있었던 시간이다) 긴요하지 않은 일, 하지 않아도 괜찮은 일들은 가급적 제거하도록 노력하라. 만일 당신이 자신의 소명에 충실하고 당신의 가족에 충실하려면 그만큼 희생시켜야 할 것들이 있는 법이다. 이른바 "기분 전환"의 시간을 희생시킨다는 것이 처음에는 어려운 일 같지만, 결국에 가서는 당신 자신과 교회를 위해 유익했다는 것이 드러나게 된다. 한 번 시도해보라.

행하라

당신의 시간을 보다 효과적으로 사용하기로 작정한 이상, 그것을 꼭 실천에 옮겨라. 아무리 좋은 의도에서 세운 계획이라도 내일로 미루면 열매를 맺지 못한다. 시간 사용법의 계획을 일단 수립했으면 끝까지 그것을 밀고 나가도록 하라. 여러 가지 일을 계획할 경우에는 우선 어렵고 유쾌하지 않은 일을 먼저 하도록 계획하고, 나머지 일을 가볍고 홀가분한 마음으로 처리할 수 있도록 하라.

남에게 위임하라

당신이 활용할 수 있는 시간에 비해 요구가 실질적으로 더 클 때에는, 다른 사람에게 일을 위임하라. 당신 교구에서 심방 관련하여 당신을 도울 수 있는 이를 물색해서 당신 대신에 심방을 하게 하라. 이를테면 젊은이들을 기용해서 같은 젊은이를 심방하게 한다든가, 집사들을 동원해서 환자들을 심방하게 한다든가, 당신의 부인이 당신을 대신해서 가게 한다든가, 적당한 대안을 활용하라. 좋은 지도 원리는 어떻게 하든지 일이 진척되도록 하는 것이지, 모든 일을 반드시 자신이 직접하는 것이 능사가 아니다.

더 알아야 할 몇 가지

① 수첩을 꼭 사용하라. 날짜, 약속, 필요, 아이디어 등을 기록해서 기억의 불완전함을 보완하고, 동시에 전화, 계획, 프로젝트 등을 기록하라.

② 간단한 기록을 집에 놔두고 장로로서 자기 관할하에 있는 교우들의 카드철을 비치해 놓으면, 그들의 생일을 기입해 놓았다가 축하 카드를 보내거나 전화를 할 수 있다. 이러한 준비를 해놓으면 이름도 기억할 수 있고, 믿음의 길에서 벗어나 흘러 떠내려가고 있을지도 모르는 교우를 파악할 수 있다. 그리고 이러한 기록철들은 당신이 시무에서 물러날 때 당신의 뒤를 이을 장로에게 넘겨줄 수 있을 것이다.

③ 계획된 사항은 끝까지 실천하라. 당신의 수첩을 살펴보고 약속을 기억해서 이행하고 저번 심방에서 남겨 놓은 것들을 상기하도록 하라. 시간을 확보해서 그 일을 마치라.

④ 당신의 시간 사용 습관을 가끔 재평가해보라. 혹시 당신은 귀중한 시간을 낭비하지 않았는가?

⑤ 이상의 모든 일에서 시간이 당신의 노예가 되어야지, 당신이 시간의 노예가 되어서는 안 된다. 이 귀중한 자원을 보다 잘 사용하고 즐기라. 하나님은 우리가 살아 있는 동안 우리에게 시간을 맡기셨다가 우리가 그것을 최선을 다해 사용하면 훗날 거기에 대한 상

급을 주신다.

리더십의 행사

리더십은 자기 직책을 완수하기 위한 시간 관리와 자기 절제뿐 아니라, 교회의 부름 안에서 다른 이들의 삶에 관여하는 것을 수반한다. 이러한 관점에서 볼 때, 리더십이란 다른 이들을 활용하고 또한 그들과 협력하여 소기의 결과를 성공적으로 성취하는 기능이다. 리더십은 다른 사람들을 이끌어 들여 공동의 목표를 향해 나아가게 한다. 이렇게 하는 것 역시 장로로서 당신의 책임이자 기회의 일환이다.

어떤 사람들은 나면서부터 리더십을 가지고 태어나 대개 성공적인 정치가가 된다. 당신은 다른 사람들을 쉽게 지도할 능력을 가졌을 수도, 가지지 못했을 수도 있다. 그러나 장로에게 꼭 필요한 리더십은 당신이 그것을 위해 간절히 기도하면 당신의 것이 될 수 있다. 장로에게 요긴한 지도 분야를 다음과 같은 순서로 살펴볼 수 있겠다. 계획하기, 조직하기, 지도하기, 코디네이션 및 통제하기이다.

계획하기

계획은 명료하게 정해진 결과를 성취하기 위해 프로그램을 짜는 일이다. 계획은 맑은 눈으로 앞을 바라보는 것이며, 목표를 정한 후 그 목표를 마음속에 그린다. 즉, 그 계획의 진행 방법과 야기될 수 있는 문제들을 미리 내다보려고 노력한다. 계획은 목적이 있는 공상을 하는 것인데, 이러한 공상은 낭비되는 시간을 선용해서 행할 수 있다.

계획은 시간과 정력의 사용을 통제한다. 계획이 예배당 신축이나 대외 활동 프로그램 같은 큰일을 위해서만 필요하다고 생각하는 것은 잘못이다. 장로로서 당신의 모든 업무를 계획하라. 심방, 문제 처리 방법, 교회 프로그램의 평가, 다른 사람을 쓰는 문제, 당신이 읽을 성경 구절, 당신이 인용할 본문 그리고 예상 질문들에 대한 답변 등을 미리 계획하여야 한다. 물론, 한 사람의 장로로서 교회가 그 모든 활동 영역에서 반드시 수행해야 하는 일도 계획하여야 한다.

여기 몇 가지 의견을 제시한다. 필요한 때에 개별적 장로로서 혹은 장로단의 한 멤버로서 이 의견들을 당신의 계획에 적용하여야 한다.

① 사실을 파악하고 정보를 모으라. 할 수 있는 한, 정보에 어둡거나 정보를 얻지 못하는 상태에 놓이지 말라. 다음과 같은 것들을 알아두어야 한다. 전에는 어떤 일이 이루어졌는가? 누가 참여했는가? 그 결과는 어떠했는가? 다른 곳에서 어떤 일이 이루어지고 있는가?

② 정보를 분석하고 숙고하라. 당신이 입수한 정보를 깊이 생각하고, 동시에 당신의 계획이 미칠 영향을 숙고하며, 계속해서 다른 정보를 구해야 한다.

③ 예견하라. 당신의 생각의 고삐를 풀어 자유를 주라. 현실 위에 굳게 서고, 탁상공론에 빠지지 말라. 당신이 계획하는 일의 결과와 그 일을 성취하기 위한 방법을 예견하도록 힘써야 한다.

④ **목표와 결과를 정하라.** 특별히 당신이 하고자 계획하고, 성취하려는 목표는 무엇인가? 앞의 단계를 거쳤다면 이 단계는 용이할 것이다. 이 단계가 쉽지 않다면 지나온 단계를 다시 숙고해보라. 막연한 목표를 세우지 말라. 당신의 현 위치 그리고 당신에게 주어진 자원과 거리가 먼 목표를 세우지 말라.

⑤ **달리 택할 수 있는 길을 생각해보라.** 목표를 달성하기 위한 열려 있는 모든 방법을 숙고하라. 당신의 목표 달성은 몇 가지 수단(심지어 우회로까지 포함해서)에 얼마나 깨어 있느냐에 달려 있다. 달리 택할 수 있는 방안들을 신중하게 고려하라. 최선을 택하되, 바람직한 변화의 여지를 남겨두라.

⑥ **평가하고 점검하라.** 당신이 현재 서 있는 위치와 가고 있는 방향을 주의 깊게 살피라. 이루어지는 일이 당신이 정한 목표를 향해 가고 있는지 확인하라. 변화하고, 중지하고, 심지어 다시 시작할 준비를 갖추라.

위에 요약한 간단한 방법은 많은 단순한 과제들을 위해 충분할 것이다. 그러나 보다 더 복잡한 목적들은 소위원회에 의해 문서화된 계획의 수립을 필요로 한다. 또한 그것은 신중하고 상세하게 계획됨으로써 금전과 시간의 낭비를 가져오는 실수를 피하거나 극소화시켜야 한다. 물론 지극히 간단한 일이든 가장 복잡한 과정이든, 당신은 모든 단계에서 성령님의 도우심을 간구해야 한다.

조직하기

이것은 각자의 의무와 직위를 규정하고 서로 간의 상호 관계 그리고 각 직원의 담당 임무를 규정하는 것을 포함한다. 한 마디로 말해, 조직은 효율적 일처리를 위해 최선의 방식으로 사람들과 업무들을 배치하는 것이다.

회중의 수가 매우 적고 그 업무가 아주 일상적이라도 조직은 반드시 필요하다. "우리 교회는 격식 차리지 않고 일을 합니다."라고 말하는 것은 보통 "우리 교회는 매우 비능률적이고 비효율적으로 일합니다."라는 의미로 이해될 수 있다. 조직화는 목적 없이 표류하지 않기 위한 필수 요소이다.

교회는 의무, 직위, 담당 업무, 상호 관계, 책임, 평가에 있어 명확하게 조직될 필요가 있다. 또한 장로는 자신의 일과 자신의 책임 아래 있는 모든 다른 사람들의 일을 반드시 조직해야 한다. 교회 내의 직책 관계를 보여주는 조직표를 마련해야 한다.

회중 안에 있는 모든 직위에 대한 직위 설명이 반드시 있어야 한다. 예를 들어 다음과 같이 명료하게 규정될 수 있어야 한다.

① 상호 관계 : 당신은 무엇에 대해 책임이 있는가?

당신은 누구에 대해 책임이 있는가?

누가 당신에 대해 책임이 있는가?

당신은 어떤 권위를 갖는가?

② 결과 : 직무 목표는 무엇인가?

당신이 해야 할 활동은 무엇인가?

평가의 수단은 무엇인가?

이러한 직무 설명은 모든 관계자의 종합적 생각과 계획으로부터 나온 것이어야 한다. 또한 그것은 개선 또는 변경이 가능해야 한다.

지도하기

지도하기란 당신의 리더십 아래 있는 사람들의 업무를 이끌고, 감독하고, 동기를 부여하고, 위임하고, 평가하는 일이다. 지도자가 각 개인의 모든 노력을 공동의 목표로 집중시키고자 할 때, 그는 적극적으로 지도 관리를 한다. 이를 위해 지도자에게는 계획이 있고, 그와 함께 일하는 모든 사람은 그 계획을 이해해야 한다. 여기서 계획의 유무는 일의 성패를 가른다.

지도자인 당신이 보여주는 활력과 진취적 자세에 따라 당신과 동역하는 사람들은 영향을 받고 자극을 받는다. 당신의 열정을 보여주라. 그러면 그것은 퍼져나갈 것이다.

코디네이션 및 통제하기

코디네이션은 많은 직원들의 참여를 질서정연하게 하나로 연합시켜주는 지도 관리의 한 국면이다. 적절한 코디네이션은 목표에 대한 인식과 함께, 이루어지고 있는 일 전체를 조감하는 데서 비롯된다. 미리 적절한 계획을 세우는 일이 큰 유익을 준다는 사실을 다시 한 번 기억하자. 이를 통해 일은 제시간에 그리고 적절한 때에 성취된다. 모든 에너지가 조화를 이룬다.

장로들은 그들이 하는 일을 은밀히 숨기는 것이 교회의 목표와 목적을 달성하려는 회중들의 협동을 좌절시킬 수 있음을 인식해야만 한다. 결정된 사항들은 가능한 공개적으로 발표하고, 회중에게 분명하게 설명해야 한다. 장로들로부터 회중에게로 정보가 계속적으로 잘 전달되고 또한 회중으로부터 장로들에게로 반응이 전달되어야 한다.

교회의 프로그램들이 반대나 논쟁을 야기할 때, 당신은 코디네이션을 통해서 이러한 긴장을 해소할 필요가 있다. 이 목적을 위해 우리는 다음과 같은 제안을 내놓는다.

① 많은 갈등이 오해로부터 발생한다는 것을 인식하라. 따라서 오해를 바로잡기 위해 노력하라.

② 장로들과 회중 간에 그리고 장로들과 회중 가운데 정직의 분위기를 항상 추구하라. 회의석상에서 그 분위기를 유지하라.

③ 가능하다면 흑백 논리의 상황으로 문제를 끌어들이지 말라. 진리나 원칙에 어긋나지 않는 방법이라면 모든 입장들을 인정하라.

④ 공정하고 객관적인 태도를 지녀라.

⑤ 듣기를 잘해야 한다. 그러나 주제에서 벗어나지는 못하게 하라.

⑥ 양자가 서로 편견과 완고함을 갖고 있다면, 타협안을 내는 것이 반드시 순전치 못함이나 원칙의 포기를 의미하지는 않는다. 동역이라는 바람직한 목표에 양자의 관심을 집중시키라.

⑦ 해결책을 도출해야 한다는 부담을 주어야 한다. 다른 방안을 위하여 책임을 부여하라. 서로의 차이점으로부터 시선을 돌리도록

하라.

⑧ 만일 긴장이 증가한다면, 양측이 함께 모이도록 위원회를 마련할 수 있을 것이다. 위원회에는 목적이 있으며 그것이 무엇인지 알도록 만전을 기하라. 이를 위해 우리는 다음과 같은 의견을 제안한다.

- 위원회의 목표를 규정하라.
- 안건이 있어야 하며, 논의가 그 정해진 안건 밖으로 벗어나지 않아야 한다.
- 신중하게 위원들을 임명한다. 그 일을 감당하기에 합당한 사람들이어야 한다.
- 진행 상황을 평가하라.
- 역할을 완수하고 위원회를 해산하는 것을 목표로 삼으라.

⑨ 장로 자신은 다음과 같은 방법으로 코디네이션에 도움을 준다.

- 협력적인 노력의 좋은 본을 보여주라.
- 다른 사람들의 참여를 추구하라(심지어 의견이 다른 사람까지라도).
- 결과를 지켜보고, 확신과 결심이 있음을 드러내라.

모두 함께 애쓰며 분발하는 것은 종종 자신을 드러내지 않는 리더십을 요구한다. 이런 특성을 갖추도록 하라.

의사 전달

여기서 사용된 "의사 전달"(communication)이란 말과 감정의 의미 있는 교환을 뜻한다.

말은 분명히 사람들의 의사소통을 가능하게 하는 데 있어서 가장 중요한 요소이다. 언어 사용을 통해서 인간은 사람됨이 이루어지고, 이 세상에서 하나님의 일이 이루어지는 것이다.

말의 방편을 통해 생각과 느낌을 나누는 일에 있어 기억해야 할 몇 가지 사실을 여기에 제시한다.

① 말의 의미가 공유될 때에 이해가 이루어진다. 반드시 당신이 의미하는 바를 말하고, 당신이 듣는 말의 의미를 파악하라. 그러기 위해서 추가적 설명과 추가적 질문을 필요로 할 수도 있다. 특별히 이것은 가정 심방에 있어서, 그리고 의견 차이와 권징의 문제를 다룸에 있어서 중요하다.

② 말 자체뿐만 아니라 그 말을 하는 방법도 의미를 전달해준다.

③ 전화나 편지보다 얼굴을 대면하고 대화하는 것이 훨씬 더 오해 방지에 도움이 된다.

④ 당신의 의견을 단순하게 표현하라. 또한 짧게 말하라.

⑤ 다른 사람이 말하고 있는 내용에 주의를 집중하라. 당신의 마음이 산만해지지 않도록 집중을 유지하라. 당신의 편견에 영향을 받아 상대의 진의를 놓치지 않도록 주의하라.

⑥ 당신의 견해에 비판적인 말들, 심지어는 당신의 "성역"과 같은 문제, 당신의 깊은 확신에 관한 비판에 대해서도 경청할 수 있어야 하며, 이를 이해하기 위해 노력해야 한다. 그렇게 하지 않으면 의사소통은 불가능하게 된다.

⑦ 의사소통은 감정이입에 달려 있음을 기억하라. 감정이입이란 상대방의 입장에서 상대방을 생각할 수 있는 능력이다.

⑧ 공정하고 이해심 있으며 다정다감하고 신뢰할 만한 경청자라는 좋은 평판을 얻으라. 그리하면 사람들은 그들이 필요할 때 당신에게 다가올 것이다.

동기 부여

동기 부여는 개인이 목표 성취를 향하여 자신이 가진 능력을 쏟아붓게 만드는 내적인 힘이다. 한 사람에게 동기를 부여하는 사항이 다른 사람에게는 의미 없는 것일 수 있다. 인간 행동의 원천은 신비스러운 것이다.

그리스도인은 동기 부여의 명백한 원천을 향한 진실된 호소에 대해 마음이 열려 있다. 즉 그 원천은 하나님과 이웃에 대한 사랑과 예수 그리스도의 값없이 주시는 구속에 대한 감사이다. 교회 지도자는 동기 부여의 분위기가 순종을 이끌어 낼 수 있다는 사실을 알고 있어야 한다. 회중에 대한 설교와 가르침에서 이러한 분위기의 형성이 의식적 목표가 되어야 한다.

회중을 위한 포괄적 계획은 하나님의 뜻에 순종하고, 하나님의 계시를 더욱더 배우려는 열망 가운데 그 모든 기관들의 노력을 통합한다.

교회는 참된 그리스도인의 삶을 위한 진정한 동기 부여를 위해 하나님의 말씀의 선포가 가지는 중요성을 언제나 높이 평가하여 왔다.

최근의 실험과 연구는 상공업에서의 업무 수행의 높은 수준과 직원들에게 정보가 보급되는 수준 사이에 밀접한 관련성이 있음을 확증해주고 있다. 모든 조직은 동기 부여의 측면에서 정보 보급의 중요성을 발견한다.

당신이 지도자로 부름받은 그 계획에 회중이 열심을 갖고 참여하도록 불붙여주는 하나님 말씀의 설교와 가르침을 신뢰하라. 그리고 나서 그 열심에 당신의 리더십을 공급하도록 하라.

Part 2

온 양 떼를 위하여 삼가라

Part 2
"온 양 떼를 위하여 삼가라"

여기서는 예전, 설교, 기도, 찬양 그리고 특별한 예식을 포함하여 교회의 공예배에 대한 장로들의 평가 수단을 다루며, 몇몇 흔한 질문도 다룬다. 심방을 재활성화하기 위한 구체적 내용도 제시한다. 성경적 결혼과 결혼 전후에 기독교적 가정을 권장하는 데 크게 도움이 될 내용도 다룬다. 또한 자녀가 태어났을 때의 문제도 다루며, 이혼과 재혼도 다루고 있고, 교회 안의 편부모 가정의 자녀 문제도 포함시키고 있다. 미혼모와 그 아이 그리고 그녀의 부모를 위한 가르침도 제공한다. 교회와 사이가 좋지 않은 청년과 건설적 관계를 유지하는 방법도 다룬다. 또한 하나님의 말씀에 대한 멤버들의 순종을 격려하기 위한 실천적 방법들을 제시하며, 개인 상담자로서의 장로를 위한 지침도 제공한다. 끝으로 마태복음 18장에 근거하여 신자 상호 간의 죄 때문에 생긴 드러난 상처들을 치료하는 법을 제시한다.

5장
공예배

주님은 주일 예배 참석을 요구하신다.

"모이기를 폐하는 어떤 사람들의 습관과 같이 하지 말고"(히 10:25).

주님의 명령에 응하여 순종하는 마음으로 모이는 자들은 홀로 모이지 않는다. 왜냐하면 그리스도께서 다음과 같이 선포하셨기 때문이다.

"두세 사람이 내 이름으로 모인 곳에는 나도 그들 중에 있느니라"(마 18:20).

사도 요한에 따르면 주님의 이름은 "말씀"(요 1:1)인데, 이 사실은 의미심장하다. 주의 이름으로 모이는 것은 주의 말씀 곧 성경 중심으로 모이는 것이다. 그것은 하나님의 말씀을 듣기 위한 모임이다. 그 모임에서는 읽는 말씀과 선포되는 말씀을 듣는다. 이것은 예수 그리스도의 참된 교회의 표지이다. 거룩한 말씀 안에서 주님은 그분의 백성을 향하여 임재하신다.

주일 예배의 요소들은 예전으로 불리운다. 예전의 내용들에 대한 감독은 장로의 중요한 책임이다. 교회는 예배를 중심으로 하여 삶 속에 그 영향력을 방사한다. 중심에서의 순종의 세기(intensity)는 세상을 향해 뻗어나가는 영향력의 파동에 반영된다.

예전을 잘 감독하기 위해서 장로는 그 각 요소가 무엇을 위하여 있는지를 신중히 고려해야 한다. 그는 예배가 하나의 대화라고 생각할 수도 있음을 알게 될 것이다. 하나님께서 인간에게 말씀하시고, 인간이 하나님께 말씀드린다. 이것은 하나님께서 택한 직분자의 매개 역할을 통해서 이루어지는 것이 보통이다. 예배 의식 가운데 어떤 요소가 포함되어야 하는 것은 이러한 대화를 위해 그 요소가 어떤 공헌을 하느냐에 달려 있다. 우리는 다음과 같은 질문으로 시작한다.

예배란 무엇인가

넓은 의미에서 우리가 주님의 계명에 순종할 때마다 하나님은 예배를 받으신다.

"하나님을 사랑하는 것은 이것이니 우리가 그의 계명들을 지키는 것이라"(요일 5:3).

"너희가 나를 사랑하면 나의 계명을 지키리라"(요 14:15).

이 세상에서의 매일의 순종을 위해서 성경이 주어졌고("이는 하나님의 사람으로 온전하게 하며 모든 선한 일을 행할 능력을 갖추게 하려 함이라", 딤후 3:17), 교회는 주께서 분부한 모든 것(마 28:20)을 모든 신자에게 가르치도록 명령받았다. 다른 예배는 헛된 것이다.

"사람의 계명으로 교훈을 삼아 가르치니 나를 헛되이 경배하는도다"(마 15:9; 사 29:13 인용).

순종의 삶, 즉 성경에서 사랑의 삶이라고 불리는 그러한 삶은 건전한 가르침에 달려 있다. 이러한 가르침은 좁은 의미에서 회중이 주일에 모이는 예배의 목적을 구성한다.

교회는 주일 예배가 그 자체로 끝이라고 생각해서는 결코 안 된다. 하나님의 명령에 순종하면서 예배에 참석하는 것이 전 생애적 예배에 대한 하나님의 요구를 만족시킨다고 생각해서도 안 된다. 주님께서는 성경 가운데 거듭해서 주일 예배로 일상의 삶 속에서의 순종을 대체하고자 하는 그릇된 생각을 경고하셨다.

"너희가 내 앞에 보이러 오니 이것을 누가 너희에게 요구하였느냐 내 마당만 밟을 뿐이니라 헛된 제물을 다시 가져오지 말라 분향은 내가 가증히 여기는 바요 월삭과 안식일과 대회로 모이는 것도 그러하니 성회와 아울러 악을 행하는 것을 내가 견디지 못하겠노라…너희가 손을 펼 때에 내가 내 눈을 너희에게서 가리고 너희가 많이 기도할지라도 내가 듣지 아니하리니 이는 너희의 손에 피가 가득함이라 너희는 스스로 씻으며 스스로 깨끗하게 하여 내 목전에서 너희 악한 행실을 버리며 행악을 그치고 선행을 배우며 정의를 구하며 학대 받는 자를 도와 주며 고아를 위하여 신원하며 과부를 위하여 변호하라 하셨느니라"(사 1:12-13, 15-17).

"너희는 이것이 여호와의 성전이라, 여호와의 성전이라, 여호와의 성전이라 하는 거짓말을 믿지 말라 너희가 만일 길과 행위를 참으로 바르게 하여 이웃들 사이에 정의를 행하며…내가 너희를 이 곳에 살게 하리니 곧 너희 조상에게 영원무궁토록 준 땅에니라"(렘 7:4-5, 7).

그리스도께서도 그의 선지자들처럼 다음과 같이 말씀하신다.

"나더러 주여 주여 하는 자마다 다 천국에 들어갈 것이 아니요 다만 하늘에 계신 내 아버지의 뜻대로 행하는 자라야 들어가리라"(마 7:21).

우리의 삶은 매일의 사랑의 실천을 통해 하나님을 참되게 예배하는 것이어야 한다. 이것은 성경의 가르침이다. 참된 예배가 무엇인지 계속적으로 가르치고, 그러한 것을 추구하는 것이 바로 주일 예배의 본질이다. 회중의 삶을 감독함에 있어서 당신은 하나님 앞에서 삶의 예배에 대한 책임이 있다. 주일 예배의 감독에 있어서 당신은 예전에 대한 책임이 있다.

예전

주일 예배 순서로서의 예전을 생각하라. 오전 예배와 저녁 예배는 동일하지 않을 수도 있다. 어떤 예배는 성찬과 세례 가운데 어느 하나만 포함하거나 둘 다 포함할 것이다. 그러나 예배의 각 요소에 적용되어야 할 질문은 언제나 동일하다. 예배의 이 부분이 하나님께서 회중을 함께 부르시고 "선행을 배우도록"(사 1:17) 하시는 핵심 목적에 어떻게 기여하는가? 장로는 이런 질문을 하고, 이에 대한 적절한 답을 구함으로써 주일 예배 예전을 감독하는 것이다.

전인(全人)

매일의 순종의 삶은 전인(全人)을 포함한다는 사실을 명심하라.

　"네 마음을 다하고 목숨을 다하고 뜻을 다하고 힘을 다하여 주 너의 하나님을 사랑하라 하신 것이요"(막 12:30).

　사랑은 온전한 신자가 될 것을 요구한다. 그래야 합당한 예배가 이루어질 것이다. 말씀의 선포를 통하여 마음을 조명하는 일이 반드시 중심에 있어야 한다. 또한 의지에 호소하는 것도 있어야 한다. 이로써 귀로 들은 것이 삶 속에서 실천된다. 들은 말씀이 행동으로 옮겨지는 것을 돕기 위해서는 행동의 "엔진"인 감정에 적당한 불을 붙여야만 한다. 생각과 의지와 감정은 참된 예배 가운데 반드시 공존해야 한다. 이를 위하여 예전이 계획되는 것이다.

예전 안의 여러 순간들

예배는 일련의 국면들 혹은 "순간들"을 통해서 진행된다. 이 순간들을 잘 알고 그 각각의 목적을 알아야 예배에서 벌어지고 있는 일을 알 수 있다.

　이러한 순간들을 시간 순서대로 정리하면 다음과 같다.

　① **회중이 함께 모임.** 질서 있는 분위기와 적절한 엄숙함은 하나님의 백성에게 합당한 것이다.

　"모든 것을 품위 있게 하고 질서 있게 하라"(고전 14:40).

② 환영의 말씀 혹은 "인사"(Salutation). 하나님께서는 오라고 명하셨다. 이제 하나님께서 그분의 부르심에 청종한 자들에게 환영의 말씀을 하신다. 하나님께 임명받은 종인 목사는 "하나님의 입술"로서 예배 중에 그분의 백성에게 주어지는 다른 모든 말씀처럼 이 환영의 말도 대행한다. 환영의 말씀의 내용은 다양할지 모르나, 반드시 성경에서 인용해야 한다. "나의 도움은 천지를 지으신 여호와에게서로다"라는 인사말은 시편 121편 2절에서 인용한 것이다. 인사말은 바울 서신의 다양한 인사들로부터 인용한 축복의 말을 더 포함할 수도 있다. 예를 들어 "하나님 아버지와 그리스도 예수 우리 주께로부터 은혜와 긍휼과 평강이 네게 있을지어다"(딤전 1:2)라는 말을 사용할 수도 있다. 환영의 말씀은 회중이 모이도록 부르신 분에 대한 인식 그리고 하나님께서 그의 백성에게 베푸시는 은혜와 사랑을 결합한다.

③ 하나님의 환영에 대한 회중의 응답. 찬송, 신앙고백, 주기도를 함께 하거나 회중을 위하여 목사가 개회 기도를 드린다.

④ 죄와 허물을 고백하고 회개하고 용서받는 순서.

- 신자들은 하나님께서 그들에게 요구하시는 것들에 비추어 그 자신의 모습과 한 주간 동안 하나님께 드린 경배의 삶을 돌아보아야 한다. 하나님의 요구는 두 개의 큰 계명으로 요약된다. 하나는 무엇보다도 하나님을 사랑하는 것이요, 다른 하나는 이웃을 자기 자신처럼 사랑하는 것이다(마 22:36-40).
- 신자는 그가 온전히 지키지 못한 말씀 앞에서 겸허하게 그

의 실패를 인정하고 죄를 고백하고 회개하면서, 그리스도 안에서 깨끗하게 하시고 용서하시는 하나님께로 돌이킨다.

- 목사는 성경에서 하나님의 용서하심에 대한 말씀을 읽는다. 신자는 이 말씀의 선포에 의해 실패의 짐을 벗어버리게 된다. 회중은 한 주간의 삶 속에서 하나님을 경배하기 위하여 재헌신한다.
- 십계명에 포함된 하나님의 명령을 들음으로써 이 재헌신에 내용과 초점을 부여한다.
- 이제 회중은 준비된 예배의 심장부로 들어서게 되며, 의무를 부여하는 하나님의 말씀을 듣고 행하기로 뜻을 정한다.

⑤ 하나님의 말씀을 읽고 설교하는 것은 참된 교회의 근본적 표지 중 하나이다. 일차적으로 회중은 예배의 이 순간을 위하여 함께 모인 것이다. 설교와 장로의 관계는 본서의 11장에서 별도로 논의하겠다.

⑥ 기도와 찬송은 예배의 다른 요소들 가운데 함께 짜여진다. 이 두 가지 요소를 아래에서 별도로 다루고 있다.

⑦ 헌금 순서가 예배 의식의 어떤 부분에 위치하고 있든지, 신자는 그 순서를 통해 하나님께서 자신에게 주신 모든 것 중에서 일부를 하나님의 일을 위해 돌려드림으로써 감사와 헌신을 표현한다.

⑧ 예배는 축도와 함께 끝난다. 목사는 성경에서 인용한 말씀을 가지고, 목사는 일상의 삶에서 하나님의 뜻을 행하려고 이제 출발하는 신자들에게 하나님의 복을 전한다. 일반적인 축도 가운데 하나는 이스라엘 백성을 위해 하나님께서 아론과 그의 아들들에게 명

하신 것이다.

"여호와는 네게 복을 주시고 너를 지키시기를 원하며 여호와는 그의 얼굴을 네게 비추사 은혜 베푸시기를 원하며 여호와는 그 얼굴을 네게로 향하여 드사 평강 주시기를 원하노라 할지니라 하라"(민 6:24-26).

일반적으로 사용되는 또 다른 축도는 바울 서신에서 인용한 것이다.

"주 예수 그리스도의 은혜와 하나님의 사랑과 성령의 교통하심이 너희 무리와 함께 있을지어다"(고후 13:13).

⑨ 세례식이나 성찬식이 있는 예배의 경우, 기도와 찬양을 포함하는 적절한 형식이 예배 의식의 이 순서를 구성한다(12장 참조).

예배의 각 순서(요소)는 "우리는 그가 만드신 바라 그리스도 예수 안에서 선한 일을 위하여 지으심을 받은 자니 이 일은 하나님이 전에 예비하사 우리로 그 가운데서 행하게 하려 하심이니라"(엡 2:10)는 말씀에 표현된 예배의 목적에 대한 공헌에 비추어 평가되어야 한다. 이 원리를 마음에 두고서, 장로는 위에서 언급한 모든 내용의 빛 안에서 예전과 예전적 실험의 미로를 헤쳐 나아가야 한다. 종종 회중은 사람들이 쉽게 받아들일 수 있어야 하고, 젊은이들이 좋아해야 하며, 현대적인 스타일이 개발되어야 한다는 식의 주장으로 예전의 변화를 요구하기 때문이다. 백성이 모이도록 부르시는 분은 하나님이시다. 따라서 그들이 왜 모이며, 그들이 모임에서 무엇을 기대해야 하는지 결정하는 분은 하나님이시다. 하나님의 임명을 받은 감독자로서, 장로는 하나님의 목적이 잘 수행되게 하는 방법을 따를 책임이 있다.

기도

하나님은 자신의 사역자의 입술을 통해 회중에게 말씀하신다. 회중은 동일하게 입술로 하나님께 말씀드린다. 또한 회중은 주기도문이나 성경의 기도문을 통해서 한 목소리로 하나님께 기도한다. 살아 계신 하나님께 말씀드리는 순서의 엄숙함은 어떤 사람이 감정적 열정을 가지고 유창하게 기도한다고 해서 그가 예배에서 회중을 위해 기도할 수 있는 자격을 갖추고 있다고 생각하는 잘못된 가정에 의해 그르치게 된다. 평일의 기도회에서는 이런 식으로 기도할 수 있을지도 모른다. 그러나 모든 사람, 특히 목사에 대한 주님의 가르침은 명백하다.

"또 너희는 기도할 때에 외식하는 자와 같이 하지 말라 그들은 사람에게 보이려고 회당과 큰 거리 어귀에 서서 기도하기를 좋아하느니라 내가 진실로 너희에게 이르노니 그들은 자기 상을 이미 받았느니라 너는 기도할 때에 네 골방에 들어가 문을 닫고 은밀한 중에 계신 네 아버지께 기도하라 은밀한 중에 보시는 네 아버지께서 갚으시리라"(마 6:5-6).

회중 기도는 네 가지 형태를 취할 수 있는데, 각각 다음과 같이 별개의 예전을 구성한다. 첫째, 죄의 고백과 공적인 회개. 둘째, 찬양. 셋째, 헌신과 재헌신. 넷째, 도우심과 축복을 위한 간구. 십계명을 그대로 혹은 요약해서 읽어주는 것은 죄의 고백과 회개와 재헌신 그리고 축복을 위한 기도의 맥락을 정해 준다.

예수님은 그분의 교회에 기도하는 법을 가르쳐주셨다(마 6:9-13; 눅

11:1-4). 장로는 주기도문에 있는 기도 방법을 상고함으로써 그 가치를 발견하게 될 것이다. 이 표준을 가지고 회중 기도의 내용을 분별해야 한다. 이 모범적 기도는 다음과 같은 점들을 상기시켜준다.

① 하나님은 "아버지"로 불리며, "나의" 아버지라기보다 오히려 "우리" 아버지이시다. 한 아버지를 모신 모든 신자들은 한 가족이며 서로 형제자매이다.

② "하늘에 계신"은 하나님의 높은 위엄을 가리킨다. 또한 이것은 하나님을 경솔하게 혹은 지나치게 격의없이 일컫지 못하게 하는 것이다. 기도를 위해 적절한 분위기는 경외와 두려움과 존경의 분위기이다. 하나님 아버지는 쉽게 대할 수 있는 동료나 친구가 아니다. "이름이 거룩히 여김을 받으시오며."

③ "나라가 임하시오며"는 곧 이어서 "뜻이 이루어지이다"라고 설명된다. 이것은 신자의 우선순위에 있어서 으뜸되는 것이다. 다시 한 번, 하나님께서 그의 백성이 무엇을 위해 기도하도록 모이게 하시는 것인지 분명해진다. 즉 그들이 먼저 그의 나라를 구하도록 고무되게, 즉 뜻이 하늘에서 이루어진 것같이 땅에서도 이루어지게 기도하는 것이다. 그 목표는 전적이고 절대적인 헌신이며, 이것은 하늘만큼이나 높은 실천의 기준이다.

④ 이어서 기도는 회중 자신의 문제로 향한다. "오늘날 우리에게 일용할 양식을 주시옵고." 땅에서 하나님의 뜻이 이루어지도록 그들 자신을 헌신한 후에야, 신자들은 그들의 헌신을 실천하기 위해 필요한 물질적 축복을 구할 수 있다. 요구되는 선물은 순종 가운데

사용될 선물이다. 그렇지 않으면 그들은 전혀 합법적으로 구하고 있는 것이 아니다.

⑤ 그러나 분명한 사실은 하나님의 선물이 모두 다 그의 나라를 위하여 올바르게 사용되지는 않는다는 것이다. 그래서 신자는 하나님이 그에게 주신 축복에 대해 빚진 자이다. 따라서 그는 "우리 죄를 사하여 주시옵고"라고 기도한다. 용서가 없다면 우리가 어떻게 다시 축복을 구할 수 있겠는가?

⑥ 용서를 구하는 신자의 간구에 대한 근거는 신자 자신의 실천이다. 주님께서는 "우리가 우리에게 죄 지은 자를 사하여 준 것 같이"를 강조하신다.

"너희가 사람의 잘못을 용서하면 너희 하늘 아버지께서도 너희 잘못을 용서하시려니와 너희가 사람의 잘못을 용서하지 아니하면 너희 아버지께서도 너희 잘못을 용서하지 아니하시리라"(마 6:14-15).

주님은 또한 빚진 종의 비유에서 동일한 교훈을 강조하고 있다. 그 종은 그의 주인으로부터 탕감받았으나 그에게 빚진 자를 용서해주기를 거절했다(마 18:22-35). 남을 용서하면서 "우리의 빚"을 하나님이 용서해주시길 구할 때 우리의 기도가 하나님께 상달될 것이다. 그렇지 않으면 참으로 용서받지 못하게 될 것이다.

⑦ 신자는 그가 축복 가운데 있을 때 많은 종류의 유혹에 빠지기 쉽다는 사실을 알고 있다. 우리는 참되신 하나님 대신 다른 신들을 섬길지도 모른다. 혹은 다른 사람에 대한 관심보다 이기심에 사로잡힐 수도 있다. 이 모든 사실을 알기 때문에 우리는 "우리를 시험

에 들게 하지 마시옵고 다만 악에서 구하시옵소서"라고 간구한다. 다른 구조 방법은 전혀 도움을 줄 수 없다.

⑧ 주기도문은 송영(doxology)으로 끝나고 있다. "나라와 권세와 영광이 아버지께"는 하나님이 우리의 간구한 바를 모두 이루어 주실 수 있다는 절대적 확신을 표현하는 것이다. 또한 "우리가 구하거나 생각하는 모든 것에 더 넘치도록 능히 하실"(엡 3:20) 하나님에 대한 신뢰의 표현이다.

회중이 기도할 때 교회는 결코 주님이 가르쳐주신 모범적 기도의 어구 그대로 똑같이 기도하도록 제한받지 않는다. 그러나 지혜로운 장로는 주기도문 안에서 신자가 하나님 아버지께 무엇을 어떻게 간구해야 하는지를 깨달을 것이다. 이러한 지침에 추가하여 성경의 다른 가르침(기도의 형태와 내용에 관한)을 참고하면, 장로는 예배의 이 내밀한 부분을 감독할 준비를 갖추게 된다.

찬양

감사는 신자의 입술로부터 자연스럽게 흘러 나온다. 시편은 찬송의 노래로 가득 차 있다. 신약성경의 서신들도 마찬가지이다.

찬양을 뒷받침하는 것은 예리한 신학이며 장로는 그러한 신학을 반드시 알고 있어야 한다. 장로는 다음과 같은 질문을 스스로 해볼 수 있다.

① 왜 예배 중에 찬양을 하는가?

어떤 고난이 닥칠지라도 신자의 생애는 은혜이며, 따라서 하나의 축복이기 때문이다. 또한 찬양은 모든 축복이 하나님께로부터 나온다는 것을 적절히 확인시켜 주기 때문이다. 따라서 하나님은 찬양을 요구하신다.

"그러나 주께 피하는 모든 사람은 다 기뻐하며 주의 보호로 말미암아 영원히 기뻐 외치고"(시 5:11).

"시와 찬송과 신령한 노래를 부르며 감사하는 마음으로 하나님을 찬양하고"(골 3:16).

생명과 그 가운데 있는 모든 것을 주시는 분인 하나님은 찬양 가운데 우리가 그분의 은혜로운 베푸심을 인정할 것을 요구하신다.

② 예배에서 어떻게 찬양을 드리는가?

분명히 원칙적인 방법은 노래이다. 성경에 근거하는 찬송시에 적절한 곡을 붙이고, 회중이 그 찬송을 부르는 것이다.

또한 찬송시를 함께 읽고, 함께 노래 부르고, 함께 암송할 수도 있다.

③ 어떠한 찬송시로 찬양해야 하는가?

위에서 언급한 바와 같이 찬송의 가사는 성경에 근거하여야 한다. 어떤 교회는 시편 찬송만을 부른다. 그 찬송은 시편으로 시를 짓고, 장중하고 위엄 있는 곡을 붙인 것이다. 다른 교회는 성경의 다른 부분에서 이끌어낸 찬송이나 신자의 경험을 반영하는 찬송도 허용한다. 저자는 성경에 근거한 찬송시를 좋아하며 특히 시편에서 근거한 것을 가장 좋아한다. 이로써 하나님은 그분의 성경에 의해 영감된 찬송시에 의하여 찬양을 받으시는 것이다. 하나님을 이보다 더 훌륭하게 찬양할 수 있는 방법이 있을까?

④ 찬양은 예배의 목적에 어떻게 관련되는가?

찬양은 순종을 고무시킨다. 찬양은 두 가지 방법으로 자극을 준다. 첫째, 하나님이 우리에게 모든 축복을 주시고 생명 자체까지도 주셨고, 따라서 우리에 대한 하나님의 투자는 그에 합당한 "이자"를 받기에 합당하다고 인정한다. 둘째, 음악과 리듬이 정서에 영향을 주어 의지에 활력을 일으키고, 용기를 일으키며, 사랑을 고무시킨다.

찬양은 진리 안에서 순종하겠다는 서약이 된다. 만일 우리가 일상의 삶에서 하나님을 예배하는 가운데 하나님의 축복에 의지하지 않는다면, 우리는 주일 예배에서 그분의 모든 축복에 대해 참되게 하나님을 찬양하는 것이 아니다. 교회 의자에서 드린 찬양은 일상의 삶 속에서 테스트되어야 한다.

순종으로 입증된 찬양의 삶을 살면 하나님이 주신 선물을 영원히 소유하게 된다. 신자는 하나님이 생명과 그 모든 은사의 수여자이심을 찬양을 통해 인정하며, 또한 하나님의 명령에 합당하게 그것들을 사용함으로써 물질적 소유에 영적인 의미를 부여한다.

"오직 너희를 위하여 보물을 하늘에 쌓아 두라 거기는 좀이나 동록이 해하지 못하며 도둑이 구멍을 뚫지도 못하고 도둑질도 못하느니라 네 보물 있는 그 곳에는 네 마음도 있느니라"(마 6:20-21).

찬양은 하늘에 투자한 것에 대한 "약속 어음"이다. 그렇지 않다면 찬양은 소음이 된다(고전 13:1).

간단히 말해서, 진정한 찬양은 자기 부인에 달려 있다.

"자기 십자가를 지고 나를 따르지 않는 자도 내게 합당하지 아니하니라"(마 10:38).

자기 부인은 하나님을 모든 것을 주시는 분으로 인정하는 찬양 가운데 기쁨을 나타낸다.

회중이 찬양의 신학을 잘 알고 있어야 한다는 점은 매우 중요하다. 이것을 모르면 찬송과 감사는 진부한 것이 되고, 더 나아가서 경솔하게 찬양에 참여하는 자들에 대한 심판이 있게 된다. 장로는 최소한 회중의 무지에 의해서 이러한 일이 생겨나지 않도록 세심하게 살펴야 할 책임이 있다.

몇 가지 질문과 대답

① 성가대의 찬양은 어떻게 예전에 합당한가?

어떤 교회는 성가대를 거부하는데, 그들의 주장에 의하면 회중은 함께 합창으로 찬양하거나 임명받은 사역자의 입술로 찬양해야 한다는 것이다. 이 견해는 제3자에게 어떤 정당함도 인정해 주지 않는다. 또 다른 교회는 훈련된 목소리가 하나님의 백성의 이름으로 화음을 이루는 찬양을 드릴 때 하나님께서 기뻐하신다고 믿고 있다. 잘 연주된 음악이 정서를 고무시키며, 이러한 정서가 앞서 지적한 대로 예배의 합당한 요소라는 사실은 더 논의될 수 있을 것이다. 이러한 관점들의 차이에 대해서 성경은 분명하게 결정을 내리지 않고 있으므로 장로단은 자신의 결정을 내려야만 한다. 그러나 피해야 되는 것은 오락적인 음악으로만 생각하면서 찬양을 연주하는 자세이다. 왜냐하면 이런 자세로 찬양을 드리는 예배는 이미 그 자체로 의미를 상실하기 때문이다.

② 합창단이나 음악인들의 방문 연주는 어떠한가?

예배에 있어서 이들은 이 회중 안에서 하나님과 그분의 백성 사이의 "제3자"가 된다. 이러한 제3자에게 예배 의식의 참된 역할이 맡겨질 수 있을까? 이러한 합창단은 공식적인 예배 전후에, 즉 주일 오후나 주중에 방문하도록 권고하라. 일반적으로 예배는 하나님과 회중이라는 두 참여자를 중심으로 이루어진 하나의 통일성을 갖고 있다(물론 회중 속에는 함께 참석하고 있는 방문객이나 비회원도 있다).

③ 찬송가 가사 없이 오르간 연주만 있는 것은 어떠한가?

이것은 오래된 질문이다. 이 질문은 가사 없는 연주 음악을 지지하는 쪽에서 하는 질문이다. 교회에서의 악기 사용에 대한 오래된 논의의 배후에는, 음악이 그 자체로 도덕적 느낌을 전해주며(모든 음악이 고상한 느낌을 전해주는 것은 아니더라도), 음악은 그 청중의 영혼 가운데 본인이 의식하지 못하는 중에 교묘하게 이러한 느낌들을 집어넣을 수 있다는 고대의 이론이 존재한다. 사람들은 오랫동안 생각하기를, 만일 음악이 감각적이고, 세속적이고, 성적으로 자극을 주고, 우울하게 만든다면 음악은 스스로 타락할 수 있다고 보았다. 최소한 이러한 사실을 알고 있을 때, 장로는 깨어서 예배의 진행 중에 무엇이 연주되고 있는지에 대해 주의 깊게 귀 기울이게 된다. 그리고 소위

악기 음악을 금지하는 교회는 자신의 입장을 지지해 주는 근거들을 갖고 있지 않다.

④ 장로는 예배 중에 연주되는 음악의 내용을 감독해야 하는가?

반드시 감독해야 한다. 이단들은 경건하게 보이는 찬송과 유행하는 종교적 노래 등을 통해 교회에 슬그머니 들어오곤 했다. 또한 음악은 마음의 파수꾼이 모르도록 슬그머니 마음속에 들어와서, 깨어 있는 자가 승인할 수 없는 교리를 마음에 남겨 놓는다. 찬송시는 반드시 교리적으로 옹호될 수 있는 것이어야 하며, 곡은 질적으로 합당한 것이어야 하는데, 이것은 장로의 책임이다. 예배의 어떤 요소도 전체에 미치는 영향에 있어서 중립적인 것은 없다.

⑤ 예배 순서에서 성직자가 아닌 사람이 수행하는 역할이 있는가?

몸의 지체로서 수행하는 역할이 있다. 교회 회중은 함께 찬송하고, 기도하고, 신앙을 고백한다. 그들은 함께 순종을 맹세하고, 말씀을 교독한다. 그러나 개인 자격으로서는 예배 순서에서 그를 위한 고유한 역할은 없다. 회중이 평일에 기도회나 특별 집회를 갖는 것은 장로가 결정할 문제이다. 평신도 개인은 하나님을 대신하여 회중에게 혹은 회중을 대신하여 하나님께 말하도록 하나님께 임명받지 않았다. 제11장에서 설명할 이 독특한 역할은 교회에 의해 확증되는 하나님의 임명에 의한 것이다. 목사가 없는 특별한 상황의 경우 장로와 집사는 그 기능을 수행할 수 있을 것이다. 그러나 이것은 어디까지나 예외적인 경우이다. 만인 제사장직에 관한 논의에 대해서는 제16장을 보라.

결론

설교를 통하여 회중은 예배의 목적과 각각의 예배 요소들의 역할에 대해 가르침을 받아야 하며, 이러한 교육은 매우 중요하다. 여기서 이 세상 가운데 있는 교회의 대외적인 영향력이 시작된다. 장로는 예배가 그것을 요구하시는 하나님의 목적에 합하고 있는지에 대해 늘 깨어 있어야만 한다.

6장
교인 심방

우리는 옛 실천 사항 곧 장로가 자기 교구 내의 교인 가정을 방문하는 가정 심방에 대해 새롭게 인식하고 그 진가를 알아보아야 한다. 경험이 말해주는 바에 의하면 심방은 튼튼한 교회를 세워준다. 심방은 계획적으로 실행해야 하고, 가능하다면 매년 전 회중을 심방해야 한다.

우리는 심방과 관련해서 몇 가지 사항들을 고려해야 한다.

심방을 왜 하는가?

주님은 이 세상이 "친교 그룹"을 통해 충족시키려 하는 것을 장로들의 심방 사역을 통해서 그의 몸된 교회에 공급해주신다. 신중한 계획하에 실시되는 심방은 확신, 안전, 동료 의식을 창출할 수 있고 이를 통해 온 교회는 함께 성도의 교통을 경험한다. 모든 사람이 이러한 교통을 갈망하며 이것은 이 세상의 정신과 의사가 줄 수 없는 것이다.

하나님의 말씀은 "너희를 인도하는 자들에게 순종하고 복종하라 그들은 너희 영혼을 위하여 경성하기를 자신들이 청산할 자인 것 같이 하느니라"(히 13:17)고 하여 신자와 장로 양측의 책임을 구체적으로 말하고 있다. 이 책임은 이러한 심방으로 표현되어야 한다. 심방을 받는 자와 심방을 하는 자는 언젠가 주님 앞에서 그들 각자의 계산을 해야 할 것이다. 우리 주님은 주의 이름으로 두세 사람이 모인 곳에 임재하시는 분이다(마 18:20).

심방은 신자를 신앙과 순종으로 교육시키는 교회 프로그램의 일부이다. 따라서 우리는 심방을 설교된 말씀의 필연적인 확장으로 생각할 수 있다.

규칙적인 심방 계획은 다음과 같은 유익을 약속해준다.

① 심방은 교회의 돌봄과 후원을 신자들의 가정에까지 확장시킨다. 바울은 다음과 같이 교훈한다.

"그러므로 피차 권면하고 서로 덕을 세우기를 너희가 하는 것 같이 하라 형제들아 우리가 너희에게 구하노니 너희 가운데서 수고하고 주 안에서 너희를 다스리며 권하는 자들을 너희가 알고 그들의 역사로 말미암아 사랑 안에서 가장 귀히 여기며 너희끼리 화목하라"(살전 5:11-13).

② 가정 심방은 회중의 세부적인 필요 사항을 파악할 수 있는 길을 열어준다. 따라서 심방을 통해서 설교, 집사의 직무, 교육 프로그램 등이 어디에 초점을 맞추어야 할지 정보를 얻게 되며 특별한 문

제들에 더 깊은 관심을 갖게 된다. 심방은 몸의 맥박을 재고 체온을 재는 것이다.

③ 심방을 통해서 장로는 설교와 가르침과 교회의 다른 모든 기능에 대한 신자의 반응을 평가할 수 있다.

④ 심방을 통해서 긴급한 상황과 관계없이 장로와 회중 사이에 의미 있는 관계가 수립된다. 이로써 곤란한 문제들을 보다 더 용이하게 다룰 수 있게 된다.

⑤ 심방을 통해서 문제점을 조기에 발견할 수 있고 미연에 방지할 수 있다.

물론 장로와 신자는 이 심방이 사회적인 상호 방문 이상의 의미가 있음을 명심해야 한다.

심방 전의 준비

목사는 이따금 적절한 성경 본문에 근거하여 심방의 중요성을 설교에서 강조할 책임이 있다. 회중은 잘 시행되는 심방이 교회와 교인에게 주는 유익을 충분히 이해해야 하며, 목사는 이에 대해 조직적으로 상기시켜주어야 한다. 즉, 회중은 장로에게서 무엇을 기대할 수 있을지, 장로는 회중에게서 무엇을 기대할 수 있을지, 그리고 이 일을 통해서 주님을 어떻게 섬겨야 할지 가르쳐주어야 한다. 목사는 기독교 가정이 수행하는 핵심 역할의 맥락 안에서 가정 심방을 설정할 수 있다. 기독교 가정의 핵심 역할이란 자녀를 양육하는 공간이자 사회의 견고한 기초로서의 역할을 말한다. 데살로니가전서 5장 14절, 히브리서 12장 15절, 베드로전서 5장 2절 등의 본문을 적용할 수 있다.

장로는 주어진 시기에 한두 가지 주제를 중심으로 하여 심방 계획을 마련하기로 결정할 수 있으며, 이러한 사실은 설교에서 적절하게 소개되어야 한다. 혹은 심방하는 장로가 심방 중에 특별한 토픽을 강조하기로 결정할 수도 있다. 몇 개의 주제나 토픽을 다음과 같이 제시한다.

① 가족
- 성경적 가족관
- 가정 예배, 식탁에서의 경건 시간과 찬송과 기도
- 가족 구성원이 서로 관계되어 있는 방식
- 아버지 혹은 어머니만 있는 가정의 특별한 문제 및 교회의 관심
- 맞벌이 부부, 가정에서의 어머니 부재, 여행 중에 있는 아버지
- 가정에서의 징계
- 자라나는 어린이의 양육 문제, 오락 활동, 교회 출석 문제
- 기독교 교육

② 교회
- 왜 교회가 주일에 함께 모여 예배드리는지
- 설교 듣기의 역할

- 예전의 의미와 목적
- 교회 활동에의 참여
- 교회를 위한 재정적 후원

③ 다음의 일반적 주제는 유사한 토픽으로 발전될 수 있다.

- 성경
- 그리스도인의 성장, 그리스도인의 일상생활
- 기도
- 고난
- 청소년기의 특별한 문제들
- 소유와 재능의 청지기직
- 가치관
- 신앙과 직업
- 섭리와 인간의 책임
- 선교와 복음전도

우리는 심방의 실천을 위해서 다음과 같은 실천적 제안을 하는 바이다.

① 이것은 팀(team) 사역이다. 보통 목사와 한두 사람의 장로가 심방팀을 구성한다. 반드시 다음과 같은 문제에 대해 계획을 세워라. 주제를 처음 소개하는 일은 누가 할 것인가? 누가 말씀을 읽을 것이며 누가 기도를 할 것인가? 누가 끝맺는 기도를 할 것이며 누가 필요한 조정을 할 것인가? 심방을 마치는 시점은 누가 주도권을 가지

고 결정할 것인가? 좋은 심방을 하기 위해서는 사전에 철저한 계획을 세워야 한다.

② 각각의 방문은 기도 가운데 이루어져야 한다.

③ 가능하다면, 어떤 특별한 문제나 필요에 직면하게 될지 미리 확인하라. 그러한 문제에 대해 어떻게 대응할지 미리 준비하라.

④ 가족 모두의 이름, 직업, 학력을 알아야 한다.

⑤ 전화로 심방 계획을 알리고 게시판에 광고하라. 심방을 기대하도록 만들라.

⑥ 신중하게 준비할지라도 지나치게 자신의 준비에 의지하는 심방이 되어서는 안 된다. 문제들을 깊이 생각하되, 심방하는 동안 해야 할 말을 위해 주님을 의뢰하라.

심방 중의 유의 사항

당신은 장로로서 교회의 머리되신 주님의 이름으로 그분의 심부름을 하기 위해 심방을 간다는 사실을 기억하라. 심방을 통해서 주님과 그분의 지체를 섬기라. 그리하면 주께서 당신의 말에 권위와 능력을 주실 것이다.

심방의 수행을 위해서 다음과 같은 실천적 제안을 하는 바이다.

① 성경은 건강한 가족 관계에 높은 가치를 두고 있다(에베소서 6장 1-4절을 예로 들 수 있다). 따라서 심방을 가족 모두를 위한 기회로 삼고, 이 짧은 시간에 부모와 자녀가 모두 한자리에 모이도록 초대하라.

② 즐거운 낯으로 문 앞에 이르러야 한다. 안으로 안내할 때까지 기다리라. 자리를 마련해줄 때까지 기다리라. 사람들은 사소한 것으로 상처 입을 수 있다. 첫 출발을 잘해야 한다.

③ 유머와 정중함, 조심성과 사랑을 항상 지니도록 하라. 특히 어린아이들은 심방을 두려워할지도 모른다는 사실을 기억하라. 어린아이들의 관심사에 진지하게 주의를 기울임으로써 그들을 간과하지 말아야 한다.

④ 심방 중에 모든 가족이 참여하도록 관심을 기울이라. 공감하고 이해하면서 그리하라. 그들의 관심사나 직업에 대해 몰랐던 것이 있다면 알려고 노력하라. 그러나 대화의 목적은 언제나 영적인 문제들에 초점을 맞추어야 한다.

⑤ 성경을 읽음으로써 모임을 시작하려면, 미리 성경 구절을 선택하고 자신의 성경을 가지고 가라. 아마 간단하고 힘차게 본문을 설명하면 유익을 줄 것이다. 그러나 설교(혹은 설교 투의 설명)로 시작하지 말라.

⑥ "예", "아니오"라는 대답만이 가능한 질문을 피하면서 대화를 시작하라. 예를 들면, 주님과의 개인적인 관계를 이야기할 때, 그리스도인이 하나님을 아는 지식 안에서 성장할 수 있는 방법들(설교, 개인적인 성경 연구, 교회 학교, 고난, 긴장, 유혹, 기도, 순종 등)에 대해 먼저 이야기를 나누면 묶인 혀가 풀리고 편하게 이야기할 수 있게 될 것이다. 가장 많은 유익을 준 것은 무엇이며 그 이유는 무엇인지 그리고 유익이 가장 적은 것은 무엇이며 그 이유는 무엇인지를 물어보라. 다

른 은혜의 방편은 무엇인지도 물어보라. 장로는 그 교인이 설교에 만족하고 있는지를 물어보기보다는(이러한 질문은 목사에 대한 부정적 비판으로 빠지기 쉽다. 물론 공정한 분위기에서 그 문제는 적절히 다루어져야 한다) 다음과 같이 질문하는 것이 나을 것이다. "왜 성경이 그토록 설교를 강조한다고 생각하십니까?", "어떻게 하면 설교로부터 가장 많은 유익을 얻을 수 있을까요?", "설교되는 말씀을 온전히 자기 것으로 삼기 위해 어떻게 자기 자신을 최선으로 준비할 수 있을까요?" 이와 같이 문제에 접근하는 방식은 그 심방을 효과적이고, 종종 고무적인 것으로 만들어줄 것이다.

⑦ 끝맺는 기도 속에서 당신은 이 가족의 필요와 관심사와 기쁨을 경청하였음을 보여줄 수 있어야 한다. 기도는 가족들의 이름을 불러가면서 기도하되, 언제나 재치 있게 하라.

⑧ 너무 오래 머무르다가 눈총을 받지 말라. 후에 다시 방문할 날이 있을 것이다.

⑨ 논쟁을 정중하게 거절하라. 만일 그 가족이 교회, 목사, 예전 등에 대하여 솔직한 불평을 가지고 있다면, 경청한 후에 그 내용을 장로들(혹은 당회)에게 보고할 것이라고 약속하라. 만일 그 문제가 심각한 것이라면 적절한 때와 장소에서 그 문제를 논의할 것을 제안하라. 또한 비평을 덮어서 숨겨버리고 잘못을 눈감아버리는 듯한 인상을 주지 않도록 조심하라. 그러한 인상을 주면 교인의 신뢰를 잃게 될 것이다.

⑩ 가족 중 어떤 사람은 다른 가족이 자리하지 않은 곳에서 개인

적으로 의논하기 원하는 문제를 가지고 있을지도 모른다. 이 점을 잘 알아차려야 한다. 다른 기회에 그 문제를 상의하기 위해 약속을 하라.

심방 후에 할 일들

당신이 심방을 통해서 배울 수 있었던 것을 개인적으로 깊이 생각하라. 예를 들면, 대화를 시작하고, 대화를 진행시키고, 문제점을 발견하고, 충고하고, 격려하고, 권면하는 더 나은 방법에 대해 깊이 생각하라. 심방의 결과를 위해 계속 기도하라. 실수한 것을 고백하라. 당신의 노력에 주님의 축복이 임하길 구하라.

장로들은 다음과 같은 방법으로 심방이 회중에게 유익이 되도록 해야 한다.

① 보고와 토의 : 지난 번 모임 이후에 방문한 가정들의 강점, 약점, 실제적인 문제점, 잠재적인 문제점, 심방 중에 발견한 교회 봉사를 위한 재능들, 보다 더 폭넓은 봉사의 가능성, 심방을 통해서 알게 된 그 가정의 심리 상태, 영적인 수준, 강단으로부터 채워주어야 할 관심사와 어려움들.

② 심방 중에 드러난 교회에 대한 반응 : 공정한 비평과 공정하지 못한 비평, 제안, 감사의 말, 새로운 방법의 제시, 보다 높은 목표.

③ 심방 기술 : 특별히 성공적이었던 접근 방법, 다음부터 피해야 할 것, 분석을 위해서 다시 시도해야 할 것.

요약

심방은 방문자나 방문을 받는 사람 모두에게 지루하고 따분한 것이 될 수 있다. 또한 심방은 회중을 더욱더 친밀하게 묶어주는 접착제가 될 수 있다. 이것은 장로와 교인들이 상호 간에 더 많이 알고 더 깊이 이해할 때 가능하다.

이 모든 것은 당신에게 달려 있다. 그리고 장로의 소명인 이 중요한 직무를 위해 성령의 도우심을 구하는 당신의 간구에 달려 있다.

7장
결혼과 가정

가정은 사회의 초석이다. 안정되고 발전하는 사회는 바로 안정되고 창조적인 가정에서부터 만들어진다.

결혼은 가정의 기초이다. 안정되고 창조적인 가정은 건강한 결혼에서부터 만들어진다.

기독교 정신은 건강한 결혼의 핵심이다. 그러므로 교회는 가정을 통해서 사회에 놀라운 기여를 한다. 교회는 결혼을 장로 직분이 관심가져야 할 주요 사항들 중 하나로 여기고 있다.

도전과 기회

장로는 무엇보다도 먼저 신성하게 제정된 결혼 제도에 의해 남자와 여자 앞에 놓여진 심오한 도전을 마음에 두어야 한다. 이것은 가장 이타적이고 가장 많은 것을 성취하는 소명이다. 성경에서 분명히 가르치고 있는 것처럼 남자와 여자는 결혼 생활 속에서 예수 그리스도와 그분의 교회 사이의 관계를 삶으로 살아내는 것이다. 구약성경은 또한 하나님과 그분의 택한 백성인 이스라엘 사이의 관계를 결혼 관계에 비유하고 있다.

당신은 결혼을 여러 관계들 가운데 하나로 생각하거나 혹은 가정을 여러 제도들 중의 하나로 생각하는 실수를 범하지 말아야 한다. 결혼과 가정은 독특한 것이다. 성경 어느 곳에서도 인간과 하나님 사이의 관계를 어떤 다른 인간적 제도와 비교하고 있지 않다.

또한 결혼을 해방된 여성들이 성취하는 "커리어"에 비해 열등한 어떤 것으로 생각하는 급진적 페미니스트 견해를 피하라. 오히려, 주지사나 대통령이 되는 것이 정치가가 된다는 관점에서 엄청난 의미를 갖는 것과 마찬가지로, 결혼에 있어서의 성공은 참된 인간성을 구현하는 것과 관련하여 엄청나게 중요한 의미를 갖는다. 사실 정상의 지위에 오르지 않더라도 정치가가 될 수 있는 것처럼 결혼 없이 인간이 될 수 있다. 그러나 결혼과 가정에 있어서의 어려움을 해결해 내는 일은 모든 남녀에게 있어서 가장 힘들고, 흥미진진한 일이다.

창조 때에 제정된 결혼

결혼은 "태초에" 하나님이 제정하셨다.

하나님은 흙으로 사람을 만드셨다(창 2:7). 그 다음에 그분은 남자의 갈빗대로부터 여자를 창조하셨다(창 2:23). 하와는 아담의 뼈 중의 뼈요, 살 중의 살이었다. 하나님은 남자와 여자를 한 육체로 만드셨으니, 따라서 이보다 더 친밀한 관계는 만들어질 수 없는 것이다. 놀라울 정도로 남자와 여자는 견고하게 연합되어진다.

하나님은 하와를 아담의 "돕는 배필"로 만드셨다고 분명히 기록되어 있다(창 2:8). 하와는 하나님이 에덴동산에서 그들에게 정해주신 상호 순종의 규범 속에서 아담의 조력자가 되어야 했다(창 2:8). 태초부터 남자와 여자의 관계는 우월과 열등의 관계가 아니라 머리됨과 조력의 관계였다. 하나님은 남자와 여자의 역할을 각각 제정하셨다. 남자와 여자는 그들에게 의도하신 하나님의 의도가 성취되는 가운데 그 역할의 성취를 보게 된다. 하나님께서는 남자와 여자가 그분의 세상 안에서 그분을 섬기도록 제도를 만드셨다. 장로는 현대의 반동적 움직임이 아무리 널리 퍼져 있다 할지라도 그것이 교회가 서 있는 성경적 토대로부터 교회를 밀어낼 수 없다는 사실에 주의해야 한다.

하와는 마치 아담의 종된 자처럼 그의 하체에서 만들어진 것도 아니고, 그리스 신화에 나오는 신(神) 중의 하나로서 마치 아담을 인도하는 여주인처럼 남자의 머리에서부터 만들어진 것도 아니었음을 기억하라. 하와는 사랑을 하고 사랑을 받도록 가슴 부분에서부터 창조되었다(창 2:21). 남자와 여자가 하나님의 세계와 가족에 대하여 할당된 각자의 과제를 조화시켜 갈 수 있는 것은 바로 사랑 안에서이다.

남자와 여자는 한 육체로부터 만들어졌기 때문에 결혼 안에서 다시 한 육체가 된다고 묘사되고 있는 것이다(창 2:24; 마 19:5; 엡 5:31). 사도 바울은 바로 이 사실에서부터 아내를 사랑해야 하는 남편의 끊임없는 의무에 관하여 논하고 있다.

"누구든지 언제나 자기 육체를 미워하지 않고"(엡 5:29).

태초부터의 이러한 요구에 일치하여, 남자와 여자는 사리를 분별할 수 있는 연령이 되면 그들의 부모 곁을 떠나 결혼하고, 한 육체가 됨으로써 가정을 이루기 시작하는 것이다.

결혼의 놀라운 엄숙함과 신비는 하나님이 태초에 남자와 여자를 만드신 그때에 근원을 두고 있다. 결혼을 아무리 진지하게 바라봐도 지나친 것일 수 없을 만큼 결혼은 진지한 것이다. 장로는 결혼에 대한 이러한 성경적인 이해가 회중 안에 스며들고, 설교단에서 가르쳐질 수 있도록 조치를 취해야 한다.

한 몸

결혼은 성적 연합 안에서 가장 명백하게 하나됨(oneness)을 반영한다.

새로운 몸을 탄생시키기 위해서 하나님에 의해 의도된 그 행위는 바로 남자와 여자를 함께 묶어주는 행위이다. 이것은 주께서 잡혼이나 간음을 반대하시는 근거가 된다. 주께서 인류 역사의 초기에 일부다처제를 묵인하시긴 했지만 성경이 우리 앞에 제시하고 있는 사상은 일부일처제이다. 그리고 성적인 관계를 통해서 한 육체로 연합하는 것은 결혼 바깥의 영역에서는 금지되었다. 바울은 성경의 명령을 다음과 같이 요약하고 있다.

"몸은 음란을 위하여 있지 않고 오직 주를 위하여 있으며 주는 몸을 위하여 계시느니라…너희 몸이 그리스도의 지체인 줄을 알지 못하느냐 내가 그리스도의 지체를 가지고 창녀의 지체를 만들겠느냐 결코 그럴 수 없느니라 창녀와 합하는 자는 그와 한 몸인 줄을 알지 못하느냐 일렀으되 둘이 한 육체가 된다 하셨나니"(고전 6:13, 15-16).

결혼의 기초를 이루는 육체적 연합은 성적인 결합으로 나타난다. 이러한 연합은 오직 결혼을 위해 보류된다. 교회는 밤낮으로 이를 가르쳐야 하며 장로는 이를 권고해야 한다.

"육체의 소욕은 성령을 거스르고 성령은 육체를 거스르나니"(갈 5:17).

그러므로 교회의 일은 성령의 소욕을 증진시키는 일이다. 한편, 잘못을 범한 후 회개하는 모든 자들은 사랑으로 이해해주어야 한다. 그리스도께서는 간음한 여자에게 "가서 다시는 죄를 범하지 말라"고 말씀하셨다(요 8:11).

그리스도와 교회

그렇다면 하나님께서 결혼에 있어 남자와 여자에게 맡기신 역할은 무엇인가?

에베소서 5장 21-33절에서 명백하게 보여주고 있듯이, 결혼 안에서 남녀는 그리스도와 그분의 신부인 교회의 관계를 본으로 삼게 되어 있다. 교회는 이것을 끊임없이 가르치고 설교하고 언급함으로써 회중이 이를 알게 해야 한다. 이것은 신성한 결합과 기독교 가정을 위한 우리 시대에 가장 중요한 진리이다.

하와가 인류의 어머니였던 것처럼 교회는 믿는 자들의 어머니인 새로운 하와이다. 하와처럼 교회도 역시 새 아담의 옆구리에서 유래된 상징적인 기원을 갖고 있다. 예수님이 십자가에 못박히실 때 로마 군병이 예수 그리스도의 옆구리를 창으로 찌르자 물과 피가 쏟아져 나왔다. 이것은 분명히 교회의 성례전을 상징한다. 세례의 물로 씻음 받은 성도는 성령에 의하여 그리스도의 몸과 연합된다. 성찬의 성례전과 주님의 옆구리에서 흘러 나온 피로써 상징된 살아있는 하나님의 말씀으로 양육된 성도는 은혜와 순종 안에서 자라게 된다. 그러므로 새로운 하와(교회)는 첫 하와가 생겨났던 곳으로부터 만들어진 것이다(성례전에 대해서는 제12장을 보라).

새 아담이신 그리스도와 새 하와인 교회의 관계는 그리스도인 남편과 아내 사이의 관계를 위한 본보기이다.

남편이 아내의 머리가 됨은 이제 그리스도께서 교회의 머리가 되심과 같은 의미로 이해된다. 주님의 지위는 실제로 머리된 자로서의 지위이며, 이것은 권위를 포함한다. 그러나 주님의 권위는 우월권의 행사 혹은 독재자나 전제 군주의 권한 행사와는 아무 상관이 없는 특이한 권위이다. 바울은 다음과 같이 말하고 있다. "남편들아 아내 사랑하기를 그리스도께서 교회를 사랑하심 같이 하라." 그렇다면 그리스도께서 교회를 어떻게 사랑하셨는가? 바울은 이어서 다음과 같이 말한다. "그 교회를 위하여 자신을 주심 같이 하라"(엡 5:25).

결혼은 로맨틱한 사랑의 구애, 즉 근본적으로 한 사람이 다른 사람과 한 육체가 되고자 하는 본래의 갈망에서부터 시작되는 것이다. 또한 지속되는 로맨틱한 사랑에 근거를 둔 결혼은 건강함과 강건함을 즐기게 해줄 것이다. 그러나 교회를 향한 그리스도의 사랑은 사랑의 또 다른 면을 보여준다. 그 사랑은 요구하는 사랑이 아니다. 그 사랑은 자신의 생명까지도 내어줄 때에 그 자체를 성취하는 사랑이다. 이것이 바로 아내를 사랑하는 남편에게 요구되는 사랑이다.

"남편들아 아내 사랑하기를 그리스도께서 교회를 사랑하시고 그 교회를 위하여 자신을 주심 같이 하라."

남편은 자신을 완전히 내어줄 때 주께서 맡겨주신 가정 안에서 머리로서의 권위를 완전히 행사하게 된다. 이는 또한 하나님의 방식을 따르는 것이다. 주께서는 먼저 주시고 나서 권위를 행사하신다.

다음의 예를 살펴보라. 하나님은 먼저 세상을 창조하셨고 그 안에 놀랄 만한 동산을 만드신 후 그 모든 것을 인간에게 주셨다. 하나님은 그 후에야 비로소 인간에게 순종의 규율을 주셨다(창 2:16-17). 이어서 하나님은 다시 자신의 놀라운 능력을 보이심으로써 이스라엘 민족을 애굽의 압제로부터 자유롭게 해주셨고 그의 백성을 안전하게 인도하셨다. 그 후에 하나님은 모세에게 십계명을 주어, 이스라엘 백성이 하나님을 섬기게 하셨다(출 20장; 신 5장). 그리고 나서 그리스도 안에서 하나님은 먼저 인간의 육체를 입으시고 고난을 당하시고 십자가에 못박히셨다. 그 다음에, 부활하신 그리스도께서는 교회가 성도들에게 그분이 명령한 모든 것을 가르쳐 지키게 할 것을 지시하셨다(마 28:20). 언제나 동일한 순서다. 먼저는 주는 것이요, 그 다음이 권위의 행사이다.

이는 또한 사도 바울이 결혼에 관하여 남자의 머리 됨을 명령한 곳에서도 볼 수 있는 양식이다. 남편은 언제나 먼저 자신을 가족의 유익을 위해 내어준 다음, 가족의 복지에 관련된 문제를 최종적으로 결정할 권리를 갖는다. 만일 남편의 전적인 헌신이 아내의 헌신과 조화를 이루면 가족 전체를 위해 가장 좋은 것을 결정하는 데 있어서 일반적으로 상호 동의에 의하여 결정이 이루어진다. 교회와 주님과의 관계는 영속적 갈등의 관계도 아니고 계속되는 격투의 관계도 아니며 또한 끊임없는 싸움의 관계도 아니다. 오히려 교회는 주님이 교회를 위해 얼마나 많은 일을 행하셨고 지금도 얼마나 많은 일을 행하고 계시는가를 깨달으면 깨달을수록 주님의 뜻에 더 복종하는 가운데 기쁨과 자아실현을 이루어간다. 이러한 관계가 가정 안에서도 존재해야 한다.

아내는 실제로 "자기 남편에게 복종하기를 주께 하듯 하라"고 요구받았다(엡 5:22). 왜냐하면 "이는 남편이 아내의 머리 됨이 그리스도께서 교회의 머리 됨"과 같기 때문이다(엡 5:23). 바울은 고린도에 보낸 서신 속에서 다음과 같이 말하고 있다.

"그러나 나는 너희가 알기를 원하노니 각 남자의 머리는 그리스도요 여자의 머리는 남자요 그리스도의 머리는 하나님이시라"(고전 11:3).

신적인 질서는 민주적인 것이 아니라 계층적인 것이다.

그러나 그리스도의 사랑처럼 자기희생적인 사랑에 근거를 둔 결혼에서는, 아내는 가정 안에서 복종하는 자신의 역할이 자신을 자유롭게 하는 복된 것이지 괴롭게 옥죄는 것이 아님을 알게 된다. 성경의 패턴은 임의적이지 않다는 것을 항상 기억해야 한다. 성경의 패턴은 하나님이 정하신 것이다. 여성들이 자유를 주장하고 페미니즘을 주장한다 할지라도, 그들은 남성과 여성으로 인간을 창조하신 구주께 순종할 때에만 진정한 자아를 발견할 수 있다. 그러므로 교회는 이것을 가르치고 훈련시켜야 한다. 상상할 수 없을 정도로 행복한 그리스도인의 결혼과 창조적인 가정은 하나님의 지혜를 증거해준다. 남편과 아내가 항상 서로 헐뜯는 것은 기독교 가정 안에서 있을 수 없는 일이며, 그런 현상은 시대정신에 의해 지배받는 가정 안에 그리고 평등에 대한 잘못된 기준에 의해 부추김을 받는 가정 안에 존재한다. 우리는 주의 명령에 엄격하게 순종할 때에만 그리스도인다운 자들이 된다. 성경이 마치 "남녀 차별주의"를 옹호하는 것처럼 성경을 왜곡해서 비난하거나 혹은 성경의 명령을 성경이 기록된 시대의 문화적 산물(소위 "삶의 정황"에 의한 산물)에 불과한 것으로 치부하려고 하면, 결과적으로 그런 주장을 옹호하는 자들은 실패로 이끌릴 것이고 그런 주장의 추종자들은 열매없는 무익함으로 이끌릴 것이다.

황량한 현대주의 속에서 교회의 목소리를 들어보자. 결혼은 주께 속한 것이므로 그분의 명령에 따라 살아감으로써 문명사회가 절박하게 필요로 하는 강력하고 자유로운 가정을 만들어 낼 수 있을 것이다. 특별히 쉽게 이혼하는 풍조 속에서 결혼에 대한 일반적인 인식이 너무나 저급하게 추락해 버린 오늘날에는 더욱 이런 일이 필요하다.

죄의 개입

물론 죄가 그리스도인의 가정에 개입해 들어오기도 한다. 따라서 상담과 가르침이 요구될 것이다. 교회는 강단에서, 특별한 시간을 통해서, 그리고 장로들의 상담을 통해서 상담과 가르침을 풍성하게 제공해주어야 한다. 목표를 정하고, 이상에 빛을 비추고, 진정한 기독교 가정을 만들고자 하는 당신의 열망을 결코 늦추지 말라.

절대 군주처럼 행동하는 남편을 훈계하고, 반항아처럼 행동하는 부인에게도 충고를 하라. 가르치고, 기도하고, 도와주며, 그 가정에 대한 관심을 결코 버리지 말라. 가정은 바로 사회의 원천이다.

당신의 일을 위해서 다음과 같은 제안을 하고자 한다.

일반적 원칙들

① 결혼이나 가정을 바라보는 시각에 대한 교육은 어린아이의 가장 어린 시절에 가정에서 시행되어야 할 교육 중의 하나이다. 견고한 기독교 가정을 이루기 위해서 어떠한 것이 요구되는가에 대해서도 아이가 어릴 때 가정 교육 가운데 교육되어야 한다. 왜냐하면 그런 교육을 통해 아이가 가족에 대한 자신의 책임을 감지하게 되기 때문이다. 간단히 말해서 다음 세대가 이룰 기독교 가정의 질(質)은 어린아이들이 어린 시절에 받는 가정 교육에 그 뿌리를 두고 있다. 교회는 "마땅히 행할 길을 아이에게 가르치라 그리하면 늙어도 그것

을 떠나지 아니하리라"(잠 22:6)는 말씀을 끊임없이 강조해야 한다. 이것은 또한 아이로 하여금 기독교 가정의 일부가 된다는 것이 자신에게 무엇을 요구하는지 바르게 알게 하는 것을 포함한다.

② 교회는 청소년 교육을 위한 과정 중에 결혼, 성 그리고 가정을 이루는 문제에 대한 내용을 포함시켜야 한다. 젊은 청년들에게 결혼에 대해서 도전을 주고 경건의 필요성을 요구하고 경건한 기독교 가정을 이루어야 함을 인식시켜주어야 한다.

③ 목사는 가정에 대해 설교하는 것을 오랫동안 빠뜨리면 안 된다. 가정생활에 대한 도전과 문제들을 이 목적을 위해 기록된 성경의 교훈에서부터 찾아내어 성도들 앞에 끊임없이 제시해야 한다. 장로는 목회자가 이 일을 감당하도록 도와주어야 한다.

④ 결혼을 깊이 고려하는 젊은 커플에 대해서 목사와 장로는 모두 특별한 관심을 가져야 한다. 그리스도인 상담자들은 교회가 후원하는 결혼 예비반에 도움을 줄 수 있다. 이 모든 것들이 가벼운 분위기 가운데 행해져서는 안 되며, 교회가 결혼과 가정에 대해 지니고 있는 가장 진지한 관점을 나타내야 한다.

⑤ 성관계를 지나가는 동물적인 즐거움으로 여기는 시대 정신의 끊임없는 압력에 주의를 기울여라. 그런 풍조가 얼마나 유혹적인가에 대해서는 당신이 알고 있는 경험에 비추어보라. 환경은 성적인 만족을 쉽게 얻을 수 있게 이루어져 있다. 피임약은 오로지 육체적 감각을 위한 성행위를 안전하게 만들고 있다. 그러나 인간의 양심 위에 새겨진 하나님의 말씀이 부정한 성행위를 완전한 안전함 가운

데 놔두지 않는다는 사실을 기억하라. 유혹을 받고 있고 충고를 필요로 하는 젊은이들 혹은 유혹에 굴복해 버렸고 상담이 필요한 젊은이들에게 마음을 열라. 만약 당신이 인간으로서 충분히 이해하고 비난보다는 오히려 도움을 주려고 하는 사랑으로 임한다면 그들은 당신에게 다가올 것이다. 용기와 희망과 재헌신을 심어주려고 노력하는 동안 말씀에 근거하여 행하도록 하라.

결혼 전

앞에서 이미 어린 시절에 가정을 만드는 일에 대한 준비가 필요하다고 강조하였다. 결혼을 준비하는 사람들을 위해 다음과 같은 가르침을 주도록 하라.

① 결혼은 상대방에게 속해 있는 것이 아니라 하나님께 속해 있는 것이다. 하나님은 인간을 가정적 존재로 창조하지 않으실 수도 있었다. 하지만, 가정이 사람들에게 자연스러운 것이 되어 가정이 없으면 사회도 있을 수 없고 자녀를 키우는 일도 있을 수 없게 만드셨다.

② 그러므로 결혼은 신뢰로 들어가는 문이다. 여기서의 신뢰란 양측, 즉 하나님과 부부 사이의 신뢰를 의미한다. 상호 간의 의무를 충족시키는 것은 상호 간의 소명 중에서 가장 높은 소명에 성공하는 것이다. 그러므로 자기 이익이나 자기 의지가 아닌 하나님의 이익과 그리스도인의 삶을 위한 하나님의 명령을 끊임없이 언급하여야 한다. "자신"보다는 "상대방"에게 관심을 집중하면, 두 사람 다

소중한 부산물로서 자아실현을 이루게 될 것이다. 그 신뢰 관계 안에 마지막 결산이 암시되어 있다. 결혼을 한 사람들은 언젠가 자신의 청지기직에 대해 셈을 해야 한다. 하나님의 말씀을 통해 교회 안에서 주께로부터 능력을 받겠다고 결심하면서 결혼에 임할 때에만, 그날에 계산을 할 수 있을 것이다.

③ 젊은 커플은 특히 에베소서 5장의 말씀과 위에서 언급한 결혼에 대한 원리들을 이해해야 한다.

④ 종교가 다른 두 사람의 결혼이 야기할 문제에 대하여 경계시키라. 개신교 신자와 가톨릭 신자 간의 결혼 관계 안에서 태어난 아이의 양육과 관련하여 로마 가톨릭교회가 부과한 의무가 있다는 사실을 두 사람에게 확실히 이해시키도록 하라. 그런 문제는 결혼 전에 다루어야 한다.

⑤ 더 나아가서 사도 바울의 훈계를 명심하라.

"너희는 믿지 않는 자와 멍에를 함께 메지 말라 의와 불법이 어찌 함께 하며 빛과 어둠이 어찌 사귀며 그리스도와 벨리알이 어찌 조화되며 믿는 자와 믿지 않는 자가 어찌 상관하며"(고후 6:14-15).

사랑에 빠지면, 믿지 않는 상대편이 결혼 후에 "회심할" 수 있을 것이라고 생각하는 경우가 있다. 경험에 의하면 이러한 일은 반드시 그렇게 되는 것이 아니며 성경도 그러한 결혼을 강력하게 금하고 있다. 이 부분에 있어서는 대단한 주의와 이해가 요구된다. 교회가 보여줄 수 있는 사랑을 가지고 믿지 않는 자를 가르쳐주도록 하라. 그러나 "회심"은 반드시 참된 것이어야 한다. 만약 진실로 사랑하고 있는 사이라면 마지막에 더 나은 결혼을 성취하기 위해서 결혼을 연기할 수도 있을 것이다.

⑥ 결혼은 영원한 것이다. 그리스도께서는 이렇게 말씀하셨다.

"그런즉 이제 둘이 아니요 한 몸이니 그러므로 하나님이 짝지어 주신 것을 사람이 나누지 못할지니라"(마 19:6).

"사람이 나누지 못한다"고 했을 때의 사람 중에는 물론 결혼을 한 본인들도 포함된다. 주님께서는 계속해서 다음과 같이 경고하셨다.

"내가 너희에게 말하노니 누구든지 음행한 이유 외에 아내를 버리고 다른 데 장가 드는 자는 간음함이니라"(마 19:9).

이것은 결혼 자체의 본질에서 연유한 경고이므로, 결혼을 하기로 계획한 사람들은 주의 깊게 이것을 묵상해야 한다.

⑦ 결혼 당사자들은 로맨틱한 사랑이 결혼 생활을 성공적으로 만드는 데에 충분하지 않다는 사실을 알아야 한다. 그리스도께서 교회에 보여주신 바 자기희생의 사랑이 결혼 초기부터 있어야 하며 또한 주님을 위해 교회에 요구된 자기 부인의 사랑이 있어야 한다. 진실한 결혼은 사랑의 연습을 통해 진실한 사랑을 유지해 간다. 참된 가정에서 사랑이 드러남에 따라, 가정은 사랑 위에서 성장해 간다. 때로는 감정을 거슬려서 의지의 행위로 이 사랑을 실천해야 할 때도 있다(결혼은 이 의지의 행위에 의해 진전된다. 또한 결혼을 하는 당사자는 "감정"에 의한 사랑과 "계명"에 의한 사랑을 구별할 줄 알아야 한다. 그리스도께서는 당신의 성육신을 감정에 의한 사랑으로 이루신 것이 아니다. 주님은 그분의 깊은 곳에서 우러나온 의지적 사랑에 의해 성육신하셨다. 결혼은 항상 달콤한 디저트와 같지는 않을 것이다. 그리고

가정은 부모 각자에게 하나님이 부여해주신 역할을 잘 순종함으로써 성장해 간다).

⑧ 금전 관리, 시간의 사용, 가정 밖에서의 역할 그리고 자녀양육에 대해 어떤 생각을 지니고 있는지 결혼할 상대방과 함께 면밀히 검토해 보라. 한편으로는 이러한 모든 것들이 미리 앞서서 해결될 수 없는 문제들이기도 하지만, 최소한 그 일에 대해 어떠한 결정을 내릴 것인가에 대해서 검토해야 한다. 금전 관리 문제는 특히 어려운 문제를 야기시킬 수 있다. 각자가 어떤 생활방식을 기대하는가? 가정의 수입을 누가 관리할 것인가? 어디에 우선순위를 둘 것인가?

⑨ 사실 장로는 다른 누구보다도 자신이 이 젊은 커플과 이야기를 잘 나눌 수 있다는 사실을 마음속에 새기고 있어야 한다. 장로는 가족이나 친구들로부터 지워지는 압박의 바깥에 서 있는 사람이며, 또한 그는 출발을 앞두고 있는 가정을 감싸주는 사랑이 있는 교회(하나님의 보다 큰 가족)를 대표한다.

⑩ 젊은 커플과 교회를 대표하는 당신 사이에 뚫려 있는 의사소통과 상호 신뢰의 통로는 매우 신실하고 매우 이해심 있는 것이 되어야 함을 기억하라. 그리하면 결혼 후에도 당신과 교회가 친숙한 친구처럼 여겨질 수 있을 것이다. 당신도 그들을 사랑해야 함은 물론이다!

결혼 후

우리는 살아감으로써 인생을 배운다. 결혼에 있어서도 마찬가지다. 교회는 당신을 통해서 신혼 가정에 끊임없는 관심을 보여주어야 한다. 전화를 걸거나 잠시 집을 방문하거나 카드나 간단한 편지 등을 보내라. 모든 수단을 다 쓰도록 하라. 당신의 지역 내에서 새 가정을 이룬 사람들에게 큰형님으로서 친절을 베풀도록 하라. 사랑은 간섭하거나 원하지도 않는 충고를 해주지 않고도 관심을 보여줄 수 있다. 이러한 관심을 통해 그들이 얻게 되는 유익은 심판의 날까지 당신에게 알려지지 않을 수도 있다.

여기 몇 가지 제안을 하고자 한다.

① 남편과 아내 사이에 열린 마음으로 교제할 것을 권하라. 많은 문제들이 발생하고 자라는 이유는 그것들을 표면 아래 감추어 두기 때문이다. 어떤 사람들은 다른 사람들보다 아주 쉽게 말을 꺼낸다. 그러나 대부분의 사람들은 자신의 생각을 표현해야 함에도 말을 꺼내려 하지 않는다. 부부가 어떤 문제로 괴로움을 겪고 상처가 곪기 전에 그 문제에 대해 이야기하도록 그들을 격려해주라. 말로 표현하면 이미 절반은 해결되는 문제들도 있다.

② 그들에게 바울의 훈계를 상기시켜주라.

"분을 내어도 죄를 짓지 말며 해가 지도록 분을 품지 말고"(엡 4:26).

화를 내면 불이 확 타오른다. 그날 중으로 그 불을 끄도록 노력하라. 화가 난 상태로 하루를 마무리하지 않도록 하라.

③ 가정 예배의 중요성을 강조하고, 매일 일정한 시간을 정해 가정 예배를 드리는 것이 유용하다는 것을 강조하라. 이러한 시간을 통해 부부는 진실하게 주님께 나아가 기독교 가정으로서 성장하게 된다. 정해진 시간에 성경을 읽고 기도하라. 그리고 그리스도인으로

성장하기 위해 많은 투자를 하라.

④ 이러한 성장의 중요성을 강조하라. 사도 바울의 말씀처럼 우리는 "모든 선한 일을 행하기에 온전하게" 되어야 할 것이다(딤후 3:17). 이것은 말씀이 우리에게 행하라고 요구하는 것을 당장에 실천해야 함을 의미한다. 만약 하나님께서 기도를 원하시면 기도하라. 찬양을 원하시면 찬양하고, 헌상을 원하시면 헌상하라. 말씀에 의해 성장하도록 말씀을 읽으라. 당신은 모든 사람에게 사람이 떡으로만 살 것이 아니요 하나님의 입으로부터 나오는 모든 말씀으로 살 것이라는 조언을 해주어야 한다(신 8:3; 마 4:4).

⑤ 그 부부를 교회와 연결시켜주라. 또 당신이 보여주는 관심을 통해서, 그들이 교회를 활용할 수 있고, 의지할 수 있으며, 어떠한 어려움이 있을 때 교회에 요청할 수 있다는 것을 알게 해주라. 또한 교회가 그들을 환영하고 있음을 알게 해주고, 필요한 경우에는 도움을 얻을 수 있다는 사실도 확신시키라. 그리고 교회를 위해 그들의 재능을 사용해보도록 권유하라. 그렇게 하면 그들의 가정에도 균형을 가져다줄 것이다. 새 가정을 이룬 사람들에게 교회 모임에 잘 출석하고 교회를 재정적으로 지원하는 데 기여할 필요가 있음을 강조해야 한다. 그들로 하여금 몸(교회)의 일부임을 느끼고 그 몸의 중요한 일부분으로서 일하도록 독려해야 한다. 사역자는 교회에게 그 안의 가정들에 대한 의무를 자주 상기시켜주어야 한다. 확실히 그렇게 되도록 조치하라.

자녀가 생겼을 때

가정은 어린아이가 태어나고 성장함에 따라 원숙해진다. 어린이의 삶은 영아기, 유년기, 소년기, 청소년기와 같은 성장 과정으로 나뉘어진다.

유년기를 연구하는 몇몇 학자들은 가장 나이 어린 시기를 하나님의 길을 알게 하는 가장 중요한 시기로 생각한다. 영아기는 고되고 까다로운 시기인데, 젊은 어머니에게 있어서는 특히 더 그러하다. 첫 아기가 태어났을 때 젊은 어머니가 짊어지는 짐은 두 배 이상으로 증가되는 것으로 보인다. 게다가 세월이 지남에 따라 둘째와 셋째를 감당하는 일은 더욱더 벅찬 일이다.

그 시기의 어머니에게는 인내 가운데 격려해주는 것이 필요하다. 아버지는 자신의 일이 아니라고 생각할지도 모르는 집안일들을 도우려는 마음을 가져야 한다. 일과 책임은 부부가 서로 분담해야 할 부분이지만 자녀를 돌보는 일은 부모 모두의 관심사가 되어야 한다.

장로로서 당신의 관심은 어린이들이 어렸을 때부터 기도하고, 찬송하고, 믿음의 증거를 보이고, 친구이시며 구주가 되시는 예수님과 교제를 갖도록 해주는 데 있어야 한다. 아이가 너무 어리므로 잘 이해할 수 없을 것 같지만 아이가 가정 예배에서 배워 간직한 많은 것들은 나중에 부모들을 놀라게 할지도 모른다. 사랑은 가르쳐지기보다는 본보기를 보고 습득하는 것이다. 그러므로 그 아이뿐 아니라 다른 사람을 대하는 부모의 태도는 어린아이의 영혼 속에 깊이 기록된다.

간단히 말해서 장로와 교회는 어린아이가 "기독교" 가정, 즉 주님과 교제하며 그분의 말씀을 매일 묵상하는 가정에서 성장하도록 깊은 관심을 가져야 한다. 좋은 음식과 청결함과 적절한 주거지가 어린아이의 육체적 성장을 위해 있어야 하는 것처럼, 아이의 영혼을 위해서는 성경 이야기와 찬송과 시편 찬송과 강건한 신앙과 사랑어린 대화와 행동이 있어야 한다.

우리는 어려서부터 예배에 참여해야 함을 알고 있다. 어린아이가 얼마나 오랫동안 유아부에 다녀야 할지(유아부가 있다면) 또는 얼마나 오랫동안 어린이 "교회"에 다녀야 할지에 대한 문제는 부모와 교회가 확실한 견해를 가지고 생각해야 할 일이다. 우리는 어린아이가 소란을 피우지 않고 예배에 참석할 수만 있으면 그의 가족들과 함께 예배에 참여해야 한다고 믿는다. "설교가 그에게는 너무 어려워." 또는 "그에게는 아직 기도가 별다른 의미를 부여해주지 못해." 혹은 "앉아 있기에는 너무 긴 시간이야." 등과 같은 말을 섣불리 하지 말라. 이전 시대의 아이들은 오늘날의 아이들보다 더 오랜 시간 동안 예배를 드렸었고 우리가 부러워할 정도의 경건에 대한 지식과 의식을 가지고 청소년기와 청년기를 맞이했다.

교육

분명한 목적도 없이 부모가 어린아이를 서둘러 유치원(또는 어린이집)에 보내서는 안 된다고 장로가 현명하게 충고해주어야 할 것이다.

어느 학교도 어머니만큼 아이를 따뜻하게 대할 수 없고 또 그만

큰 개인적인 관심을 베풀어줄 수도 없다. 밖에 나가서 일을 하고 그 대신에 자녀들을 유치원에 보내는 어머니가 있다면, 피치 못할 사정으로 인해 그렇게 한 경우를 제외하고는 대부분 손해보는 거래를 하고 있는 셈이다. 그녀는 어린아이에게서 그녀 자신과 남편을 기쁘게 해주는 능력을 빼앗아 버리는 셈이다. 게다가 그러한 거래의 대가로 물질적 풍요를 얻게 될지는 몰라도 영적인 면에서는 많은 손실을 입을 것이다. 주님께서는 사랑과 관심을 주는 대신 물건을 주는 부모를 좋게 여기지 아니하신다.

학교에 들어갈 나이가 되면 조심스럽게 선택을 해야 한다. 가정에서 높이 평가된 가치가 학교에서 손상받지 않아야만 바람직한 교육이다. 실제로 반드시 그래야 한다. 이것은 곧 기독교 학교나 교구 부속학교를 선택해야 할 필요성이 있음을 시사해준다. 교회는 필요하다면 이러한 학교와 관계를 형성하고 부모의 지출을 함께 나누어 감당해야 한다.

장로들은 교회의 아이들이 다니고 있는 학교에서 가르치는 가치 체계와 삶의 철학에 대하여 속속들이 알아야 한다. 당신의 지역 사회에서 "교육"을 위해 어떤 사고방식이 통용되고 있는가에 대해 알아보고 함께 이야기해보라. 어린이 교육과 관련하여, 거짓된 가치와 잘못된 견해가 지배하는 곳에서 당신의 목소리가 들리게 하고 당신의 신중함이 느껴지게 하라. "정교 분리"를 외치는 목소리에 눌려서 공교육의 영역 밖으로 밀려나지 않도록 하라. 정교 분리는 공공의 생활과 학교 교육으로부터 종교를 제거하지 않고도 제도적으로 온전히 구현될 수 있다. 정부가 다른 종교보다 한 종교를 지지하지 않는다는 바로 그 이유 때문에 진리를 옆으로 치워 버리는 것을 반대하도록 하라. 예를 들면 십계명의 진리는 단지 종교적인 것이 아니고 인간의 본성 속에 내재되어 있는 것이고 또한 모든 양심 속에 기록되어진 것이다. 종교가 아니라 정직함이 이에 대해 증거하고 있다. 세속주의가 어린이의 영적 성장을 지배하려고 하는 곳 어디에서나 그 세속주의와 싸우라. 종교가 인간의 삶과 역사에서 무슨 의미를 지니고 있는가에 대해 공정하고도 객관적으로 귀를 기울여줄 수 있는 곳을 확보하려고 하라.

한편으로 학교 교육에 있어서 다른 기독교적 대안을 지지하도록 하라. 또한 당신은 종교적 학교에도 세금을 지원하는 정책을 추구함으로써 그리스도인 부모들의 "이중 과세"를 피하기 위한 싸움에 참여해야만 한다.

청소년기

젊은이의 길은 유혹의 덤불로 둘러싸여 있다. 세상의 표준들이 대중매체를 통해서 가정에 들어온다. 모든 사람이 행하는 것을 행하라는 또래 집단의 압력이 무겁게 존재한다. 대중에 발맞추는 것은 대부분 성적인 것, 알코올 중독이나 약물 중독 같은 것, 그리고 그밖의 방탕한 생활을 강제하는 것으로 보인다. 어느 누구도 이에 대한 면역력을 가지고 있지 않다. 자기 자녀들의 문제들로 큰 곤란을 겪고 있는 기독교 가정들은 종종 그 문제에 대하여 침묵해 버린다. 장로들은 그 가정과 아이들 그리고 교회의 유익을 위해 그러한 보호벽을 뚫고 들어가려고 노력해야 한다.

깨어 있는 장로는 젊은이들, 특히 교회의 젊은이들 사이에서 무슨 일이 일어나고 있는지 주시한다. 당신은 무수히 많은 비행을 깊은 곳까지 들여다볼 필요도 없고 그런 종류의 유혹에 빠져들 필요도 없다. 당신은 단지 세상이 어떻게 돌아가며 이 세상이 젊은이들의 삶에 얼마나 교활하게 작용하는가를 보기 위해 당신의 눈과 귀를 크게 열어 놓고 있기만 하면 된다. 장로의 입장에서, 오늘날의 "청소년 문화"가 무엇인지 토론하도록 하라. 당신의 지역 사회에 알코올 중독이나 약물 중독이 얼마나 만연하고 있는지에 관해 경찰의 자료나 기타 다른 자료들을 통해 정확한 정보를 얻도록 하라. 당신이 속한 도시나 마을의 상태를 파악하라. 그것이 바로 젊은이들이 성장하고 있는 곳의 모습이다.

그 다음에 이해심과 진실한 사랑으로 그 젊은이들을 만날 수 있도록 당신 자신을 훈련시키라. 검열관 같은 태도가 아니고도 엄격할 수 있도록 당신 자신을 훈련하라. 성가시게 잔소리를 한다거나 으름장을 놓는 것은 좋지 못할 것이다. "내가 젊었을 때는…"과 같은 말을 사용하지 말라. 어느 누구도 관심을 갖지 않는다. 당신이 유일하게 의지할 수 있는 것은 하나님의 말씀이고, 그 말씀을 적용하시는 성령이시다.

이에 대해 다음과 같은 제안을 하고자 한다 (제13장도 참고하라).

① 청소년기(adolescence, 저자들이 언급한 단어는 10세에서 21세까지 해당되는

시기로서 어린이와 성인 사이의 전 기간을 의미하기에 정확히 청소년기라고 할 수는 없음—편집주)가 안고 있는 문제를 돌이켜 보면, 부모들은 그들의 자녀들이 어렸을 때가 가르치기 좋은 기회였는데 이를 놓쳐버렸음을 분명히 알 수 있을 것이다. 이때 당신이 "내가 전에 그렇게 말했잖아"라고 말해도 소용없다. 그보다는 나이가 어린 아이를 가진 부모들에게 오늘날의 젊은이가 받는 유혹에 대하여 이야기해주는 것이 더 유익할 것이다. 즉 장차 닥칠 그날을 위해 그들을 준비시키라.

② 기독교 가정이 건전하고 바람직하게 유지되어야 함을 강조하기 위한 일환으로서 이 시대에 볼 수 있는 젊은이들에 대한 음흉한 유혹에 대해서도 반드시 설교가 행해지도록 조치해야 한다. 이렇게 사악한 시대로부터 자녀들을 건져낼 수 있는 따뜻하고 사랑어린 가정을 만들기 위해 무엇을 해야 하는가라는 질문을 가지고서, 자녀 문제에 모든 관심을 기울이고 있는 부모들을 대면하라.

③ 젊은이들에 대한 관심을 빨리 보이라. 그래서 후에 눈물 흘리는 결과를 얻지 않도록 노력하라.

④ 모든 성도들은 자녀는 하나님의 선물이며, 아이들이 하나님을 경외하도록 가르치는 일이 가정과 학교와 교사가 맡은 큰 책임이라는 사실을 반드시 알고 있어야 하며, 또한 설교를 통해서 끊임없이 깨달아가고 있어야 한다. 비록 적은 시간이라도 어머니의 역할을 가정에서 배제하는 세팅은 피하도록 권면하라. 자녀는 하나님이 가정에 주실 수 있는 가장 고귀한 선물이며 또한 가족 모두에게 주어진 책임이라는 사실을 반드시 아버지와 어머니가 함께 알고 있어야

하고 또한 그 사실에 기반하여 행동해야 한다.

⑤ 다음과 같은 원리들을 명심하라.

- 어린이는 본보기를 통해 배운다. 부모는 자녀에게 성실함, 정직함, 공정함, 인내, 사랑 등의 모범이 되어야 하며, 그들이 이것들을 배워가길 소망해야 한다. 말하는 바를 실천하고, 자녀가 그렇게 되길 바라는 대로 당신이 모범을 보이는 것 외에 다른 대안이 없다.

- 부모는 어린이가 하나님과 그분의 계명에 대하여 마땅히 경외심을 키워가도록 해주어야 하며 또한 그들의 순종을 도우시는 그리스도와 성령님의 역할을 이해시켜야 한다.

- 부모는 어린아이를 일관성 있게 대하고, 자녀 모두를 공정하게 대우해야 한다. 자녀들 사이에 나타나는 차이점으로 인하여 다르게 대우할 경우, 반드시 그에 대한 설명을 해주고 이해를 받아야 한다. 그렇게 하면 어떤 자녀도 자기 부모를 편파적이라고 생각하지 않을 것이다.

- 사랑 안에서 가정 안의 훈련을 굳건하게 시행하라. 이에 대하여 자녀에게 존경과 순종을 요구하고, 가사 노동에 참여하여 자기 몫을 할 것을 요구하라.

- 아이가 가사 일을 일부 분담하여 수행하게 하고 이를 이해심 있게 기대하라.

- 필요한 때는 즉각적이고도 정당한 벌을 주라.

- 영적인 가치보다 물질주의에 중심을 두지 않도록 하면서,

돈을 마땅히 소중하게 다루어야 함을 가르치라.

- 각 자녀가 경건 생활에 있어서 성장해 갈 수 있도록 용기를 북돋워주라.
- 하나님께서 우리를 사랑하신 것처럼 그분이 우리에게 맡기사 양육하게 하신 아이들을 사랑해야 한다는 것을 항상 기억하라.

결혼은 인간에게 주어진 자아실현에 있어서 가장 숭고한 모험이다.

어린아이를 키우는 일은 가족으로서 그리고 하나님의 권속으로서 우리가 하나님께로부터 받은 가장 고귀한 소명이다.

결혼 생활과 자녀양육의 모든 문제는 말씀에 비추어서 해결하고 기도로 처리해 나가도록 하라. 그 외에는 다른 방도가 없다.

이혼과 재혼

이혼

주님께서는 이혼을 금하셨다.

"그러므로 하나님이 짝지어 주신 것을 사람이 나누지 못할지니라"(마 19:6).

그러나 교회 밖에서뿐만 아니라 교회 안에서도 이혼율이 점차 증가하고 있다. 그러므로 교회는 어쩔 수 없이 이혼한 부모들에 대하여 다루어야 한다. 장로는 이 문제를 다루는 데 있어서 이혼이 특이한 죄가 아니라는 사실을 그 자신에게 끊임없이 상기시켜야 한다.

주님께서는 죄짓는 것을 완전히 금하셨고 제자들에게도 완전무결할 것을 명령하셨다.

"그러므로 하늘에 계신 너희 아버지의 온전하심과 같이 너희도 온전하라"(마 5:48).

그러나 죄는 여전히 그리스도인들의 삶을 망쳐 놓고 있으며, 그리스도인은 사도 바울의 다음과 같은 고백을 거듭한다.

"그리스도 예수께서 죄인을 구원하시려고 세상에 임하셨다 하였도다 죄인 중에 내가 괴수니라"(딤전 1:15).

이 말씀은 교회가 죄를 받아들여야 한다거나 그럴듯하게 얼버무려 버리거나 무시해야 한다는 의미가 아니다. 교회는 사랑과 인내심을 가지고 죄인을 다루면서 그가 죄를 깨닫고 회개하여 순종의 자리에까지 나아가는 것을 추구해야 한다.

교회를 대표하는 장로는 이혼한 남녀를 다루는 데 있어서 자기 자신도 많은 실수에 대하여 끊임없이 용서를 받아야 하고 지속적으로 회개할 필요가 있는 사람임을 항상 기억하여야 한다.

마음에 이러한 생각을 갖고 다음의 제안에 비추어서 이혼한 사람을 다루어야 한다(여기서는 남편이나 부인 모두에 대하여 이혼한 사람이라고 통칭한다).

① 이혼은 보통 한 개인에게 있어서 파괴적인 경험이 된다. 상대편에게 비난의 화살을 돌린다 해도 양쪽 모두 어느 정도의 개인적인 실패감과 자존심이 상하는 감정을 갖게 된다. 다음과 같은 질문이 떠오르면서 끊임없이 괴롭게 한다. 나에게는 무슨 잘못이 있었

는가? 그 불화를 피하기 위해 더 나은 방법을 쓸 수 없었는가? 내가 참을 수 없다고 했던 상대방의 결점은 내 안에 존재하는 어떤 다른 결점들에 대한 반영이 아닌가? 비록 상대편의 성적 불륜으로 인하여 결혼을 깨뜨렸다 하더라도 내가 그(혹은 그녀)를 냉혹하고 냉담하게 대해서 그런 극단적인 일탈이 생긴 것은 아닌가? 가정 밖의 일로 너무 바쁘게 다니지 않았는가? 자녀들에게만 너무 신경을 쓰지 않았는가?

② 대답하기 어려운 이런 종류의 질문을 통해 이혼한 사람들은 고통을 느낄 것이다. 게다가 불화로 치달았던 여러 가지 긴장된 상황에 대한 기억이나 이혼 절차 중에 있었던 일들에 대한 기억도 남아 있을 것이다. 잃어 버린 우정, 소원해진 상대방의 친인척, 자녀들이 그 일을 받아들일 수 있을지에 대한 두려움, 자녀들이 나보다 상대편을 더 좋아할지도 모른다는 두려움 같은 것을 기억하고 있을 것이다.

③ 만약 당신의 한두 번의 심방으로 이러한 감정적인 찌꺼기가 완전히 사라질 수 있다고 어리석게 생각한다면, 이혼한 사람을 다루는 문제를 다른 사람에게 넘겨주는 편이 나을 것이다. 사회나 교회 안에서 중재 역할을 하는 일은 깊은 인내와 많은 시간을 필요로 한다. 당신의 말과 태도와 행위를 통해, 교회가 그들의 결점을 찾아내고 비난하기보다는 돕고 이해해줄 것이라는 점을 매우 분명하게 보여줄 때까지, 당신은 그들에게 냉정한 대접을 받고 그들과 어느 정도의 거리감이 계속될 수 있음을 기억하라. 이혼한 사람을 비난

하려는 유혹이 당신의 마음속에 생기면 주님께서 간음한 여인을 어떻게 대하셨는지를 때때로 읽어보라(요 8:1-10).

④ 깨어진 가정 안의 자녀들에 대해서는 뒤에 나오는 "편부와 편모"에 관한 내용을 참조하라.

⑤ 다른 사람들도 이혼한 사람의 깨어진 삶에 도움과 관심을 주도록 하고, 목사의 정기적인 심방이 꼭 이루어지게 하라.

⑥ 이혼한 사람들로 하여금 교회의 예배에 정기적으로 참석하게 하는 것을 필두로, 다른 교회 행사와 활동에도 관심을 갖게 하라. 그들의 참석이 처음에는 간헐적이고 부정기적이더라도 낙심하지 말라. 이혼한 사람은 교회가 실제로 자신을 받아들여줄지, 그리고 비판하는 눈초리와 판단하는 모습을 보이지 않고 인사를 나눌 수 있을지 확신하게 되기까지 상당한 시간이 걸린다. 이것은 교회에 사랑이 거하고 있는지 여부에 대한 시험이며 교회는 이를 이해해야만 한다.

⑦ 그 가정의 경제적인 안정도에 대하여 물어보라. 특히 이혼당한 사람이 어머니이고 자녀들이 나이가 어린 경우에는 더욱 그런 질문을 해야 한다. 집사들의 도움이 필요하게 될지도 모른다. 자녀의 양육을 위해서 법적인 도움이 필요할지도 모른다. 교회가 그 깨어진 가정에 무엇을 제공해 줄 수 있는지 당신이 몸소 찾아보도록 하라.

⑧ 인내하라. 하나였던 관계가 무자비하게 나뉘었기 때문에 이혼의 상처는 매우 깊다. 마음과 영혼의 치료에 상당히 오랜 시간이 걸

릴 것이고, 완전히 회복되는 것은 쉽지 않다. 이혼한 사람의 눈과 마음을 "나는 의인을 부르러 온 것이 아니요 죄인을 부르러 왔노라"(마 9:13)고 말씀하셨던 주님의 이해심과 사랑과 용서에 고정시켜주도록 노력하라. 이혼한 사람으로 하여금 영감된 하나님의 말씀을 통해 하나님과 끊임없이 교제하는 것을 추구하도록 도와주라.

⑨ 지속적으로 임하라. 첫 전투의 승리를 전쟁에서의 승리로 간주하지 말라. 당신의 눈을 그 가족에게 집중시키고 그들이 점차 회중 속에서 완전히 융화되기까지 노력하라. 우리는 그들이 사람들 앞에서 드러내 말하기 어려워하는 슬픔들에 대해 너무 빨리 잊어버리는 경향이 있다. 그 가정 주위에 머물러 있음으로써 언제든지 필요한 상황이 생겼을 때 당신을 찾아와서 어려움을 이야기할 수 있게 하라.

⑩ 분명한 것은 이러한 모든 일은 한 사람이 할 수 있는 일이 아니라는 점이다. 회중은 상처받은 그 사람을 포용할 수 있어야 하고, 강단을 통해 끊임없이 그러한 가르침을 받음으로써 자극을 받아야 한다. 교인들은 그러한 일이 발생되기 오래 전부터 그러한 어려움에 어떻게 대처할 것인가를 미리 알아두어야 한다. 이러한 일들을 돌보는 것도 당신의 책임 가운데 중요한 부분이다.

재혼

이혼한 사람이 다시 사랑에 빠져 "주 안에서" 재혼할 것을 생각하게 되면 교회가 다루어야 할 문제는 두 배로 복잡해진다.

교회는 예수님의 명백한 가르침에 직면하게 된다.

"나는 너희에게 이르노니 누구든지 음행한 이유 없이 아내를 버리면 이는 그로 간음하게 함이요 또 누구든지 버림받은 여자에게 장가드는 자도 간음함이니라"(마 5:32).

더욱이 이 계명은 예외가 없는 "간음하지 말라"(출 20:14)는 계명이다.

성적인 불륜으로 인하여 결혼 생활이 파괴되었을 때 죄가 없는 자가 재혼을 해도 간음이 아니다.

그러나 불륜으로 이혼한 경우가 아니거나 간음한 자의 재혼이라면, 결과적으로 새로 결혼하는 부부 양자가 제7계명을 범하는 것이 된다.

성경의 이러한 가르침은 교인들에게 엄격한 결정으로 부각되기 마련이다. 하나님의 교회는 이전의 결혼 관계를 파괴했던 유책 배우자의 재혼을 받아들여줄 여지가 있는가? 혹은 교회는 이혼의 희생자에게 주님의 다음과 같은 말씀을 인용하여 어려운 독신의 길을 선택하도록 해야만 하는가?

"어머니의 태로부터 된 고자도 있고 사람이 만든 고자도 있고 천국을 위하여 스스로 된 고자도 있도다 이 말을 받을 만한 자는 받을지어다"(마 19:12).

그러나 주님께서는 독신의 생활을 살아가기에는 그들의 성적인 열정을 조절할 수 없는 사람들도 있다고 말씀하셨고 또한 사도 바울도 "만일 절제할 수 없거든 결혼하라 정욕이 불 같이 타는 것보다 결혼하는 것이 나으니라"(고전 7:9)고 말하고 있다. 여기에 언급한 바울의 말이 이혼한 자들에게만 특별히 적용되는 구절은 아니지만 교회는 이혼한 사람들 중 많은 이들에게 이 구절이 적용된다는 것을 발견할 것이다.

그렇다면 어떻게 할 것인가?

여기 몇 가지 제안을 한다.

① 당신이 속한 교단에서 이혼한 사람들의 재혼에 대하여, 특별히 결혼 관계를 파괴해 버린 유책 배우자에 대하여 어떤 공식적인 입장을 취하고 있는지를 알아보라. 이러한 지침들을 가르치고 실시하는 것이 바로 당신의 의무이다. 만일 당신의 교단이 그 문제에 대하여 아무런 입장도 취하지 않고 있으며 혹은 당신의 교회가 장로교 체제에 의해서 제한을 받지 않는다고 한다면 보편적인 입장을 취해야 한다.

② 재혼의 문제를 다룰 때 기억할 점은 불륜 행위가 종종 결혼을 파괴하지 않는 경우도 있다는 점이다. 이는 간음죄가 일으킨 상처가 치유되어 결혼 관계가 지속될 수 있음을 의미한다. 또한 이는 한 결혼 관계를 파괴했던 간음죄가 또 다른 결혼 안에서 치유될 수 있음을 시사해준다. 이혼한 사람의 결혼에 대하여 "연속적인 간음"이라고 너무 성급히 말하지 않도록 조심하라. 그보다는 오히려 이전의 죄가 고백되고, 회개되고, 선한 재혼 안에서 과거의 일로 남겨질 수 있다는 것을 고려하라.

③ 나아가서 한 가지 죄, 즉 성령을 훼방하는 죄(마 12:31)만이 용서

받을 수 없다는 것을 기억하라. 제7계명을 범한 사람, 심지어는 그렇게 함으로써 결혼의 결속 관계를 파괴한 사람조차도 용서받을 수 있다. 그렇게 했으면, 교회의 만족을 위해 그들 중 몇몇에게 해줄 수 있는 가장 좋은 충고는 과거를 교훈 삼아서 이 결혼 관계를 성공적으로 만들라는 것이다.

④ 경험을 통해서 명백히 알 수 있는 바는 이혼 후 재혼한 사람들도 큰 축복을 받을 수 있으며, 그들도 자녀를 바르게 교육하기 위한 진실한 기독교 가정을 그들도 만들어 갈 수 있다는 점이다.

⑤ 만일 재혼을 승인하는 것이 장로들의 결정이라면, 반드시 다음과 같은 점들이 강조되어야 한다.

- 새로운 관계를 맺는 두 사람이 이전의 불행을 자초했던 죄가 무엇인지를 알고 그 죄를 회개해야 한다. 그렇게 함으로써 그들은 같은 죄를 피하기 위해 특별한 주의를 할 것이다.
- 두 사람 모두가 완전한 용서에 대해 알아야 하며 그렇게 함으로써 과거에 실패한 죄를 지워버린 마음으로 새로운 관계에 들어가야 한다. 그들로 하여금 주님의 완전한 축복을 기대하면서 "주님 안에서" 결혼할 수 있도록 하라.
- 두 사람 모두 결혼 생활을 성공적으로 하기 위해서 요구되는 자기희생에 철저히 헌신되어야 한다.
- 재혼한 가정은 능동적이고도 살아 있는 교회의 일부분이 되기 위해 노력해야 하고, 교회는 그들을 받아들일 준비를 갖추어야 한다.

⑥ 그 새로운 가정과 가까이 지내라. 반드시 그 가정이 교회 안에서 따뜻하게 용납되도록 하라. 당신은 그들에게 전화기처럼 가까이에 있어 다스리는 장로로서 마땅히 그래야 하는 것처럼 그들에게 계속 관심 갖고 있음을 알게 하라.

⑦ 이러한 복잡한 문제들과 싸울 때, 당신이 당신 자신에게 요구하는 것 이상을 다른 사람에게 요구하지 말라. 다른 사람은 다른 종류의 죄의 유혹에 빠지는 것을 알라. 어떤 사람들은 욕정의 희생물이 되기도 하고, 어떤 사람들은 탐욕의 희생물이 되기도 하며, 어떤 사람들은 교만의 희생물이 되기도 한다. 이혼을 하게 되면 욕정에 굴복하거나 심지어는 음욕에 굴복할 것 같은 상태가 종종 발생한다. 그러한 죄는 슬픈 것이고 그 가정이나 자녀들에게 두려움을 안겨주기는 하지만 다른 계명을 어겼을 때보다 더 비난을 받아야 하는 것도 아니고 또한 그러한 죄를 지은 사람도 다른 죄를 지은 사람 못지않게 사랑을 받아야 한다. 바울은 이에 대하여 다음과 같이 말하고 있다.

"내가 행하는 것을 내가 알지 못하노니 곧 내가 원하는 것은 행하지 아니하고 도리어 미워하는 것을 행함이라"(롬 7:15).

그러면 어떻게 할 것인가? 그는 이어서 자신의 능력을 넘어선 그 이상의 것을 보고 있다.

"오호라 나는 곤고한 사람이로다 이 사망의 몸에서 누가 나를 건져내랴 우리 주 예수 그리스도로 말미암아 하나님께 감사하리로다 그런즉 내 자신이 마음으로는 하나님의 법을 육신으로는 죄의 법을 섬기노라"(롬 7:24-25).

두 번째 아니 세 번째로 결혼하려고 하는 사람에게도 이 말씀이 적용될 수 있다. 주님이 주시는 능력 안에서 그들을 인내하라.

편부와 편모

가족은 종종 "원"(circle)이라고 불린다. 이러한 상징적 표현은 가족이라는 폐쇄집단의 안정성과 일치성 그리고 보호적인 특성을 지적해주는 말이다.

종종 이러한 원이 죽음에 의해, 또는 이혼 같은 것에 의해 파괴되기도 한다. 그렇게 되면 부모 중 한 사람만이 그 가정과 아이들을 돌보아야 하는 상태에 놓이게 된다. 교회는 부모 중 한쪽만 남게 된 가정에 대해 특별한 이해와 관심을 보여야 한다. 다음의 사실에 유의하라.

① 어머니가 없는 것은 가족의 심장이 없어진 셈이다. 어린이들은 천성적으로 아버지보다는 어머니에게 더 많이 의지하고, 아버지에게 부족한 정서적 분위기와 배려를 어머니에게서 발견한다. 심지어 재혼을 한다 할지라도, 참으로 어머니를 대신할 수 있는 것은 사실상 아무것도 없다. 그러나 교회는 아이 돌봄 서비스를 제공해주고, 급료를 지불하고, 사람을 고용하여 그 가정을 도와주게 하고, 기회가 있을 때 따뜻한 식사를 주고, 여름이나 주말에 어린이를 야외로 데려가서 노는 시간을 마련하는 등의 방법으로 그들을 도울 수

있다. 장로는 필요한 때 이러한 도움을 줌으로써 그 가정과 접촉을 가져야 한다.

② 아버지가 없는 경우, 재정상의 문제가 염려로 부각되며, 남성의 힘이 결여되고, 어머니는 혼자서 아이들을 훈계하는 일을 전적으로 떠맡게 된다. 집사들은 경제적인 필요에 주의를 집중해야 하고, 자녀를 돌보는 일은 어느 정도 나누어 해야 하며, 어머니는 그러한 사랑의 관심이 항상 가까이에 있음을 알아야 한다.

구체적인 제안들

① 무엇보다도 잠재적인 필요를 알아야 한다. 부모가 한쪽밖에 없는 가정은 겉으로는 강한 면을 보여주는 것이 보통이다. 예를 들면, 어린이들이 행복하게 자라는 것처럼 보인다. 또한 성령께서는 가족의 남은 구성원들을 보다 더 친밀하게 결속시킴으로써 부모 중에 한 사람을 잃어버린 일에 대처할 수 있게 해주시곤 한다. 그러나 그러한 모습 뒤에 숨어 있는 필요들, 특히 위기 시에 발생되는 필요들에 주의를 기울이라.

② 교회는 "빅 브라더"나 "빅 시스터" 프로그램 같은 것을 고려해보고 그 계획에 따라 성인 신자들이 결손 가정의 아이들에게 운동 경기, 파티, 오락, 해변 놀이 같은 것에 함께 참여할 수 있는 기회를 주라.

③ 사랑으로 대화하고 격려해줌으로써 혼자된 부모 특히 어머니가 자녀들의 훈육을 적절하게 할 수 있도록 도와주라. 혼자된 부모

는 자녀의 애정을 필요로 하고, 그 때문에 자녀가 최초로 반항할 때 그들에게 순종을 강하게 요구하지 못하고 주저하기도 한다. 이러한 심각한 사태 발생 시에는 부모와 자녀 사이에 벌어진 틈을 좁히기 위해 노력하라.

④ 혼자된 부모가 어린 자녀를 징계한 후 그에 대한 보상으로(혹은 어린 자녀가 외롭다고 생각되어) 물질적인 선물을 과도하게 주는 경우가 있다. 그러한 일이 일어나지 않도록 미리 주의를 주라. 사랑에 대한 명백한 증거는 선물이나 물건으로도 표현되어야 하지만, 모든 애정의 척도를 물질로 계산하는 자녀로 키워서는 안 된다.

⑤ 이런 가정은 실제로 경제적인 어려움을 겪는 경우가 많으며 특히 편모가 아이들을 키우는 상황에서 보험금이나 생활비를 적절하게 공급받지 못할 경우에는 더욱더 그러하다. 만약 남겨진 아이가 나이가 어리다면, 그 가정을 도와줄 집사들이나 공공 기관의 도움을 통해 그러한 어머니를 도와주도록 힘써야 한다. 어린이가 나이가 들었다면 그 어머니에게 최소한 시간제로 일할 수 있는 자리를 마련해주라. 아이를 교육시킬 시기가 오면 아이의 교육, 특히 고등 교육을 위해 필요한 경제적 원조를 해줄 준비를 하라.

⑥ 당신이나 교회는 혼자된 부모가 어쩔 수 없이 느끼게 되는 외로움에 관심을 기울이고 이에 대처해야 한다. 이때에 급히 결정을 내린다거나 현명하지 못한 친구를 사귄다거나 외로움을 피하기 위한 오락 같은 것을 삼가도록 충고하라. 당신이나 다른 성도들이 교회의 사랑을 베풀어서 혼자된 부모가 지혜롭지 못한 헛된 유혹으로

부터 벗어날 수 있게 도와주라.

⑦ 남아 있는 한 사람이 떠나 버린 상대방을 의식적, 무의식적으로 미워하려고 하는 일이 이혼으로 깨어진 가정 내에 있는지 살펴보라. 이러한 미움이 유익이 될 것처럼 보일지라도 그것을 삼가도록 유의해야 한다. 왜냐하면 그런 일 때문에 남아 있는 한쪽 부모는 자녀의 마음속에 나쁜 감정을 심어주게 될 것이고 혹시 다른 쪽 부모에게 방문을 할 기회가 주어질 때 그 부모가 보복을 하게 될지도 모르기 때문이다. 깨어진 가정에 관해서, 과거사는 과거사가 되게 하라. 이렇게 하는 것이 가장 좋은 방법이다.

⑧ 당신의 눈을 항상 결손된 가정에 고정시키도록 하라.

"형제들아 나는 아직 내가 잡은 줄로 여기지 아니하고 오직 한 일 즉 뒤에 있는 것은 잊어버리고 앞에 있는 것을 잡으려고 푯대를 향하여 그리스도 예수 안에서 하나님이 위에서 부르신 부름의 상을 위하여 달려가노라"(빌 3:13-14).

미혼모

미혼모들의 임신으로 제7계명을 어긴 일이 공공연하게 드러나게 된다. 이러한 임신에 대하여 알게 되자마자 교회 가족을 돌보는 장로는 그 일을 처리해야 할 의무가 있다.

① 낙태시키라는 조언에 대항하라. 임신한 아이를 낙태시키라는 의학적, 심리학적 조언에도 회의적인 반응을 보이도록 하라. 당신의

교회, 당신의 교파, 혹은 당신이 온전히 "생명 보호"(pro-life, 낙태 반대를 의미함—편집주) 운동에 몸담고 있지 않다고 하더라도, 하나님은 이러한 일에도 그분의 길을 가지고 계시다는 것을 고려하라.

② 급히 결혼을 시키려고 하지 말고 다음 사실들에 유의하라.

- 가정을 이루는 데 기초가 될 만한 진실한 사랑이 있어야 한다.
- 좋은 가정을 이루어 갈 만큼 충분히 성숙해 갈 가능성이 있어야 한다.
- 가정을 유지해 갈 수 있을 만큼 어느 정도의 재정적인 기초가 마련되어 있어야 한다. 이러한 조건들이 결여되어 있다면 설령 결혼을 한다 해도 미혼모의 삶보다 더 나쁠 수 있으며 이는 그녀와 아이 모두에게 그러할 수 있다.

③ 아이가 태어난 직후에 어린아이를 양자로 주도록 추천하는 일에는 주의를 요한다. 많은 경우에 미혼모의 부모나 또한 미혼모 자신의 자세와 성숙도에 따라 사정이 달라진다. 만약 부모의 도움이 있고 미혼모가 어린아이를 키움으로써 자신의 자유에 주어질 제약을 미리 예측할 수 있다면, 관련되어질 모든 일에도 불구하고 아이를 직접 키우는 것이 가장 좋다. 친자식과 부모의 관계처럼 심오한 관계는 찾아보기 어렵다.

④ 미혼모 자신은 할아버지가 자신의 자유를 유지시켜주고 아이를 보살펴줄 것이라고 바라고 있는데 반하여, 할아버지는 처음에는 가정 안에 또 다른 어린아이가 생겼다는 기쁜 생각 때문에 받아들였다가 후에 마음이 바뀌는 수가 있다. 변덕스러운 할아버지에게

미혼모와 아이를 맡기는 일이 없도록 유의하라. 만약 이런 일이 생긴다면 즉시 순서에 따라 아이를 입양시키라.

⑤ 만약 미혼모의 부모들이 딸을 창기보다 더 못한 사람으로 생각하고 모든 일에 대하여 지독할 정도로 나쁜 자세를 취할 경우, 당신은 아래와 같은 두 가지 자세를 취하도록 하라.

- 우리 모두가 죄를 짓는다는 기본적인 입장에서, 부모와 자식 사이에 화해가 이루어지려면 날마다 서로를 용서할 필요가 있으며, 시간이 흘러도 자녀가 지은 죄를 용서하지 않는다면 이것은 계속해서 죄를 짓는 일이라고 알려준다.
- 현실적으로 볼 때 부모가 그런 태도를 취하면 입양 문제가 대두된다. 교회가 경제적 후원 책임을 맡을 때에만 당신은 그 아이를 직접 키우라고 조건 없이 조언해야 한다.

⑥ 언약의 교리에 의하여 입양 문제는 복잡하다. 만약 어린아이가 기독교 가정에서 태어났다면 언약의 반열에 속한 상태는 유지된다. 또한 미혼모와 조부모는 주의 계명을 따라 어린아이를 키움으로써 그들의 언약적 임무를 수행해야 한다고 느낄 것이다. 그러나 어떤 입양 기관에서 아이를 기독교 가정으로 입양시켜주겠다고 보장한다. 그러면 조부모와 부모는 교회나 기독교 교육단체, 또는 사회복지단체의 도움 아래 그들의 책임을 행사할 수 있다. 언약의 반열은 입양 보낸다고 해서 상실되는 것이 아니다. 주님의 약속은 확실하다. 그러나 가장 밀접한 관련자들이 이것과 관련한 그들의 의무에 대하여 결심을 해야 한다. 할 수 있는 한 그들을 도우라. 이는

모든 문제 중 가장 어려운 요소일 것이다.

⑦ 미혼모는 그녀 자신과 그녀의 죄에 대한 교회의 태도에 관심을 갖는다. 죄를 회개하면 용서받을 수 있음을 분명히 알려주라. 이렇게 하면 한편으로는 교인들 사이에 실제적인 장벽이 남아 있지 않게 되고 다른 한편으로는 그 미혼모와 아이 사이에 장벽이 생기지 않는다. 교회의 모든 회중이 그 사실을 알아야 한다.

"남의 하인을 비판하는 너는 누구냐 그가 서 있는 것이나 넘어지는 것이 자기 주인에게 있으매 그가 세움을 받으리니 이는 그를 세우시는 권능이 주께 있음이라 그런즉 우리가 다시는 서로 비판하지 말고 도리어 부딪칠 것이나 거칠 것을 형제 앞에 두지 아니하도록 주의하라"(롬 14:4, 13).

⑧ 이것은 회개를 통해 교회와의 화해를 도모한 후, 만약 아이가 어머니에게 그대로 남아 있고 어머니가 교인의 자격을 지니고 있다면 그 아이에게 세례를 주어야 한다는 것을 의미한다.

⑨ 미혼모와 아이의 삶은 그런 종류의 편모 가정이 점점 흔해지고 있을지라도 쉬운 일이 아니다. 그들과 지속적으로 관계를 유지하고 기도하며 사랑을 베풀라.

어려운 만남

장로는 때로는 교회에 대하여 사이가 틀어진 청소년을 만나는 경우가 있다. 그 젊은이가 미래에 하나님과 어떤 관계를 맺느냐는 당신이 그런 젊은이들을 다룰 때 어떤 지혜로 행하고 어떤 은혜를 베푸느냐에 달려 있을 것이다.

다음과 같이 행할 것을 추천한다.

① 당신의 목표는 "악에게 지지 말고 선으로 악을 이기[는]"(롬 12:21) 것임을 기억하라. 당신이 그러한 젊은이들을 만나서 창피를 주고 더 비참하게 만들고 화를 내면서 잔소리를 하는 것보다 더 사탄이 바라는 것은 없다. 그러한 행동은 위선자들에게 어울리는 행동이다.

② 이러한 경우, 사탄의 허를 찌르기 위하여 그 젊은이가 교회에 대해 어떤 이질감을 느끼고 있는지를 이해하려고 해야 한다. 주의 깊게 들어주고 부드럽게 질문을 하도록 하라. 그것이 교회에 대한 비판이거나 혹은 담임목사나 당신에 대한 비난일지라도 솔직히 이야기할 수 있도록 격려해주라. 보편적인 불완전성에 대해 미리 수용하라.

③ 한편으로는 당신이 대단히 경건한 사람인 체하는 자세는 피하라. 당신은 당신 앞에 있는 사람의 행위와 당신의 행위를 비교하기 위해서 부르심을 받은 것이 아니다. 당신은 그 청소년의 비행이 무엇이든지 그것을 이해하고 치료하려고 노력해야 한다.

④ 반대로 그의 장단에 맞추어주는 어리석은 짓을 하지 말라. 당신이 그와 같이 현 시대를 사는 젊은이라면, 당신도 마약과 음행과 부모에 대한 불순종 그리고 법을 어기는 곤경에 빠질 수밖에 없을 것이라고 암시하지 말라. 그는 당신의 엉터리 같은 수법을 곧 알아차리게 될 것이다. 당신은 당신이고, 그는 그다. 그러므로 그런 술책

을 취하지 말라.

⑤ 만일 당신이 그 비행 청소년의 말을 통해서 무엇이 그를 그렇게 만들었는지를 진지하게 발견하고 이해하려고 노력했다면, 이제 당신이 해야 할 일은 그의 행동에 대해 주님이 요구하시는 기준을 확고히 세우는 것이다. 당신의 목표는 창피를 주는 데 있는 것이 아니다. 하지만 필요하다면 그를 겸손하게 낮추도록 하라. 당신의 목표는 그를 당혹하게 만드는 데 있는 것이 아니고 그로 하여금 자신의 죄를 고백하고 회개하게 하는 데 있다. 하지만 이것이 잘 되려면, 첫 면담과 교정 사이에 상당한 시간이 필요할 수도 있다. 변화를 제의하기 전에, 장로는 그 비행 청소년의 생활 스타일이나 문제점 혹은 그를 짓누르는 압박에 대해 알아볼 시간이 필요할지도 모른다.

⑥ 교회의 평판이 위태로운 지경에 있다는 말이나, 모든 사람이 의아해하고 있다는 말이나, 사람들이 입방아를 찧고 있다는 말 때문에 위압감을 느껴 성급한 행동으로 나아가지 않도록 하라. 옳은 일을 하면 당신 교회의 평판은 저절로 좋아질 것이다. 특히 진실이 온전히 알려져 있는 하늘나라에서의 평판은 더욱 그러하다.

⑦ 만일 면담과 그 다음 면담 사이의 시간이 지체된다면 위원회나 그 비행 청소년의 교구 장로로 하여금 그에게 연락하게 하고 그 젊은이가 다음 면담 시간에 꼭 참석하게 하라.

⑧ 당신이 지금의 모습처럼 될 때까지 주께서 얼마나 오랫동안 기다리셨는가를 기억하고, 과거의 당신과 똑같은 위치에 있는 그 사람에 대해 오랫동안 참으면서 기다릴 준비를 하라.

⑨ 그 젊은이를 만날 때마다 고린도전서 13장을 읽고 시작하라. 특별히 "사랑은 오래 참고 사랑은 온유하며 사랑은…무례히 행하지 아니하며 자기의 유익을 구하지 아니하며 모든 것을 참으며 모든 것을 믿으며 모든 것을 바라며 모든 것을 견디느니라"(고전 13:4-5, 7)는 말씀을 기억하라. 만약 그 비행 청소년이 교회 장로에게서 엄격하지만 이해해주는 사랑을 경험하지 못하면 그는 당황스러워 하면서 그런 사랑을 발견할 장소를 찾아갈 것이다. 또한 광명의 천사를 가장하여 찾아오는 사탄은 거짓된 사랑으로 그를 유혹할 것이다.

⑩ 승리의 날을 가져올 수 있게 하는 것은 장로인 당신과 그 젊은이 사이의 만남에 있는 것이 아니고, 당신과 그의 잘못 사이에 있는 것도 아니며, 오직 하나님의 말씀과 그 비행 청소년 사이에 있다는 것을 명심하라. 말씀에 근거하여 희생적인 사랑으로 대하고 그러한 행위를 통해 주께서 기꺼이 주님의 도구가 된 당신과 함께 그분의 뜻을 행하시기를 기도하라.

⑪ 개인적으로 혹은 장로들의 모임이 있을 때마다 그들 앞에 놓여진 이러한 청소년 문제들을 위해 기도해야 함을 잊지 말라.

8장
순종을 권장함

순종의 열매

가르치는 교회는 결코 학생들을 졸업시키지 않는다. 말씀 설교를 통한 교육은 신자의 전 생애에 걸쳐 계속된다. 교회의 목표는 결코 변하지 않는다.

"각 사람을 그리스도 안에서 완전한 자로 세우려 함이니"(골 1:28).

이것은 교회의 교육적 과업이다. 이 과업을 감독하는 것은 장로의 주요 책임이다.

그리스도 안에서 성숙하게 되기 위해서는 언제나 들음과 행함, 교리와 삶, 말씀과 순종이 조화롭게 결합되어야 한다. 귀와 눈을 통해서 들어온 진리들이 믿음의 토양 속에 들어가서 무수한 사랑의 행동들로 열매 맺는다. 말씀은 영감된 계시를 통해서 하나님에게서 나오고, 다시 순종의 삶의 형태로 하나님께로 되돌아간다. 이러한 순환 과정을 거쳐 말씀은 그 목적을 이룬다.

하나님은 설교단을 통해 그분의 백성을 가르치신다. 따라서 하나님의 말씀을 선포하는 것이 참된 교회의 첫 번째 표지이다.

장로는 강단의 사역을 감독하고 이에 협력하면서 회중의 순종을 독려할 책임을 맡고 있다.

"오직 오늘이라 일컫는 동안에 매일 피차 권면하여 너희 중에 누구든지 죄의 유혹으로 완고하게 되지 않도록 하라"(히 3:13).

더 나아가 장로는 정기 가정 심방, 환자 돌봄, 외부 출입을 못하는 노인 돌봄, 몸 전체에 대한 일반적 감독 등을 통해 자신의 임무를 수행한다.

순종을 위한 감독

교회의 감독자(overseer)인 바울은 선행에 대한 노골적인 호소로 그의 서신들을 시작하지 않는다. 그의 실천적인 제안은 서신 뒷부분에 나온다. 그는 먼저 건전한 교리를 가르침으로써 이미 확립된 성경적 원리를 확인한다. 선행은 확실한 지식으로부터 나오는 것이다. 올바른 삶의 길은 건전한 교리를 관통하여 뻗어 있다. 성경은 순종의 행실을 통해 그 계시된 교훈의 목표를 성취한다.

"모든 성경은 하나님의 감동으로 된 것으로 이는 하나님의 사람으로 온전하게 하며 모든 선한 일을 행할 능력을 갖추게 하려 함이라"(딤후 3:16-17).

교회는 신자들이 선행을 하도록 가르친다. 왜냐하면 그들은 이를 위하여 구속받았기 때문이다.

"우리는 그가 만드신 바라 그리스도 예수 안에서 선한 일을 위하여 지으심을 받은 자니 이 일은 하나님이 전에 예비하사 우리로 그 가운데서 행하게 하려 하심이니라"(엡 2:10).

순종은 성경을 아는 지식에 뿌리박고 있다. 장로의 우선적 관심사는 회중이 하나님의 말씀을 알도록 하는 데 있다. 이러한 지식이 없이 선행을 하려고 하는 것은 짚 없이 벽돌을 만들려고 하는 격이다. 머리에 접근하는 것이 먼저이고 의지와 감정에 호소하는 것은 그 다음 순서이다.

지식

교회의 신경과 신앙고백에는 신자들이 반드시 알아야 하는 내용이 요약되어 있다. 여기에서부터 길이 시작되는데, 이 길은 좁은 문을 통과하여 영생으로 향하여 가는 좁은 길로 이어진다(마 7:14). 십계명이 지시하는 길은 하나님이 애굽에서 인도하여 내셨음을 아는 지식으로 시작한다.

"나는 너를 애굽 땅 종 되었던 집에서 인도하여 낸 너의 하나님 여호와로라"(출 20:2).

신약성경의 대응 구절인 지상명령은, 신자가 그리스도를 통해 세상과 자아와 마귀의 애굽적 속박으로부터 구원받는다는 것을 아는 지식으로 시작한다.

"그러므로 너희는 가서 모든 족속으로 제자를 삼아 아버지와 아들과 성령의 이름으로 세례를 주고"(마 28:19).

우리는 계시된 교리를 배움으로 제자화된다. 즉, 창조주와 보존자 되시는 하나님을 아는 지식, 세계가 그분의 것임을 아는 지식, 예수 그리스도를 구속자로 아는 지식, 신자들이 예수 그리스도의 소유임을 아는 지식, 하나님의 사역을 그리스도 안에서 신자의 구속에 적용시키는 성령님의 사역에 대한 지식 등의 교리를 배움으로 제자화된다.

행위

하나님이 신자들을 구원하사 행하게 하시는 선한 일이 무엇인지에 대해서는 의문의 여지가 없다. 그 선한 일은 십계명에 소극적으로 정의되어 있고, 두 큰 계명에 적극적으로 정의되어 있다. 이 두 계명은 각각 십계명의 한 돌판씩을 요약한 것이다. 미가 선지자는 하나님의 뜻을 한 문장으로 요약하여 다음과 같이 표현한다.

"사람아 주께서 선한 것이 무엇임을 네게 보이셨나니 여호와께서 네게 구하시는 것은 오직 정의를 행하며 인자를 사랑하며 겸손하게 네 하나님과 함께 행하는 것이 아니냐"(미 6:8).

주님 자신은 다음과 같이 말씀하셨다.

"그러므로 무엇이든지 남에게 대접을 받고자 하는 대로 너희도 남을 대접하라 이것이 율법이요 선지자니라"(마 7:12).

성경은 인간을 향한 하나님의 뜻에 대한 영감된 주석이며, 하나님의 뜻은 하나님이 친필로 돌판에 기록하신 율법에 요약되어 있

다. 성경의 가르침에 회중이 순종하는 것은 장로의 지속적인 관심
사이다. 그것이 바로 성경에 등장하는 "사랑"이라는 말이 의미하는
바이다.

실천

사랑의 삶에 대한 성경의 가르침은 아주 풍부하므로 여기서 모두
요약할 수는 없다. 그러나 몇몇 지침을 아래와 같이 말씀에서 끌어
낼 수 있을 것이다.

① 겸손에 관하여. 신자는 마땅히 생각할 그 이상의 생각을 품지
않으며, 오직 겸손한 마음으로 각각 자기보다 남을 낫게 여긴다(롬
12:3; 빌 2:3). 그는 가난한 자와 무명한 자를 부자와 권세 있는 자만큼
높이 평가한다(롬 12:16; 약 2:1-4).

② 인간관계에 관하여. 신자는 할 수 있는 한 모든 사람과 화평을
이루고, 훼방을 받지 않게 모든 일에 조심하며, 서로 화평하며 살아
야 한다(롬 12:18; 고후 6:3; 히 12:14).

③ 사랑에 관하여. 신자는 그들의 원수를 축복하고, 모든 사람을
위해 기도와 간구를 하며, 인자한 마음을 갖고 그리스도께서 그들
을 용서해주신 것처럼 서로 용서한다(마 5:44; 딤전 2:1; 엡 4:32).

④ 정결에 관하여. 신자는 그리스도의 임재를 의식하면서 고상
한 주제들을 생각하고 묵상함으로써 마음의 생각을 지켜야 한다.
무릇 더러운 말이나 어리석은 말은 그들의 입밖에도 내지 말아야
한다. 또한 그들은 음란으로 더럽혀진 것에 접촉하기도 싫어해야

한다(빌 4:7-8; 엡 4:29; 유 23).

⑤ 기쁨과 만족에 관하여. 신자는 항상 감사하고, 주 예수 그리스도로 말미암아 기뻐하며, 주님의 재림을 소망하는 가운데 즐거워하고, 어떠한 형편에 처하든지 자족해야 한다(롬 8:28; 빌 4:4-6, 11).

⑥ 품행에 관하여. 그리스도인들은 그들의 선한 행실이 비방을 받지 않도록 세상 사람들 앞에서 비난받을 것이 없게 살아야 한다. 그들은 그리스도의 편지인데, 뭇사람이 알고 읽는 편지이다(롬 12:17; 14:16; 고후 3:2).

⑦ 언어생활에 관하여. 신자는 어떤 사람에 대해서도 악한 말을 하지 않으며, 어떤 사람을 대적하여 욕과 저주를 하지 않는다. 그는 언제라도 각 사람의 최선의 것을 기꺼이 믿을 준비가 되어 있어야 한다. 그는 듣기는 속히 하고 말하기는 더디 한다(딛 3:2; 유 9; 고전 13:7; 약 1:9).

⑧ 절제에 관하여. 신자는 육신의 소욕에 복종하지 않아야 한다. 언제나 욕구와 열정을 절제해야 하며, 모든 합법적인 일에 있어서도 절제해야 한다(고전 9:25-27; 롬 8:12).

⑨ 선한 일에 관하여. 신자는 열심히 선을 실천해야 한다. 그는 모든 사람에게 선한 일을 하고, 특히 믿음의 식구들에게 더욱 그렇게 해야 한다(갈 6:9; 딛 2:14).

근면한 목사의 설교로부터 배운 근면한 장로는 성경이 여러 가지 문제에 대한 수많은 실천적 가르침을 포함하고 있음을 알고 있다. 즉 부모, 자녀, 고용주, 고용인, 설교자, 장로, 청중, 부자, 가난한 자, 남편, 아내, 통치자, 백성 등 모든 직업과 상황을 위한 실천적 교훈을 알고 있다.

영생에 이르는 길은 아주 명백하게 기록되어 있으므로 그 누구도 거룩과 감사의 삶에 속하는 어떤 것에 대해 추측할 필요가 없다. 장로의 감독 아래서 이러한 길을 알려주는 것이 교회의 과제이다. 그리스도 안에서의 칭의는 복음의 핵심이며, 이 칭의는 믿음으로 의롭다 하심을 얻은 자 안에서 역사하며, 그 역사로부터 주의 명령에 감사함으로 순종하는 삶이 나오는 것이다. 복음과 순종 사이의 관계는 매우 밀접하기 때문에 바울과 베드로는 모두 복음을 순종하지 않는 자들에 대한 하나님의 심판을 말하고 있다(살후 1:8; 벧전 4:17).

상담자로서의 장로

장로는 필연적으로 상담자이다. 경건한 삶을 독려하는 노력 가운데 당신은 많은 그리스도인들이 가족과 결혼 문제 때문에 막다른 골목에 이르렀으며, 염려와 불안과 잘못된 우선순위 그리고 자아 중심적 자세 등으로 괴로움을 당하고 있다는 사실에 직면하게 될 것이다. 따라서 치료에 앞서 상담이 선행되어야 하는 것이다.

이 일을 하고자 하는 장로는 상담 산업의 엄청난 허풍에 정면으로 맞서게 된다. 상담 산업은 그 전문성 때문에 부와 명성을 얻고 있는 산업이다. 장로는 속이 대부분 비어 있는 이 산업의 허상을 살펴보기까지는, 자신이 상담자로서 능력이 없다고 생각하기 쉽다. 이것은 심각한 실수이다. 정신 건강과 인격 성장을 위한 열쇠를 쥐고 있는 자는 세속적인 상담자가 아니라 바로 장로이다. 다음의 사실들을 명심하라.

① 상담 산업에는 혼란이 만연하고 있다. 정신 건강, 정신 질환, 정상 상태, 삶의 목표 그리고 그 목표를 추구하는 방법 등에 대해 전혀 의견의 일치가 이루어져 있지 않다. 피상담자들이 이곳저곳을 찾아다니며 엄청난 비용을 치르는 동안, 세속적인 상담의 시행착오는 걷잡을 수 없이 늘어나고 있다.

② 감수성 측정법, T-groups, 정신 분석, 대화, 섹스 요법 등 수많은 형태에도 불구하고, 세속적인 상담은 종종 아무런 효과가 없다. 환자는 그가 듣기 원하는 조언을 듣게 될지도 모른다. 혹은 단지 돈을 받고 주의 깊게 경청해주는 사람을 발견할지도 모른다. 세속적 상담자가 그의 상담에서 의존하는 자료를 고려해볼 때 낮은 치료율은 전혀 놀라운 것이 아니다. 이 점을 생각해보고, 소위 어떤 "요법"을 경험한 사람들을 조사하여 그 결과를 알아보라. 예를 들면 상담자의 충고에 의해 결혼이 깨어지지 않고 유지된 경우를 세어 보라.

③ 장로가 상담에서 보여주는 그리스도인으로서의 사랑과 관심과 실제적 경험들은 건설적인 조언을 위해 최상의, 필수불가결한 자질이다. 이러한 자질들은 당신의 것이다. 이것들 위에 굳게 서라. 대학의 학위나 자격증 혹은 외국어 실력으로 그 누구도 당신 앞에서 허세를 부리지 못하게 하라.

④ 빛을 비추고("주의 말씀을 열면 빛이 비치어 우둔한 사람들을 깨닫게 하나이다", 시 119:130), 영적인 치유를 베풀며("말씀만 하사 내 하인을 낫게 하소서",

눅 7:7), 소생시키고("큰 소리로 나사로야 나오라 부르시니 죽은 자가…나오는데", 요 11:43-44), 올바른 삶으로 인도하는("주의 말씀은 내 발에 등이요", 시 119:105) 것은 정신 의학의 가르침이 아니라 하나님의 말씀이다. 당신이 직면하는 상담 문제들을 해결하는 데에 하나님의 말씀을 적용시킬 준비를 해야 한다. 그렇게 하면, 나머지는 하나님께서 책임지신다.

"내 입에서 나가는 말도 이와 같이 헛되이 내게로 되돌아오지 아니하고 나의 기뻐하는 뜻을 이루며 내가 보낸 일에 형통함이니라"(사 55:11).

세속적 상담의 정체를 인식하라. 그것은 하나님의 말씀을 대신하려는 하나의 시도이다.

⑤ 세속적 상담의 주요 경향을 충분히 파악하고 있는 것이 바람직하다. 간단히 말하자면, 세속 상담에는 세 가지 주된 흐름이 있고 수많은 지류(분파)가 있다.

- 정신 분석 : 피상담자의 행동과 느낌 그리고 태도를 설명하기 위해 그의 과거를 조사하는 것이다. 정신 분석가는 오래 전에 잊혀진 일들을 떠올리게 함으로써, 환자가 과거의 영향으로부터 해방되기를 바란다. 대표자는 프로이트(Sigmund Freud)이다. 그는 인격(personality)을 세 국면으로 나누었다. 이드(id)는 숨겨진 충동, 억압된 욕구이다. 자아(ego)는 의식적인 자아, 즉 살아서 행동하는 자아(self)이다. 초자아(super-ego) 혹은 양심은 이드(id)를 억누르면서 불가능한 목표를 세우고 죄책과 불안을 불러일으킨다. 환자는 그의 죄책을 이드(id)에 전가시킴으로써 자신의 죄책감을 벗어 버리게 되

며, 이를 통해 속박, 불안, 좌절로부터의 해방을 성취한다. 이것이 정신 분석 이론이다.

- 행동 요법 : 이것은 처벌과 보상의 방법에 의해, 사회적으로 바람직한 행동은 강화하고 바람직하지 못한 행동은 억제하려는 계획이다. 이것은 인간 행동을 "원인과 결과"라는 과학의 범주 속으로 끼워 맞추는 것이다. 이 이론의 전제는 과학적으로 발견된 테크닉이 인간을 조정할 수 있고, 더 나아가 인간을 바꿀 수 있다는 것이다. 대표자는 스키너(B. F. Skinner)이다. 그의 말에 따르면, 만일 인간이 자유와 존엄의 환상을 포기한다면 인간은 행동 수정 기술에 의해서 사회가 요구하는 인간의 모습으로 만들어질 수 있다. 따라서 이 이론가들에게 있어서 인류의 미래는 생물학적 진화에 과학을 적용하는 것에 달려 있다.

- 인본주의적 요법 : 이것은 피상담자가 그 자신의 치료에 영향을 미친다는 것을 전제로 한다. 그 기술들은 대화, 감수성 측정법, 만남의 집단에 의존하며, 피상담자의 모든 내적 충동, 증오, 사랑, 욕구 등을 표면으로 끌어낸다. 그래서 피상담자가 다른 사람의 눈을 통해 그러한 것들을 볼 수 있게 하고, 그 결과 피상담자의 변화를 가져오려는 것이다. 대표적 인물은 로저스(Rogers), 매슬로(Maslow) 그리고 메이(May)이다.

- 회색 집단들(fringe groups) : 온갖 종류가 있다. 모든 억제를 해방시킬 것을 제안하거나 모든 골몰하는 문제들에 대한 치

료를 시도한다.

일반 사회에서 상담 산업이 차지하고 있는 세력은 하룻밤 사이에 붕괴되지 않을 것이다. 그러한 전망에는 이유가 있다. 세속 상담은 "환자"를 그의 행동에 대한 책임에서 해방시켜주기 때문에 사람들의 환영을 받는다. 그들에 의하면 피상담자는 병들었을 뿐이다. 그로 하여금 그와 같은 행동을 하게 하는 어떤 "정신적인 병"은 그의 잘못이라고 볼 수 없다는 것이다. 더욱이 그가 치료된다는 것은 욕구와 욕정과 증오 그리고 이기주의에 더욱더 빠져들어가는 것을 포함할지도 모른다. 이러한 일이 진행되는 한, 상담 산업의 미래는 밝다. 오직 내부로부터 그 정체를 보고 그 공허함을 경험한 사람들만이 사회에 끼치는 세속 상담의 위협을 충분히 평가할 수 있다. 이러한 사실로부터 장로는 말씀 중심의 상담이 능력 있고 타당하다는 것을 배울 수 있다.

왜 상담을 하는가

① 굶주린 사람이 배가 고프기 때문에 복음을 잘 들을 수 없는 것처럼, 심령에 무거운 짐을 진 피상담자는 권면을 듣기 전에 도움의 말을 필요로 한다. 진리가 그 문제들에 대해 우선적으로 초점을 맞추어야 한다. 그렇지 않으면 삶의 문제들이 영적인 공간을 너무나 많이 차지해 버려서 진리가 파고들 공간이 없게 된다. 상담은 구속의 진리를 인식할 수 있도록 내적인 눈을 밝게 해주는 사전 작업이다.

② 교회는 성도의 영적 교제가 있어야 하므로 상담을 해야 한다.

그것은 서로의 짐을 나누어 지는 것이다(갈 6:2). 때때로 어떤 짐들은 아주 개인적이고 은밀하며 파괴적인 것이어서 오직 장로의 눈만이 그러한 짐들을 발견할 수 있다. 그러나 만일 장로의 귀가 어둡다면 고통을 당하는 사람은 아마 상담 산업을 떠돌게 될지도 모른다.

③ 상담을 통해 당신은 세상 안의 마귀에 의해 드리워진 어두운 그림자를 직접 직면하는 것이기 때문에 상담해야 한다. 마귀의 침입에 대적할 수 있는 유일한 효과적인 해독제는 하나님의 살아 있는 말씀이다.

어떻게 상담을 하는가

① 경청하라. 마음을 다하여 경청하라. 인본주의적 상담의 매력은 그것이 "피상담자 중심적"이라는 데 있다. 즉, 기꺼이 경청한다는 것이다. 말을 하는 것은 하나님께서 인간에게 주신 독특한 선물이다. 말로 문제들을 구체적으로 표현하는 것은 이미 치료의 시작이다. 따라서 참을성 있게 그리고 오랫동안 경청하라.

② 성급한 판단을 피하라. 일반적으로 비판은 전부 피하라.

"비판을 받지 아니하려거든 비판하지 말라"(마 7:1).

"남의 하인을 비판하는 너는 누구냐"(롬 14:4).

성급한 판단을 피하신 주님 자신으로부터 배우라(요 12:47-50). 피상담자와 함께 말씀 안으로 들어가서, 성경 스스로가 피상담자의 잘못과 약점을 드러내게 하라. 왜냐하면 당신도 죄가 없지 않기 때문이다.

③ 지도적인 원리들을 마음에 두라. 적절한 때라고 느낄 때, 그 원리들을 사용하라.

- 사람은 진정으로 인간답기 위해서 자신의 행위에 대한 충분한 책임을 받아들여야 한다. 오직 기계만이 원인과 결과의 결정론으로 설명된다. 당신은 피상담자로 하여금 이러한 책임을 회피하게 함으로써 그에게 아무런 유익을 주지 못한다. 반대로, 치료의 시작은 피상담자가 그의 문제를 일으킨 그 자신의 역할에 대한 개인적인 책임을 받아들이는 것이다. 그가 자신의 행위를 원인과 결과의 결정론으로 해석하지 않도록 도와야 한다. 책임은 그에게 속한 것이다.

- 타인의 잘못이 우리 자신의 잘못을 용서해주지는 않는다. 황금률은 그들이 당신에게 행하는 대로 타인에게 행하라는 것이 아니라, 무엇이든지 남에게 대접을 받고자 하는 대로 너희도 남을 대접하라는 것이다(마 7:12). 피상담자의 문제가 이 하나님의 영감된 말씀을 무시함으로 야기된 것이라면, 당신은 그가 이 말씀을 이해할 수 있도록 도와주어야 한다.

- 책임과 잘못에 대한 이해는 죄 고백과 회개의 요청으로 나아간다. 이것은 장로가 아닌 하나님을 향하여 고백하는 것이요, 자신의 주인으로 자아가 아닌 하나님을 선택하는 것이다. 바로 여기서 행동에 대한 개인적 책임을 인정하는 일의 중요성이 뚜렷하게 드러난다. 즉, 하나님께서는 우리가 우리 자신의 것으로 고백하는 이러한 죄와 허물만을 용서해

주실 수 있다. 피상담자가 자신의 잘못된 행동에 대해 타인을 비난하는 한, 그에게는 고백할 죄가 없으며, 따라서 하나님도 용서해주실 것이 없다. 이로써 피상담자는 곤경에 빠지는 것이다.

- 그러므로 피상담자의 과거, 성생활, 어린 시절의 좌절, 최근의 분노와 원한을 조사하는 대신에, 장로는 피상담자로 하여금 하나님과 그분의 율법 앞에서 자신의 상황을 이해하도록 돕는 일에 관심을 집중시켜야 한다. 장로는 피상담자의 눈을 안으로 돌려 그의 자아와 느낌과 과거에 시선을 고정시키기보다는 오히려 피상담자의 눈을 밖으로 돌려 치료하시는 하나님의 말씀에 시선을 고정시켜야 한다. 내면 분석 혹은 내면 관찰은 거짓 치료일 뿐이다. 하나님의 손에 의해서만 지속적인 치유가 이루어질 수 있다.

- 물론 피상담자의 삶 속에 교정이 필요하거나 잘못된 행동에 영향을 끼치는 상황들이 있을지도 모른다(즉, 가정이나 직장, 학교나 교우 관계 또는 일반적인 인간관계에서). 이러한 것들에 대한 당신의 생각을 말하도록 하라. 상황의 개선을 위해 당신이나 다른 사람이 할 수 있는 것을 하려고 결심하라. 가능하다면 장로들의 관심이 그 상황에 영향을 미치게 하라. 이 모든 것이 피상담자의 신뢰를 얻고 유지하는 데 매우 중요하지만, 그 상황들 가운데서 올바른 반응을 보여야 하는 그의 개인적 책임이 경감되지는 않는다.

- 끝으로, 행동은 믿음에 의존한다. 우리가 믿는 대로 우리는 행동한다. 따라서 장로는 피상담자에게 기독교 신앙의 기본적 진리들을 가르쳐주려고 노력해야 한다. 이러한 진리는 모든 신자의 삶의 기초이다. 피상담자가 가지고 있는 문제들을 해결하기 위해서는 이러한 진리에 대한 이해가 꼭 필요하다.

9장
죄와 회복

그리스도인이 상호 간의 관계에서 십계명 가운데 하나를 범할 때, 하나님의 율법을 깨뜨린 사람은 그의 형제에 대해 죄를 범한 것이다. 그 죄는 고의적인 것일 수도 있고, 뜻밖의 우연한 잘못일 수도 있다. 그런데 죄를 범한 자가 자신의 잘못을 전혀 깨닫지 못할 수도 있다. 범죄자는 종종 성경을 통해 자신의 죄를 깨달아야 한다.

죄 때문에 그리스도께서는 십자가를 지셨다. 따라서 주께서는 그의 교회 안에서 죄를 매우 심각하게 다루시며, 교회도 장로들을 통하여 죄를 그렇게 다룰 것을 요구하신다. 죄는 사랑의 혈류에 독을 주입한다. 공적인 죄는 교회로 수치를 당하게 만든다. 예수님은 죄의 고백과 회개 그리고 가능하다면 죄에 수반되는 변상 문제도 매우 특별하게 다루신다. 장로들을 통해서 활동하는 교회는 주님의 가르침을 수행하지 않으면 안 된다.

지시 사항

그리스도께서는 한 사람이 다른 사람에게 범한 죄를 두 가지 관점에서 다루신다. 즉 잘못을 저지른 사람의 관점과 피해를 입은 사람의 관점이다.

① 그리스도께서는 잘못을 저지른 사람에게 다음과 같이 말씀하신다.

"그러므로 예물을 제단에 드리려다가 거기서 네 형제에게 원망들을 만한 일이 있는 것이 생각나거든 예물을 제단 앞에 두고 먼저 가서 형제와 화목하고 그 후에 와서 예물을 드리라"(마 5:23-24).

이 교훈은 산상수훈 가운데 있는데, 산상수훈은 구속받은 자가 따라야 하는 행동 규범이다. 이 교훈은 선지자들의 가르침을 다시 들려주시는 것이다. 선지자들은 하나님이 깨끗하지 않은 손으로 드리는 예배를 거절하신다고 가르쳤다(사 1:12-17; 58:1-14; 렘 22:13-17 등). 여기서 의무는 그의 형제로부터 원망들을 만한 사람에게 지워져 있다는 사실에 주목하라. "네 형제에게 원망들을 만한 일이 있는 것이 생각나거든" 먼저 그것을 깨끗이 청산하라. 어쩌면 그 형제에게 사실상 당신이 아무런 해를 입히지 않았음을 알려줌으로써 그 문제를 해결할 수도 있을 것이다. 그런 후에 예배를 드리고, 매일의 삶 속에서 하나님을 섬기기 위해 한번 더 씨름하라. 여기서 교회의 역할은 회중이 이러한 주님의 요구에 대해 익히 잘 숙지하도록 가르치는 것이다. 장로들은 이 일을 잘 관장해야 한다.

② 피해를 입은 사람에게 그리스도께서는 이렇게 말씀하신다.

"네 형제가 죄를 범하거든 가서 너와 그 사람과만 상대하여 권고하라 만일 들으면 네가 네 형제를 얻은 것이요"(마 18:15).

피해를 입었다고 생각하는 사람은 반드시 잘못을 범한 사람과 개인적으로 대면해야 한다. 그리스도인에게 있어서 이것은 선택의 문제가 아니다. 이것은 명령이다. 잘못된 일은 곪지 않도록 해야 한다. 원한을 키워서는 안 되며 험담도 금해야 한다. "가서 너와 그 사람과만 상대하여 권고하라." 만일 즉시 이와 같이 행한다면 우리는 참으로 많은 내적 긴장과 갈등을 피할 수 있을 것이다. 교회는 이 교훈을 배우고 상기해야 한다. 장로들은 이렇게 되도록 돌봐야 한다.

"만일 듣지 않거든 한두 사람을 데리고 가서 두세 증인의 입으로 말마다 확증하게 하라"(마 18:16). 상황을 이미 잘 알고 있는 사람을 데리고 갈 수도 있다. 혹은 그 잘못을 지켜보았던 사람을 데리고 갈 수도 있다. 그들은 장로나 집사일 수도 있고 둘 모두의 친구일 수도 있다. 한두 사람을 데리고 가는 이유는 이러하다. 첫째, 잘못을 저지른 사람을 설득하여 그가 그의 형제에 대하여 죄를 범했음을 깨닫게 하는 것이요. 둘째, 필요하다면 그에게 무엇을 어떻게 말했는지를 나중에 입증하기 위해서이다. 또한 그것은 교회 안의 긴장을 완화하며, 교회의 내적 생활에서 독을 제거하고, 잘못을 범한 자와 피해자 모두 죄와 괴로움의 굴레에서 해방시킬 좋은 기회를 제공한다. 회중은 이 두 번째 단계도 주의 명령이라는 사실을 반드시 알고 있어야 한다. 주의 몸된 교회 안에 있는 죄는 가능한 신속히 제거되어야 한다.

"그런즉 거짓을 버리고 각각 그 이웃과 더불어 참된 것을 말하라 이는 우리가 서로 지체가 됨이라 분을 내어도 죄를 짓지 말며 해가 지도록 분을 품지 말고"(엡 4:25-26).

화해가 지체될 때 좋아하는 자는 사탄뿐이며, 영혼 안에 불만이 쌓일 때 섬김을 받는 자도 마귀뿐이다.

"만일 그들의 말도 듣지 않거든 교회에 말하고 교회의 말도 듣지 않거든 이방인과 세리와 같이 여기라"(마 18:17). 이제 장로는 중재자로서 충분히 관여해야 한다. 교회 안의 긴장은 이제 장로단으로 대표되는 교회 앞에 놓여진다. 주의 몸은 깨끗해져야 하고 성장을 저해하는 요소는 제거되어야 한다. 분명히 이것은 최종적 단계이다. 원만한 화해를 위한 끈질긴 노력이 먼저 선행되어야 한다. "교회에 말하고"란 정보만 전해주는 것을 의미하지 않는다. 이것은 가능한 한 잘못의 인정과 회개 그리고 보상을 통해서 그 허물을 교정함에 있어서 교회의 권위가 영향을 미치는 것을 뜻한다. 악에 대한 반응으로 더 큰 악이 발생할 때, 악이 승리를 거둔다. 오직 선으로만 악을 이길 수 있다(롬 12:21). 교회의 목표는 이러한 승리이다. 또한 장로들이 형제 상호 간의 죄 문제에 관여하게 되었을 때, 그들이 목적하는 바도 이 승리이다. 그러나 만일 모든 노력이 실패한다면, 교회는 출교를 시행하게 된다. 그 죄인은 성도의 교제에서 떨어져 나가게 된다. 그는 교회와 상관없는 자가 된다. 마치 이방인이 유대인에게 상관없듯이, 로마의 세리가 이스라엘에게 상관없듯이, 회개를 거부하는 자도 교회에 대해 그러하다.

① **출교의 근거.** 출교의 이유는 잘못을 인정하기를 거절하고, 회개하기를 거절하였기 때문이다. 죄 자체 때문에 성도의 교제에서 추방당하는 것이 아니다. 죄로 말할 것 같으면 교회의 모든 멤버는 하나님을 거슬러 죄를 짓는다. 죄를 안 짓는 자는 없다. 다만 출교는 회개를 거부하는 자에게 실시되는 두려운 심판이다.

② **출교의 현실성.**

"진실로 너희에게 이르노니 무엇이든지 너희가 땅에서 매면 하늘에서도 매일 것이요 무엇이든지 땅에서 풀면 하늘에서도 풀리리라"(마 18:18).

신자가 다른 교회로 손쉽게 옮기고, 수많은 복음전도 단체에 의해 "구조"받을 수 있는 시대에, 출교의 권위는 자칫하면 모호해진다. 그러나 주의 말씀은 명백하다. 교회가 장로들을 통해서 땅에서 매는 것은 하늘에서도 매일 것이다. 이 엄중한 약속을 무시하는 출교당한 자가 다른 목회자에게로 도망갈지라도, 그는 참된 선지자들에게서 책망받은 자들처럼 거기서 거짓된 안전을 발견할 뿐이다.

"그들이 내 백성의 상처를 가볍게 여기면서 말하기를 평강하다 평강하다 하나 평강이 없도다"(렘 6:14).

"그들이 내 백성을 유혹하여 평강이 없으나 평강이 있다 함이라 어떤 사람이 담을 쌓을 때에 그들이 회칠을 하는도다 그러므로 너는 회칠하는 자에게 이르기를 그것이 무너지리라 폭우가 내리며 큰 우박덩이가 떨어지며 폭풍이 몰아치리니"(겔 13:10-11).

회중은 교회의 두려운 책임과 "매는 권세"에 대해 가르침을 받아야 한다.

사랑이 결여된 출교가 있어서는 안 된다. 출교는 사랑을 행사하는 것이다. 왜냐하면 주님을 사랑하는 것은 주님께 순종하는 것이기 때문이다.

"또 사랑은 이것이니 우리가 그 계명을 따라 행하는 것이요"(요이 6).

따라서 출교 후에 다른 교회로 "도망"가는 것은 사랑 없는 곳에서 사랑 있는 곳으로 가는 것이 아니다. 그것은 사랑으로부터 도망가는 것이며, 그 길은 오직 거짓 선지자에게서만 인정받을 뿐 주님에게서 정죄받는 길이다.

③ 출교의 목적. 권징의 목적은 주의 몸 안에서의 사귐을 통하여 범죄한 사람을 회복시키는 것이다.

"무릇 내가 사랑하는 자를 책망하여 징계하노니 그러므로 네가 열심을 내라 회개하라"(계 3:19).

사도 바울은 디모데에게 "어떤 이들은 이 양심을 버렸고 그 믿음에 관하여는 파선하였느니라 그 가운데 후메내오와 알렉산더가 있으니 내가 사탄에게 내준 것은 그들로 훈계를 받아 신성을 모독하지 못하게 하려 함이라"(딤전 1:19-20)고 편지했다. 거절의 목적은 다시 받아들이는 데 있는 것이다. 죄 고백과 회개 그리고 가능하다면 타인에게 끼친 손해의 정당한 보상을 통해서 교회는 그를 다시 받아들인다.

④ 출교의 과정. 교단 헌법의 권징 조례는 출교에 이르는 단계를 상술하고 있다. 일반적으로 다음과 같은 단계가 있다. 첫째, "침묵의

책망"을 하는 단계로서, 그 사람에게 성찬식에 참여하지 못하게 충고하고, 공동의회 같은 회중의 공식적 기능에 참여하지 않도록 권고한다. 둘째, 만일 그가 잘못을 바로잡지 않으면 한 사람이 침묵의 책망을 받고 있다는 사실을 익명으로 교회에 알리고, 그의 회복을 위한 기도를 부탁한다. 셋째, 그래도 계속 잘못을 뉘우치지 않으면 그 사람의 이름을 교회에 공개적으로 알리고 다시 한 번 더 기도를 부탁한다. 넷째, 이 모든 권고가 실패하면 그 죄지은 자가 성도의 교제에서 제외되었음을 회중에게 알린다. 한 번 더 간절히 기도하고 나서, 장로들은 몇몇 신자가 그 사람과 계속 접촉하는 일에 동참하도록 청한다.

실천적 제안들

다른 사람에게 해를 입힌 행동에 대한 고소를 접수했을 때 장로들은 다음과 같은 단계를 따라야 한다.

① 두세 사람의 장로로 구성된 위원회가 소집되고, 관련된 사람들을 방문할 임무를 부여받는다. 그들은 그 문제에 있어서 교회가 취해야 하는 역할을 설명한다. 그들은 관련된 모든 정보를 수집해서 장로단에게 보고한다. 강단에서 교인 상호 간의 행동에 대한 교회의 책임이 무엇을 의미하는지를 가르치도록 하는 데 장로들이 신실했다면 이 임무의 첫 단계는 아주 용이할 것이다. 모든 사실을 취합하는 두 번째 단계는 공정한 판단을 위해서 반드시 필요하다. 모

든 상황에 대해 예민한 관심을 갖는다는 것은 관련자들에게 교회가 큰 열심을 가지고 그 책임을 수행한다는 사실을 보여준다.

② 두세 사람의 위원회가 보고한 정보는 전체 장로들의 모임에서 논의된다. 만일 의문 사항이 남아 있거나 의문이 생긴다면 그들은 한편 혹은 양편과 더 접촉하여 만족할 만한 정보를 얻어야 한다. 그들은 그 문제에 대한 그들의 입장을 설명하기 위해 장로단과 만남을 갖도록 초대받을 수도 있다. 각 장로가 그 앞에 제시된 모든 관련 자료에 만족하기 전에는 어떠한 결정도 내려질 수 없다.

③ 장로들은 고소당한 사람에게 죄가 있는지 아니면 무죄한지에 대해 결정을 내려야 한다.

④ 이제 적당한 쪽과 모임을 갖는다. 유죄로 결정했으면 죄지은 자와 함께, 무죄로 결정했으면 피해자와 함께 모임을 갖는다. 목적은 관계의 복원에 있다. 성경을 바탕으로 죄 인정과 죄 고백, 회개 그리고 교제의 회복을 통한 복원의 길을 제시해주어야 한다. 이 모임의 특징은 가르침과 기도에 있다. 모임이 끝날 때, 화해를 위한 다음 단계로 나아가려는 결심이 서면 위원회에 속한 장로에게 연락하도록 권유하고 안내해주어야 한다.

⑤ 이러한 연락이 없으면 위원회는 다시 방문해서 한 번 더 권면하고 기도한다.

"형제들아 사람이 만일 무슨 범죄한 일이 드러나거든 신령한 너희는 온유한 심령으로 그러한 자를 바로잡고 너 자신을 살펴보아 너도 시험을 받을까 두려워하라"(갈 6:1).

⑥ 이 모든 만남에서 강조해야 할 것은 본래의 죄 자체라기보다 오히려 죄를 인정하고 회개하는 것이다. 그가 계속 죄 가운데서 행하는 경우라면 죄 자체도 강조해야 한다.

⑦ 어떤 변화도 생기지 않는다면 장로들은 출교의 첫 단계로 나아가야 할 것이다. 그것은 소위 "침묵의 책망"을 하는 단계이다. 이것은 반드시 당사자에게 개인적으로 통지되어야 한다. 다음의 단계들이 유용할 것이다.

- 그 문제의 심각성을 보여주는 성경 구절들을 읽으라.

  "교회의 말도 듣지 않거든 이방인과 세리와 같이 여기라"(마 18:17).

  "너희를 인도하는 자들에게 순종하고 복종하라 그들은 너희 영혼을 위하여 경성하기를 자신들이 청산할 자인 것 같이 하느니라"(히 13:17).

- 장로들이 그렇게 결정한 이유는 죄 자체라기보다 죄를 인정하고 회개하기를 거절한 것 때문임을 지적하라. 장로들은 피해자를 대표하지 않고 교회를 대표한다.

- 장로들의 결정 사항을 읽어주라. 그 결정을 받아들이도록 권고하라. 가능하다면 기도를 드리라. 당사자가 온유하게 반응하지 않고 화내고 비난하는 태도를 보일 수도 있다. 따라서 이러한 경우에 대해서도 대비하라.

- 만일 그가 회개하기를 거절한다면 그에게 임박한 다음 단계를 알려주라.

"범죄한 자들을 모든 사람 앞에서 꾸짖어 나머지 사람들로 두려워하게 하라"(딤전 5:20).

이 마지막 단계를 취하기 전에 다음에 다시 방문할 수 있도록 가능한 한 기회를 열어놓도록 하라.

• 모든 것이 실패한다면 공적인 출교가 실시된다. 출교 후에도 장로는 바울의 교훈을 따라야 할 것이다.

"원수와 같이 생각하지 말고 형제 같이 권면하라"(살후 3:15).

유의할 사항

① 권징을 위한 방문은 두세 사람의 장로들에 의해 이루어져야 한다.

"두세 증인의 입으로 말마다 확정하리라"(고후 13:1).

② 목사는 이 방문에 참여하지 않는 것이 지혜롭다. 이로써 그 사람이 상담이나 충고가 필요할 때 목사를 찾아갈 수 있을 것이다. 목사는 말씀의 사역자로서 그 사람이 장로들의 충고를 받아들이기로 결정하는 데 효과적인 영향력을 행사할 수 있을 것이다.

③ 가능하다면 선약을 하고 방문한다. 만일 그렇지 않다면 불시의 방문이 될 것이다.

④ 참여하는 모든 사람은 좋은 결과를 위해서 개인적으로 그리고 함께 많이 기도해야 한다. 매우 복잡한 견해차가 있을 수 있는 일을 공정하게 처리해야 하기 때문이다.

일반적 권징

그리스도인의 모든 삶은 그리스도의 학교 안에서 이루어져야 한다. 뿐만 아니라 그들의 믿음과 생활 방식도 하나님의 말씀으로 훈련받아야 한다. 교회가 지도하는 범위는 위에서 논의한 신자 상호간의 죄 문제보다 훨씬 폭넓다. 믿음의 오류는 행동의 잘못이나 결점으로 나타난다. 따라서 교회는 교인들의 믿음을 잘 훈련시켜야 한다. 그 절차는 앞에서 요약한 내용과 동일하다. 마태복음 18장은 교회가 공공연하거나 미심쩍은 교리상의 탈선을 다루는 데에도 적용되어야 한다. 첫째, 고소는 먼저 장로들에 의해 논의된다. 둘째, 혐의가 있는 자를 소환하기 위해 위원회가 구성된다. 위원회는 그의 견해가 혐의를 받는 그대로인지를 확인해야 하고, 만일 잘못이 있다면 그 견해에 대한 장로들의 판단을 그에게 알려주어야 한다. 셋째, 장로들 사이에 견해 차이가 있다면 그 문제를 더 논의하기 위해 그를 장로회 앞으로 소환한다. 넷째, 만일 장로들이 성경과 신조에 의해 판단할 때 그에게 잘못이 있다고 여전히 생각한다면, 그의 잘못을 회개하도록 요청한다. 마지막으로 만일 그가 회개하기를 거절하면, 좀 더 가르쳐본 후에 출교를 향한 다음 단계로 나아갈 수밖에 없다. 한 교회 안에서도 교리적 입장들이 모두 일치하는 것은 가능하지 않다. 장로는 허용될 수 있는 의견의 차이와 교정이나 권징이 요구되는 의견의 차이를 구별해야만 한다. 권징이 요구되는 믿음을 분별하는 최선의 방법은 교회의 공식적인 신앙고백을 이용하는 것이다. 교회의 일원이 되는 것은 신앙고백을 통해서이다. 그 신앙고백에 전심으로 동의할 수 없는 사람은 그의 회원 자격이 의문시된다.

은밀히 혹은 공개적으로 계명을 범한 자는 이미 언급한 방식대로 권징을 받아야 한다. 한번 더 말하거니와 그 누구도 현세에서 완전한 삶을 성취할 수는 없다. 장로들은 어떤 행동에 충고와 권징이 따라야 하는지를 결정해야 한다. 장로들은 권징이 참된 교회의 표지 가운데 하나이며, 오늘날 이 표지가 많은 교회에서 명백하게 드러나지 않고 있다는 점을 기억해야 한다. 권징을 실시하지 않는 것은 바로 교회가 회개해야 할 죄이다.

죄, 허물 또는 잘못은 무엇보다도 하나님께 대한 불충성이라는 사실을 항상 기억하라. 다윗은 밧세바와의 죄를 회개한 후(삼하 11:1-12:25) 다음과 같이 말했다.

"내가 주께만 범죄하여 주의 목전에 악을 행하였사오니"(시 51:4).

사람에게 범한 다윗의 죄는 사실상 하나님께 범죄한 것이었다. 그래서 탕자도 그의 아버지께 "아버지 내가 하늘과 아버지께 죄를 지었사오니"(눅 15:21)라고 말했다. 목사는 강단에서 죄에는 언제나 이러한 수직적 차원이 있으며, 주께서 세우신 장로들을 통해서 주의 몸된 교회가 내리는 권징에 대해 순종해야 함을 회중들에게 가르쳐야 한다.

교회와 장로들이 부하고 권세 있는 자들의 하나님 명령 위반을 무시하고, 그들의 죄를 다루는 권징을 제대로 실행하지 않을 때, 하나님은 이러한 교회와 장로들을 싫어하신다. 야고보는 이렇게 말한다.

"내 형제들아 영광의 주 곧 우리 주 예수 그리스도에 대한 믿음을 너희가 가졌으니 사람을 차별하여 대하지 말라"(약 2:1).

야고보는 계속해서 빈부를 차별하는 태도를 책망하고 있다(약 2:2-7). 또한 그는 교회에게 다음과 같이 경고한다.

"만일 너희가 사람을 차별하여 대하면 죄를 짓는 것이니 율법이 너희를 범법자로 정죄하리라"(약 2:9).

여기서 그는 이스라엘 백성을 향한 하나님의 가르침을 되풀이하여 말하는 셈이다.

"너희는 재판할 때에 불의를 행하지 말며 가난한 자의 편을 들지 말며 세력 있는 자라고 두둔하지 말고 공의로 사람을 재판할지며"(레 19:15).

교회는 항상 죄를 경계해야 한다. 왜냐하면 죄인은 순종하는 자와는 달리 다른 북을 치는 자를 따라 행진하기 때문이다. 회개가 참된 것이라면, 회개한 자는 그의 발걸음을 하나님의 율법의 리듬에 맞추어야 한다. 죄는 교회에서 복음 증거의 능력을 빼앗아 가며 신자에게서 평안을 빼앗고 강단의 능력을 빼앗아 간다. 그것은 죄를 고집하고 죄를 인정하지 않고 회개하지 않으며 죄를 뒤에 얼마간 남겨놓는 행위이다. 장로들은 가장 진지한 자세로 성경에 규정된 태도로 권징을 실시하는 그 소명을 감당해야만 한다.

Part 3

성령의 택함 받은 자

Part 3
"성령이 여러분을 감독자를 삼고"

장로는 주님의 몸 안에서 자신이 제정하지 않은 직분을 갖고 있다. 성령께서 그를 이 도전적이고 놀라운 기회에 임명하셨다. 그러한 신적 임명이 지역 교회 안에서 가장 효과적으로 구현되는 방법을 여기서 다루고자 한다.

10장
신적(神的) 임명

어떤 직분이 되었든 그 직분을 제정한 자로부터 그 권위를 받는다. 민주주의 제도하의 정치적 직분은 국민으로부터 그 권위를 받는다. 사람들은 헌법과 정치적 과정을 통해 직분을 만들고 그 자리에 앉을 사람을 채운다. 국민은 직분을 제정하고, 그 직분자에게 권위를 주고, 그의 청지기직에 대한 셈을 요구한다.

그러나 교회에서는 그렇지 않다.

교회에서 장로직을 만드신 분은 하나님이시다. 따라서 장로는 하나님으로부터 기원하는 권위를 갖고 있다. 그들은 하나님의 말씀에 일치할 때에만 그들의 권위를 효과적으로 행사한다. 장로들은 그들의 직무에 대해 하나님 앞에서 셈해야 할 의무가 있다. 우리는 이 모든 것을 이미 성경으로부터 도출해 낸 바 있다.

하나님께서 직분을 채우신다

바울의 말을 듣고 있던 에베소의 장로들은 분명히 바울 자신이 임명했거나 아니면 사도들이 선택한 후보자들 중에서 임명되었을 것이다. 지금 바울의 음성을 듣고 있는 각 사람은 이스라엘 역사의 초기로부터 여러 세기에 걸쳐서 선택된 그 위대한 무리(즉, 하나님의 백성의 장로)의 명부에 자신의 이름이 추가되었던 때를 생생하게 기억하고 있다. 장로나 장로 후보자로서 이 글을 읽고 있는 당신도 이제 그 무리들 가운데 이름이 올라가 있다. 당신의 직분의 기원은 사람이 아니며, 그 직분은 어제 생겨난 것도 아니다.

그러나 바울의 손을 통해서 임명받은 것을 기억하는 에베소의 장로들에게, 사도 바울은 "성령이 저들 가운데 너희로 감독자를 삼고"(행 20:28)라고 말한다. 분명히 바울은 다음과 같은 두 가지 사실을 애써 강조하고 있다. 첫째, 하나님이 그들의 임명에 있어서 실제적 주도권을 잡고 계셨으며, 바울은 단지 그 수단이었다. 둘째, 그 하나님은 구체적으로 "성령 하나님"이시다.

그때도 그러하고, 지금도 그러하다.

당신을 장로로 선택한 수단은 회중에 의한 선출이었다. 하지만 당신을 선출함에 있어서 실제적 주도권은 하나님 자신에게 있었다. 하나님은 장로의 직분을 제정하셨을 뿐만 아니라 그 직분을 채우신다.

바울은 모든 장로의 마음에 엄청난 진리를 인상 깊게 하려고 "성령 하나님"을 강조한다. 당신의 장로직은 오래 전에 하나님께서 제정하신 직분일 뿐 아니라, 당신이 선택되던 그때 그 자리에서 하나님이 능동적, 효과적으로 역사하셔서 당신을 그 자리에 두신 것이다.

하나님은 삼위로 존재하신다. 하나 안에 삼위가 계시고, 셋 안에서 한 분이시다. 성부 하나님을 말할 때 성경은 현재 존재하고 장차 존재할 만물의 창조주와 보존자로서의 하나님을 강조한다. 성자 하나님을 말할 때 성경은 구주와 구속자로서의 하나님을 강조한다. 성령 하나님을 말할 때 성경은 창조와 인간 역사에서 일어나는 모든 일 가운데 능동적으로 통치하시고 힘 있게 역사하시는 하나님을 강조한다. 이와 같이 하나님이 장로들을 임명하는 일에 있어서 적극적으로 역사하셨음을 바울은 에베소 장로들에게 강조하고 있다. 마찬가지로 당신이 교회에서 이 동일한 직분에 임명될 때에도 하나님께서는 그 자리에 임하시어 역사하셨다. 직분을 제정하시고, 그 직분을 당신에게 맡기신 분은 동일하신 삼위 하나님이시다. 이 엄청난 진리를 마음에 두어 명심하고, 양심 앞에 두라.

하나님께서는 직분을 요구하신다

지금까지 언급한 내용에서 다음과 같은 진리들을 끌어낼 수 있다.

① 성령 하나님께서는 장로직을 통해서 교회를 적극적으로 통치하고 다스리신다. 하나님께서는 그분이 제정하고 그분이 채우는 직분을 사용하여 지역 교회와 전체적인 교회에 그분의 뜻이 시행되게 하신다. 장로직은 교회 안에 있는 하나님의 이사회이며, 성령의 능동

적 역사가 행정적으로 교회에 미치도록 하는 하나님의 수단이다. 좋은 질서는 우연히 이루어지는 것이 아니다. 좋은 질서는 그 권위와 말씀에 대한 책임감을 의식하는 장로들을 통해 구현된다.

② 장로직이 없는 교회는 하나님이 경영하시는 뜻을 수행하기 위해 하나님이 제정하신 수단이 결여되어 있다. 이러한 교회는 교인들 각자가 마음 내키는 대로 행하는 방임을 보여주거나 소수의 의지가 강한 신자들 또는 카리스마적 지도자들의 지배를 보여주게 된다.

③ 장로직은 지역 회중의 컨트롤 타워가 되며 노회와 총회를 통해 전체적인 교회의 중추가 된다. 이것은 회중의 모든 활동이 장로들의 관할 아래 있다는 것을 의미한다. 장로는 행동과 순종으로 교회를 감독하도록 임명받은 자들이다. 성령께서는 그들을 통해서 교회가 협력하여 일하도록 활력을 불어넣어주신다. 장로들의 감독을 벗어나는 것은 성령의 역사하심을 피하는 것이다. 모든 모임과 그룹과 성가대와 교리반과 여러 단체 등은 모두 장로들의 감독의 축복을 받으려고 해야 한다.

④ 정치가가 선거민에게 책임이 있는 것처럼, 장로가 회중에게 책임이 있는 것이 아니다. 장로의 권위는 회중이 아닌 하나님으로부터 나온 것이다. 장로는 오직 말씀 가운데 계시된 하나님의 뜻에 대해 책임이 있다. 회중은 이러한 책임을 지고 있는 장로를 위해서 많이 기도해야 한다.

⑤ 세상에서 교회가 번영하고 영향력을 미치는 것은 장로들의 헌신, 용기, 인내에 달려 있다. 장로가 가는 대로 교회도 그와 같이 간다.

하나님께서 정하신 자격들

하나님께서 그분이 제정하신 직분을 위해 직분의 승인과 유지를 위한 자격요건을 정하셨다는 사실은 놀라운 일이 아니다. 하나님의 말씀은 이 자격요건들을 명확하게 보여주고 있다. 회중은 하나님께서 그들을 통하여 그들의 감독자를 선출하실 때, 그들이 하나님의 수단으로서 행동하고 있음을 알고 장로의 자격요건들을 기억해야 한다. 장로 후보자도 이 직분에 대한 소명을 숙고할 때 그 자격요건들을 기억해야 한다.

성경이 모든 그리스도인에게 부과하는 요구는 장로들(가르치는 장로와 다스리는 장로 모두)에게도 부과된다. 그러나 하나님께서는 디모데전서와 디도서를 통해서 가르치는 장로 또는 다스리는 장로의 임명을 위한 특별한 자격요건들을 규정해 놓고 계신다. 당신은 바울이 디모데전서에서 "감독"으로서의 장로에 대해 말하고 있음을 보게 될 것이다.

"미쁘다 이 말이여 곧 사람이 감독의 직분을 얻으려 함은 선한 일을 사모하는 것이라 함이로다 그러므로 감독은 책망할 것이 없으며 한 아내의 남편이 되며 절제하며 신중하며 단정하며 나그네를 대접하며 가르치기를 잘하며 술을 즐기지 아니하며 구타하지 아니하며 오직 관용하며 다투지 아니하며 돈을 사랑하지 아니하며 자기 집을 잘 다스려 자녀들로 모든 공손함으로 복종하게 하는 자라야 할지며 (사람이 자기 집을 다스릴 줄 알지 못하면 어찌 하나님의 교회를 돌보리요) 새로 입교한 자도 말지니 교만하여져서 마귀를 정죄하는 그 정죄에 빠질까 함이요 또한 외인에게서도 선한 증거를 얻은 자라야 할지니 비방과 마귀의 올무에 빠질까 염려하라"(딤전 3:1-7).

디도서에서 바울은 "장로"(elder)와 "감독"(bishop)이란 용어들을 번갈아가면서 사용하고 있음을 알 수 있는데, 이는 이미 앞에서 지적한 바와 같다.

"내가 너를 그레데에 남겨 둔 이유는 남은 일을 정리하고 내가 명한 대로 각 성에 장로들(elders)을 세우게 하려 함이니 책망할 것이 없고 한 아내의 남편이며 방탕하다는 비난을 받거나 불순종하는 일이 없는 믿는 자녀를 둔 자라야 할지라 감독(bishop)은 하나님의 청지기로서 책망할 것이 없고 제 고집대로 하지 아니하며 급히 분내지 아니하며 술을 즐기지 아니하며 구타하지 아니하며 더러운 이득을 탐하지 아니하며 오직 나그네를 대접하며 선행을 좋아하며 신중하며 의로우며 거룩하며 절제하며 미쁜 말씀의 가르침을 그대로 지켜야 하리니 이는 능히 바른 교훈으로 권면하고 거슬러 말하는 자들을 책망하게 하려 함이라"(딛 1:5-9).

이것은 높은 수준의 자격요건들이다. 이것은 장로의 지명과 선택에 있어서 지침이 된다. 또한 장로 자신이 그의 행실의 목표를 정하는 데 있어서도 지침이 된다.

여기서 장로는 거짓된 자만이나 잘못된 겸손을 모두 피해야 한다.

① 거짓된 자만 : 회중을 통하여 그리고 성령에 의해서 당신이 이 고귀한 직분에 임명된 것이 당신의 모든 행위가 성령의 자격요

건에 온전히 부합한다는 것을 보증해준다고 성급하게 추측하지 말아야 한다. 주님께서 당신 안에서 보고 계신 것은 해가 지남에 따라 주께서 기대하시는 장로의 모습을 갖추어 가고자 하는 당신의 열망이다. 이 때문에 주께서 자격요건의 지침을 주신 것이다. 성령께서 바울을 통해서 장로에 대해 기록하게 하신 영감된 말씀은 장로들이 서로 살펴보는 일을 위해 주어진 척도이다. 또한 회중에 의해서 활용될 수도 있다. 당신은 당신이 주님의 기준에 아직 미치지 못하고, 발전하는 과정 가운데 있음을 인식하는 한, 주님과 그분의 교회를 잘 섬길 수 있다. 하나님께서 그러한 태도에 복을 주실 것이다.

② 잘못된 겸손 : 만일 회중의 판단에 의해 당신이 그 영예를 얻게 될 때, 바울의 높은 표준이 당신을 낙심시킬지라도 장로직의 임명을 거절하지 말라. 시편 기자의 위로의 말을 상기하라.

"아버지가 자식을 긍휼히 여김 같이 여호와께서는 자기를 경외하는 자를 긍휼히 여기시나니 이는 그가 우리의 체질을 아시며 우리가 단지 먼지뿐임을 기억하심이로다"(시 103:13-14).

하나님께서는 당신이 주의 뜻을 완전하게 행하는 것을 보시는 것이 아니라, 당신 안에 주의 뜻을 행하려는 의지가 있음을 주목해보신다. 당신에게 열망과 포부가 있는 한, 주님이 그분의 교회의 청지기로 요구하시는 바를 최선을 다해 행하라. 비록 당신에게 남이 모르는 결점이 있더라도 이 직분을 감당하는 일을 주저하지 말라.

장로의 모습

위에서 언급한 규정이 장로에게 요구하는 것을 다음과 같이 묘사할 수 있을 것이다.

① 장로는 남자여야 하는가? 이 자격요건은 여러 방면에서 공격을 받고 있다. 사람들은 여자를 남자보다 열등한 존재로 간주하던 그 시대의 문화적 영향 아래 바울이 그와 같이 쓴 것이라고 비난한다. 그러나 바울 당시의 이방 종교에서 여자가 여사제가 되는 것은 일반적인 일이었다. 따라서 바울은 당시의 문화에 종속된 것이 아니라 오히려 그 풍습을 반대하고 있었다. 혹자는 오늘날 교회가 바울의 다른 가르침들(여자가 수건 쓰는 것, 고전 11:10; 머리를 자르지 않는 것, 고전 11:15)은 무시하면서, 왜 여전히 장로직을 남자에게만 제한시키는 가르침은 존중히 여기냐고 묻는다. 한 가지 요구 조건에 불순종하는 것이 다른 것에 불순종할 어떤 정당한 근거를 제공해주지 않는다. 바울은 창조 질서 속에서 남자가 교회 안에서 머리 위치에 있다는 사실에 그의 교훈의 닻을 내리고 있다(고전 11:8-9; 딤전 2:13). 이것은 타락 사건(딤전 2:14)과 교회에 대한 그리스도의 관계(엡 5:22-24)에서도 볼 수 있는 교훈이다. 베드로는 아브라함에 대한 사라의 순종을 언급함으로써 교회 안에서 남자의 머리 됨에 대한 동일한 교훈을 지지하고 있다(벧전 3:6; 창 18:12). 끝으로 의심의 여지가 없는 사실이 있다. 바울 서신에서 인용한 구절들에서, 성령께서는 명백하게 장로의 직무를 남자에게 할당해주시고 계신다. 왜냐하면 오직 남자들만이

남편이 될 수 있기 때문이다.

② 장로는 새로 입교한 사람이 아니라 신앙이 성숙한 사람이어야 한다. 그는 절제, 분별, 품위, 손님 접대, 온유, 관용, 술이나 음식을 탐하지 않음과 같은 좋은 성품들로 특징지어진 사람이어야 한다.

③ 장로는 가정을 잘 다스리는 어떤 입증된 능력이 있어야 한다. 가정의 머리로서 주님을 잘 섬기는 자는 교회의 지도자의 한 사람으로서도 아마 주님을 잘 섬기려고 그 자신을 바칠 것이다.

④ 장로는 잘 가르칠 수 있는 자여야 한다. 이 자격은 목사에게 가장 강조되어야 할 자질이다. 이것은 그의 일차적인 임무이다. 그러나 다스리는 장로도 교회의 교육 프로그램에 참여해야 한다. 어떤 장로는 교육적 사역을 위해 다른 사람보다 더 많은 은사를 가지고 있을지도 모른다. 어떤 경우이든지, 장로는 "너희 속에 있는 소망에 관한 이유를 묻는 자에게는 대답할 것을 항상 준비하되 온유와 두려움으로 하고"(벧전 3:15)라는 명령에 순종하기 위해 건전한 기독교 교리를 잘 알고 있어야 한다.

⑤ 장로는 좋은 평판을 받는 사람이어야 한다. 장로가 그 지역 사회에서 좋게 평가되고 있고, 정직한 처신과 다른 사람에 대한 솔직함, 의견이 다른 사람들로부터의 존경, 지역 사회의 일에 참여함이 있다면 매우 바람직한 일이다. 이것은 장로가 주관이 없어서 이리저리 바람에 흔들리고, 어떠한 논쟁적인 문제에도 전혀 관여하지 않는다는 평판을 가지고 있음을 의미하지 않는다. 이것이 의미하는 바는 하나님의 기준에 의해서 장로가 사람들 사이에서 좋은 평판을

얻고 있다는 것뿐이다.

장로직을 위한 준비

교회는 가르치는 장로의 준비를 필요로 한다. 교회는 이 점에 있어서는 잘하고 있다.

그러나 교회는 다스리는 장로의 직분을 위한 준비에도 관심을 가져야 한다. 이러한 관심은 잊혀진 지 오래된 것이다. 우리는 다음과 같은 방법을 선택할 수 있다.

① 장로의 선출과 임직 사이에 1년의 기간을 허용하라. 이 기간 동안 그는 그의 봉사 기간을 주의 깊게 준비할 수 있다. 그는 장로들의 모임(당회 같은 모임)을 지켜볼 수 있을 것이다. 경험 많은 장로들과 함께 심방할 수도 있고 교회와 교단이 직면한 문제를 연구하는 자리에 초대받을 수도 있다. 또 노회나 총회에 참석할 수도 있을 것이다. 본서와 같은 입문서를 통해서 장로의 사역의 방식을 연구할 수도 있고, 성경과 신앙고백 문서들을 부지런히 연구할 수도 있을 것이다.

② 교회, 당회, 노회 또는 교구는 장로직과 그 기능에 관한 세미나와 콘퍼런스를 마련해야 한다. 신학 대학과 다른 공식 기관들이 야간 과정을 마련할 수도 있을 것이다.

③ 아마도 직업에서 은퇴한 장로로서, 경험이 많은 분이 편집하는 "장로 회보" 같은 것을 일정한 지역 안에서 배포할 수 있을 것이

다. 이 회보에는 교회에서 논란이 되는 문제, 교회를 감독하는 일과 관련된 특별한 문제들, 그 문제들을 다루는 방법, 청소년 교육의 성공 사례, 건전한 교리에 대한 도전에 관한 기사 등을 실을 수 있다.

그리스도를 증거하는 일을 위한 강좌와 안내서는 풍부하다. 교회는 회심자들이 속하게 되는 "몸"을 다스리는 자들을 훈련시키는 일에 동등한 관심을 기울여야 한다.

장로 선출

전 회중은 가르치는 장로와 다스리는 장로를 선출함에 있어서 지대한 관심을 갖고 있다. 가르치는 장로 혹은 목사를 선택하는 일은 교단의 규정에 의해 이루어진다. 우리는 다스리는 장로의 선택을 위해 아래와 같은 제안을 하는 바이다.

① 지명 추천은 당회, 위원회 등 누가 그 책임을 맡든지, 신중하게 이루어져야 한다.

② 장로의 직무를 맡기를 원하지 않는 마음은 때때로 이 고상한 직분의 후보자로 추천받았다는 사실에 도전을 받아 극복되어야 할 때가 있다. 하지만, 보통의 경우에는 지명 추천된 사람에게 자원하는 마음이 있어야 할 것이다. 그러나 아마 자격을 충분히 구비하고 있는 후보자가 너무 겸손해서 자신의 달란트를 잘 모르고 있을지도 모른다. 그런 사람들이 지명 추천을 받아들이도록 독려하라.

③ 바울은 "너희 가운데서 수고하고 주 안에서 너희를 다스리며

권하는 자들"(살전 5:12)을 알아야 한다고 충고했다. 이것이 암시하는 바는 장로로 지명 추천된 사람들을 알리는 날과 장로로 선출하는 날 사이에 충분한 시간이 경과해야 한다는 사실이다. 회중은 각 사람이 그 시점에 교회가 당면한 문제들에 대해 어떤 입장을 가지고 있는지 알 권리가 있다. 교회 주보에 지명자들에 대한 소개를 싣는 것도 도움이 될 것이다. 즉 지명 추천받은 사람의 배경, 학력, 직업, 가족 관계, 취미 등을 소개할 수 있다.

④ 가능성 있는 후보자의 명단이 최종적 지명 추천자의 선택을 위해 회중에게 주어질 수도 있다. 나중에 그 최종적 명단으로부터 장로들이 선출될 것이다. 이러한 방식으로 회중은 그들의 지도자를 선출하는 일에 처음부터 참여하는 것이다.

⑤ 초대 교회의 장로들이 평생직이었다는 사실은 믿을 만한 근거가 있다. 이와 같이 목회자는 한 회중을 위해 평생을 바치기도 한다. 오늘날도 일생 동안 장로직을 갖고 있는 사람들이 있다. 성경은 어떤 특별한 지시를 하고 있지 않다. 하지만 어떻게 해야 하는지는 명백하다.

- 훌륭한 자격을 갖춘 장로들은 가능한 오랫동안 봉사해야 한다. 그들은 지혜가 있고 유능하기 때문이다.
- 그러나 윤번제로 돌아가는 것은 교회가 자격이 부족한 장로로 인한 부담을 벗어버릴 수 있게 해준다. 또한 보다 더 훌륭한 봉사자가 일할 수 있는 길을 열어준다.
- 가장 훌륭한 자격을 지닌 사람도 일생 동안 그 직무를 감당

하면 고령의 연약함을 보여주기 시작한다. 그들은 자신이 언제 은퇴해야 할지 알 수 있을까?

당신의 회중 또는 교단은 종신 재직권(tenure)에 대해 이미 어떤 정책을 가지고 있을 것이다. 우리는 그것을 바꾸는 것을 옹호할 강력한 이유를 알지 못한다.

Part 4

교회를 다스림

Part 4

"주의 교회를 보살피게 하셨느니라"

참된 교회의 주요 표지인 "말씀 설교"를 감독하는 장로들의 책임과 능력은 다음과 같다. 회중의 권징, 성경 본문과 설교의 준비와 전달, 힘 있는 사역을 감당하고 지속시키는 일, 신학 교육에 어떤 영향력을 행사함, 성찬식과 세례식의 본질과 시행, 그에 따른 질문과 대답, 교회의 청소년 교육에 있어서 책임 있는 역할을 맡은 장로들을 위한 실천적 제안들, 동성애를 포함하여 오늘날의 청소년들에게 덤벼드는 유혹에 대한 경계, 노인 심방과 은퇴한 사람의 기술을 사용하는 것, 병자와 임종을 앞둔 사람이나 가족을 여읜 사람을 심방하는 일을 위한 세부 지침들, 정신 지체자의 가족들에 대한 사역과 정신 질환자를 돕는 방법.

11장
설교와 설교자

교회의 일차적 임무는 하나님의 말씀을 전하는 것이다.

따라서 장로의 일차적 임무는 말씀 설교를 감독하는 일이다.

말씀 설교의 책임을 감당하기 위해 교회는 성령에 의해 하나님의 말씀의 사역으로 부르심을 받은 사람들을 선발하고 훈련시키고 시험하고 임명한다. 교회의 장로직은 이 모든 일에 깊이 관여하며, 각종 회의, 당회, 노회, 총회 그리고 교육위원회에서 적극적으로 일한다. 그러나 지역 교회의 각 장로는 여전히 당회에 더 깊이 관여하는데, 이 회의는 강단에서 설교되는 내용에 대해 책임이 있다. 교회에서 가장 중요한 이 고상한 책임을 완수하기 위해 장로는 바람직한 설교의 성격과 이에 대한 평가 방법을 잘 알고 있어야 한다.

설교

설교란 무엇인가

설교는 참된 교회의 특징이다. 종교 개혁은 설교를 교회의 근본적인 표지로 선언하고 있다. 하나님의 말씀이 참되게 전파되는 곳에는 분명히 참된 교회가 있다. 그렇지 않다면 거기에는 참된 교회가 없는 것이다.

예수님 자신도 말씀을 전파하기 위해 오셨고(마 4:17), 그의 제자들을 보내서 말씀을 전하게 하셨으며(마 10:7), 지상명령에서 교회에 말씀 전파의 책임을 부여하셨다(마 28:18-20). 예수님은 또한 "내가 너희에게 분부한 모든 것을 가르쳐 지키게 하라"(마 28:20)고 말씀함으로써 설교가 의도하는 바를 지적하셨다. 사도 바울은 아그립바 왕과 로마 총독 베스도 앞에서 증언하면서 교회의 말씀 전파하는 임무를 이렇게 요약한다.

"아그립바 왕이여 그러므로 하늘에서 보이신 것을 내가 거스르지 아니하고 먼저 다메섹과 예루살렘에 있는 사람과 유대 온 땅과 이방인에게까지 회개하고 하나님께로 돌아와서 회개에 합당한 일을 하라 전하므로"(행 26:19-20).

여기서 대사도는 말씀을 전파함으로 시작되었던 예수님의 사역의 본을 그대로 보여주고 있는 것이다.

"이때부터 예수께서 비로소 전파하여 이르시되 회개하라 천국이 가까이 왔느니라 하시더라"(마 4:17).

여기서 회개하는 것은 자아에 대한 충성과 이 세상 신들에 대한 복종을 그만두는 것이요, 새로운 주인을 맞이하는 것이다. 또한 하나님의 백성을 위한 계시 가운데 마련해 놓으신 율법에 순종하게 되는 것이다. 경건하지 않은 삶으로부터 회개하고 매일의 삶에 하나님의 계시를 적용하라는 요청은 바로 설교가 해야 할 임무이다.

교회는 목사를 임명한다. 선발되고 훈련받고 검증되고 합법적으로 임명된 자만이 교회 강단에 설 수 있다. 이와 같이 사도들이 닦아 놓은 길로 들어서는 자에게만 "너희 말을 듣는 자는 곧 내 말을 듣는 것이요 너희를 저버리는 자는 곧 나를 저버리는 것이요"(눅 10:16)라는 주의 약속이 유효하다. 장로의 책임은 강단에 서 있는 목사가 말씀대로 따름으로써, 주님의 놀라운 약속이 실현되기 위해 필요한 조건들을 완수하게 하는 것이다.

이러한 과제를 성취하기 위하여 장로는 반드시 목사가 이중의 권징(여기서 권징은 교회의 징계 절차를 의미하지 않고 넓은 의미의 권징을 의미함. 이것은 타인으로 하여금 하나님의 말씀에 복종하게 권하는 모든 활동을 의미함—편집주)에 힘쓸 것을 요구해야 한다.

회중에 대한 권징

설교는 진공 상태에서 이루어지지 않는다. 설교는 강의가 아니며 적용되지 않는 추상적 진리의 가르침도 아니다. 설교는 영감된 성경의 일부를 회중의 일상의 삶을 위해 해석해주고 적용시키는 일이다.

성경을 해석하고 이해하고 주해하기 위해서 목사는 열심히 연구해야 한다. 성경 연구에 필수적인 모든 도구들을 갖추고 있어야 한다. 목사는 훈련(즉, 신학 교육)을 통해서 성경 해석을 위한 이러한 도구들에 대해 철저히 익숙해져야 한다. 장로들도 이러한 성경 해석의 도구들이 무엇이며 어떻게 사용되는지에 대해 어느 정도 알고 있는 것이 좋다. 장로들의 모임에서 이러한 문제에 대해 정보를 나누는 시간을 가질 수 있을 것이다. 목사는 학문적 도구에 얽매이면 안 된다. 목사는 학문의 제사장직에 대한 종이 아니다. 그의 모든 생각을 다스리는 것은 말씀을 듣고자 하는 결심이다. 말씀이 최종적인 것이다.

목사는 학문의 일반적인 유행으로부터는 자유로워야 하며, 회중의 필요에 대해서는 민감해야 한다. 목사가 연구하고, 본문의 적용을 만들어 낼 때, 그는 하나님의 백성인 교인들의 긴급한 필요를 면밀히 살펴본다. 설교 준비는 이러한 권징의 맥락 아래 이루어진다(여기서 '권징'이라는 용어는 넓은 의미로 사용되었다—편집주). 교회가 "내가 너희에게 분부한 모든 것을 가르[치기]" 위해 부름 받은 곳은 이 도시와 이웃과 가정과 사업과 직업이 있는 삶의 현장이다. 이것은 설교 전달에서 반드시 효과적으로 반영되어야 할 분야이다. 성경 본문은 삶 속에 생생하게 적용되어야 한다. 그렇지 않으면, "너희 말을 듣는 자는 곧 내 말을 듣는 것이요"라는 약속이 효과를 나타낼 수 없다. 그리스도께서는 이 땅에 강의하려고 오시지 않았다.

회중의 일상생활을 모르거나 혹은 무관심한 설교는 강의가 될 것이며, 그러한 설교는 결코 사람들의 경험의 토대 위에 서지 못할 것이다. 아무리 미사여구를 사용하고, 해석상 정확하고, 교리상 결함이 없어도, 그들의 삶에 본문을 적용시키는 일을 회중에게 일임하는 설교는 끊어진 전기 회로와 같은 것이다. 따라서 생명을 지향하는 말씀으로부터 생명을 누리는 하나님의 자녀에게로 전류가 흐르지 않는다.

교인들의 일상의 삶에 대해 알고자 하는 노력에서 비롯된 이해로부터 그리고 그들이 행해야 할 매일의 요구에 대한 권징의 맥락 하에서, 목사의 한 주간의 설교 준비가 수행되어야 한다.

장로의 감독

깨어 있는 장로들은 설교에 대한 그들 자신의 경험에 비추어, 이러한 권징(넓은 의미의 권징을 의미함ㅡ편집주)에 대한 고려가 목사의 설교 준비에 적용되고 있는지 여부를 살펴보는 것은 어려운 일이 아닐 것이다. 평신도이고 신학교 훈련을 받지 않은 장로들이 신학 교육을 받고 목회 훈련을 받은 목회자를 판단하는 자리에 앉는 모든 권리를 갖고 있다. 왜 그런가? 그 이유는 참된 설교에 대한 궁극적 테스트는 말씀으로부터 신자의 순종을 향해 이어지는 전기 회로가 잘 이어져 있는지 여부로 이루어지기 때문이다. 하나님의 말씀은 목사의 입술을 통하여 나의 상태에 대해 말하고 있는가? 하나님께서는 내가 어디에 있는지 말씀하고 계시는가? 또 설교에서 어떻게 나의 행위에 대한 요구를 부과하시는가? 어떻게 나를 독려하시는가? 어떻게 그분의 진리 안에서 나를 비추어 주시는가? 하나님의 복음의 선포로부터 어떤 일상의 순종이 은혜로 흘러나오며 혹은 흘러나와야 하는가?

목사는 말씀을 연구하며 설교를 준비할 때 회중의 삶에 있어서의 구체적 필요에 기반해야 한다. 현명한 장로는 목사가 이러한 면에서 잘하고 있는지 평가하고, 필요시 비평하고, 지침을 제공해야 한다.

말씀의 권징

강단에서 목사는 위에서 논의한 것보다 더 엄중하고 사뭇 다른 권징(discipline) 아래 놓이게 된다.

목사는 강단에서 온전히 말씀의 권징(discipline) 아래 있다. 여기서는 사람들의 변덕에 맞추어줄 여지가 없다. 사랑으로 그 진리를 말해야 하지만, 부자나 교만한 자 혹은 권세 있는 자의 실제적 또는 암묵적 압력이나 위협에 굴복하여 사람들의 감정을 상하게 하지 않으려고 회피할 여지가 없다. 복음은 이러한 장애물로부터 목사를 자유롭게 해준다. 목사는 오직 하나님의 사람이다. 그는 하나님의 소명과 능력 안에서 홀로 서 있다.

이제 목사는 그가 택한 본문에 대해 신실해야 하며, 회중의 필요의 관점에서 그 시간 그 본문을 통해 하나님께서 전달하기를 원하시는 바(그의 본문 연구는 여기에까지 이르러야 한다)를 말해야 한다. 그는 성경의 다른 관련 구절들을 풍부하게 언급함으로써 그 본문의 온전한 의미를 전해야 한다. 왜냐하면 성경의 최상의 해석자는 성경 자체이기 때문이다. 성경은 하나의 유기체이며, 살아 있는 통일체이다.

본문은 거대한 나무에서 분리되어 떨어져 나온 잔가지가 아니다. 그 본문은 나무 전체에 붙어 있는 살아 있는 가지이다.

목사는 학문적 연구로 그의 설교를 조명할 수 있고, 관련된 정보로 그 의미를 더할 수 있으며, 언어적, 역사적 지식으로 본문을 더 명백하게 드러낼 수 있을지도 모른다. 그러나 말씀은 이러한 것들에 종속되거나, 이러한 것에 의해 손상되거나, 혹은 한쪽으로 치우쳐 그 분명한 의미가 모호해지면 안 된다. 어떤 학문적 과시를 통해 말씀을 모호하게 만들어 사람들의 이해를 방해해서도 안 된다. 개혁파들이 언제나 주장하는 바와 같이 성경은 명료하다. 즉 길이요 진리요 생명되신 분을 통한 구원과 관련된 모든 것에 있어서 완전히 명백하다.

이 일을 위한 장로의 준비

신학적으로 훈련받지 못한 장로가 본문에 대한 목사의 충실성 여부를 판단하는 자리에 앉을 수 있는가?

장로는 반드시 이 직무를 수행해야 한다.

건전한 삶은 건전한 교리에서 시작된다. 교리적 판단을 하기 위해서 장로는 끊임없이 말씀을 상고할 의무가 있다. 당신도 "이것이 그러한가 하여 날마다 성경을 상고"(행 17:11)해야 한다. 낭비되기 쉬운 여가 시간에 말씀을 조금씩 읽는 일은 마침내 당신에게 풍부한 성경 지식을 줄 것이다. 성경을 잘 알지 못하며 또한 알고자 하는 의욕이 없는 장로는 지혜롭지 못한 상태로 세월만 보낼 것이다. 이러한 사람은 장로 선출을 수락하지 말았어야 한다. 성경 주석으로 가득 찬 서가(최소한 두 질의 주석)를 구비하고, 그 주석을 사용하라.

설교의 교리적 내용을 평가하려고 성실하게 노력하는 장로가 그 자신의 자료에만 의존하지 않는다는 것은 다행한 일이다. 수세기에 걸쳐서 교회는 위대한 신조와 신앙고백의 형태로 말씀의 내용을 요약하여 왔으며, 이러한 것들은 바로 지금 당신이 사용할 수 있도록 마련되어 있다. 이 신조와 신앙고백 가운데 어떤 것은 당신의 교회의 상징(symbol)이다. 신앙고백서 간의 차이점들은 교파 간의 교리적 차이를 표시해준다. 당신이 속한 교파의 신앙고백서를 반드시 알아야 하고 연구해야 한다. 이러한 것을 충분히 알면 당신은 당신이 듣는 설교가 교리적으로 온전한지 평가할 수 있다.

신앙고백서들은 진리와 오류에 대한 시금석으로서 교회에 이바지한다. 따라서 장로는 신앙고백서를 통해서 그에게 맡겨진 설교 감독의 의무를 수행할 수 있는 자질을 갖춘다. 이러한 지침들을 알고 있을 때 당신의 판단은 당신이 생각하는 것보다 훨씬 더 정확하고 권위 있는 것이 될 수 있을 것이다. 신앙고백서들은 소중한 문서들이다. 신앙고백서의 중요성을 무시하거나 무효화시키려는 모든 시도들을 물리쳐야 한다. 교회는 살아 있는 교리의 금실들을 조심스럽게 신앙고백과 신조의 형태로 짰으며 그 교리는 성경을 유기적 통일체로 묶어주는 것이다. 신앙고백과 신조들의 내용을 완전히 파악하라. 그리고 그것들의 지도에 온전히 따르라.

장로는 성경에서 배우고, 신앙고백서에 의해 형성되고, 신앙생활의 경험을 통해 이루어진 통찰이 있어야 한다. 이 통찰은 설교가 말씀에서 벗어날 때 즉시 경보를 발하게 된다. 그리고 장로단이 목사에게 매우 가치있는 조언을 할 수 있게 해준다.

물론 신앙고백서는 사람들이 만들었다. 따라서 신앙고백서에는 오류의 여지가 있을 수 있다. 교회는 말씀에 대한 새로운 통찰이 그 문서의 수정을 요구할 것이라는 가능성을 배제하지 않는다. 이러한 변화의 길은 성경을 진지하게 연구하는 모든 사람들에게 열려져 있다.

그러나 거의 대부분의 경우 신앙고백으로부터의 탈선은 "광명의 천사"(고후 11:14)로 가장한 사탄의 공작이다. 강단에서 교리가 잘못 가르쳐지는 일은 매우 심각하게 받아들일 일이다. 장로는 그 일을 충고하고 바로잡아야 한다.

장로는 교단의 신앙고백서와 신조 그리고 교리문답서를 깊이 이해하기 위한 공부 모임에 열심히 참석해야 한다.

설교자

교회의 강단이 비면 반드시 다른 목사를 찾아야 한다. 그 과정은 신중하게 진행되어야 한다.

교회의 필요를 알라

장로는 회중의 필요에 대한 복합적 생각을 발전시켜야 하며, 이어서 당신이 찾는 목회자 상에 대한 뚜렷한 생각을 가져야 한다.

어떤 필요들은 명백하며 따라서 어떤 기준들이 존재한다. 목사는 말씀이 규정한 자격 요건들을 구비해야 한다(10장 참조). 그는 설교할 수 있는 능력이 있어야 한다. 설교자에게 능력과 성품, 이 둘은 모두가 바람직한 자질이지만, 목사가 사회적으로 "좋은 사람"이 되는 것보다 "설교를 잘하는 것"이 훨씬 더 중요하다. 목사는 용기와 확신이 있는 사람이어야 하며, 그는 열심히 연구하고 싶어 하는 사람이어야 한다. 주님과 성경 그리고 당신의 교단의 교리적 표준에 대한 그의 헌신은 분명해야 하고, 의문의 여지가 없어야 한다.

당신의 강단을 위해 이렇게 추천된 사람을 얻는 일은 어렵다. 그러한 사람이 있는 교회는 일반적으로 그를 붙들어 두기를 원한다. 그러므로 장로는 회중의 필요를 이해한 후, 가능한 후보자를 찾기 위해 교회들과 신학교 졸업자들을 대상으로 자세히 알아보아야 한다.

몇 가지 주의 사항을 제시한다.

① 완전한 사람은 없다. 당신은 요구 사항에 있어서 우선순위를 정해야 한다. 강단에서의 능력을 첫째 가는 우선순위로 삼아야 함은 물론이다.

② 성숙함뿐만 아니라 가능성도 보아야 한다. 성장의 가능성을 보이며 타인의 지도와 충고에 열려 있는 마음을 가진 사람을 지도자로 세울 준비를 하라.

③ 후보자의 주된 관심사가 사택과 사례금과 부수입 그리고 경제적 안정이라면, 이와 같은 세속적 기대를 조심하라. 무엇보다도 목

사는 하나님과 재물을 겸하여 섬길 수 없다(눅 16:13). 만일 그러한 자를 택한다면 교회의 신자들은 희생자가 될 것이다.

④ 참으로 용기 있는 설교자가 지금 그가 섬기고 있는 교회에서 전혀 인기가 없을 가능성에 대하여 진지하게 고려하라. 말씀이 보편적인 불순종의 형태들에 대하여 고발한다는 것을 알지 못하는 몇몇 사람들은 그를 심지어 이단적인 사람이라고 생각할 수도 있다.

⑤ 독립적인 선택을 하도록 준비하라. 당신의 필요와 요구에 비추어 보면서 원하는 정보를 모으고, 당신 자신의 결정을 해야 한다.

후보자 선택

장로회는 모든 방법을 이용하여, 비어 있는 강단을 위한 후보자 명단을 최종적으로 마련한다. 교회 멤버 중 한두 사람을 은밀히 보내어 후보자들의 설교를 듣게 하는 것은 지혜로운 선견이다. 다음 단계를 밟을 소위원회를 지정하면 시간이 절약될 것이다.

① 후보자 명단에 있는 사람들이 당신의 교회의 청빙을 받아들일 의향이 있는지 분별력 있게 질의하도록 하라.

② 만일 대답이 긍정적이라면, 당신의 교회를 소개하는 서신을 그에게 보내야 한다. 그 서신에는 교회의 크기, 성장 동향, 교인들의 나이, 교인들의 교육 수준과 일반적 경제 수준, 교회 생활의 활성도, 조직, 일 년 예산, 사례금과 사택 문제, 회중을 향한 장로들의 비전 등에 대한 정보가 담겨 있어야 한다.

③ 만일 후보자가 서신의 내용을 보고 도전을 받는다면, 그는 그

서신에 대한 답신과 함께 자기소개서를 제출하도록 요청되어야 한다. 자기소개서에 포함될 내용은 전문적인 훈련, 계속적인 연구에 대한 관심, 목회에 대한 이해, 그의 개인적인 장서와 구독하는 정기 간행물의 범위, 회중의 역할에 대한 견해, 사례금과 사택 문제에 대한 응답, 그의 가족 사항과 그의 아내가 교인들 사이에서 차지하게 될 위치, 그리스도와 성경과 그 교단의 신앙고백에 대한 그의 헌신 등이다.

④ 이러한 정보에 대한 장로들의 평가에 근거해서 그 관계가 더 발전되거나 혹은 정중하게 거절된다.

⑤ 후보자의 최근 설교를 녹음한 음성 파일들을 요청하는 것을 고려하라. 개인적인 면담을 위해 약속을 하라. 회중에게 그를 후보자 중의 한 사람으로 추천할지 결정하라. 필시 한두 사람의 잠재 후보자 지명이 동시에 이루어질 것이다.

⑥ 지명 추천된 두세 사람이 확보될 때, 장로들은 회중이 가장 많이 참석할 만한 시기에 교인 총회 일정을 잡는다.

⑦ 교인 총회가 열릴 때, 의장은 회의를 관장한다. 의장은 주님의 축복과 인도하심을 구하자는 언급을 해야 한다. 선발 위원회의 의장은 교인들에게 후보자에 대한 모든 정보를 충분히 알려주어야 한다. 부재자 투표를 표로 계산하자는 의견이 제기되면, 다수결로 부재자 투표를 인정하기로 결정하는 경우에 한하여 부재자 투표는 오직 제1차 투표의 표 계산에 인정된다. 후보자에 대한 논의는 허용된다. 그러나 험담이 되지 않도록 조심하라. 투표권 행사는 무흠결 정

규 멤버에게만 허락된다. 투표 절차는 비밀 투표로 진행한다. 이와
같이 하여 후보자가 선택된다.

⑧ 장로들은 선출된 후보자를 청빙한다. 만일 후보자가 청빙을
받아들이면 장로들은 환영회와 임직식을 위한 실무 작업을 추진하
고, 이어서 회중의 삶에 있어서 지극히 중요한 가르치는 장로와 다
스리는 장로의 상호 사역에 그와 함께 착수한다.

사역을 위한 봉사

가르치는 장로와 다스리는 장로 간의 개방적이고 건설적인 관계
는 회중의 영적, 현세적 번영을 위해 지극히 중요하다. 그러한 관계
를 성공적으로 형성하기 위해 최선을 다해야 한다.

몇 가지 제안을 하는 바이다.

① 말씀에 기초하여 목사와의 관계를 형성해야 한다. 여기서 목
사와 장로의 순종은 시험대 위에 오른다. 고린도전서 13장 혹은 요
한의 글이나 시편의 병행 구절을 읽음으로써 장로들의 첫 모임을
시작하라. 그리고 하나님 말씀의 조명을 받는 가운데 함께 걸어갈
것을 하나님과 그분의 말씀 앞에서 엄숙히 결심하라. 말씀을 음미
하는 가운데 잠재적인 긴장들을 해결할 준비를 하라.

"하나님의 말씀은 살아 있고 활력이 있어 좌우에 날선 어떤 검보다
도 예리하여 혼과 영과 및 관절과 골수를 찔러 쪼개기까지 하며 또 마
음의 생각과 뜻을 판단하나니"(히 4:12).

더 나아가서 히브리서 기자는 다음과 같이 충고하고 있음을 기억

하라.

"지으신 것이 하나도 그 앞에 나타나지 않음이 없고 우리의 결산을 받으실 이의 눈앞에 만물이 벌거벗은 것 같이 드러나느니라"(4:13).

이러한 진리에 유념하고 이에 순종함으로써, 처음에는 서로 의견을 달리할지도 모르는 목사와 장로들 사이에 건설적인 관계가 형성될 수 있게 하라. 당신들은 모든 회중 앞에서 모범적인 관계가 되어야 한다.

② 잘 다스림으로써 목사를 섬기도록 하라. 이것은 그의 믿음과 삶을 감독하는 일을 포함한다.

③ 목사의 성장을 돕는 일에 최선을 다하라. 그로 하여금 계속해서 성장하고 배워야 할 필요를 인정하게 하라.

④ 목사에 대한 비판이 나타날 때, 심지어 당신도 그의 실책에 대해 충고해야만 하는 경우라도 확고하게 목사의 편에 서라. 장로들의 모임은 목사가 필요한 지지를 얻고, 솔직하게 의논하고, 실수와 잘못에 대해 따뜻한 분위기에서 시인할 수 있는 그러한 곳이 되어야 한다. 또한 말씀에 대한 활력 있는 순종을 계속 추구하는 사람들이 견고하게 연대해 있는 그런 곳이 되어야 한다.

⑤ 이야기를 퍼뜨리지 말며, 뜬소문에 귀를 기울이지 말라. 비밀은 비밀로 지키라. 논쟁은 공개적인 회의석상에서 하라. 만일 목회자에 대한 고소가 있다면, 당신은 반드시 마태복음 18장의 원리를 신중하게 따라야 한다(9장 참조).

⑥ 목사와 그의 가족의 복지를 최우선적 관심사로 삼으라. 교인

들은 목사의 시간과 정력을 지나치게 요구함으로써, 좋은 남편과 훌륭한 아버지가 되는 기쁨을 그에게서 빼앗지 말아야 한다.

⑦ 설교 준비와 연구를 위한 목사의 시간을 지켜주어야 한다. 목사가 잘못을 드러낼 때까지는 그가 시간을 사용하는 법을 알고 있고 또 그와 같이 건설적으로 시간을 관리할 것이라고 생각하라. 만일 이 부분에 참으로 잘못이 있다면 시간과 재능을 보다 더 잘 사용할 수 있도록 그를 지도해주어야 한다. 오래 참으라. 그러나 확고한 태도를 지녀라. 설교를 잘하는 것은 목사의 일차적 책임이다.

⑧ 사례금 이외에 도서비와 정기간행물 구독료를 제공하라. 연구 중에 있는 목사를 방문했을 때 이러한 것들을 찾아보라.

⑨ 연구와 여행을 위한 휴가 기간을 제공해주어야 한다. 목사를 전문가로 대우해주어서 그가 전문가로서 응답할 수 있게 하라.

⑩ 목사가 회중 가운데서 모든 일을 하거나 모든 것이 되어서는 안 된다. 요리문답을 가르치고 주일학교를 교육하는 일을 도우라. 목사가 과중한 책임을 맡았기 때문에 일을 성취하지 못하고 힘들어하면 장로는 그의 마음이 쉼을 얻도록 도와주어야 한다. 만일 당신이 올바른 사람을 선택했다면, 이 모든 협조는 설교단으로부터 당신에게 되돌아올 것이다.

⑪ 목사나 그의 아내가 사택이나 교회의 시설을 위해 조치가 요구되는 일 때문에 굽실거리며 당신을 찾아오는 일이 없도록 하라. 필요한 것을 예견하고, 그 필요를 위해 여유 있게 제공해주어야 한다. 한편, 지나치게 자주 사택을 단장하거나 값비싼 고급 가구들을

마련하는 일에 대해서는 주의를 주어야 한다.

⑫ 신중한 목사가 비상상황을 위해 저축할 수 있도록 괜찮은 수준의 사례금을 지불해야 한다.

⑬ 충실하고 성경적인 설교는 반발을 자극할 것이라는 사실을 예상하라. 어떤 사람을 독려하고 그 결과를 회피할 수 있길 기대할 수 없다. 목회자의 주께서 "내가 너희에게 종이 주인보다 더 크지 못하다 한 말을 기억하라 사람들이 나를 박해하였은즉 너희도 박해할 것이요 내 말을 지켰은즉 너희 말도 지킬 것이라"(요 15:20)고 오래 전에 말씀하셨다. 이어서 주님께서는 용기 있는 설교자가 반대를 받는 이유, 심지어 그의 가족과 회중 안에서 반대가 일어나는 이유를 설명하신다.

"그러나 사람들이 내 이름으로 말미암아 이 모든 일을 너희에게 하리니 이는 나를 보내신 이를 알지 못함이라 내가 와서 그들에게 말하지 아니하였더라면 죄가 없었으려니와 지금은 그 죄를 핑계할 수 없느니라"(요 15:21-22).

이 예언적 말씀이 주어진 이후 인간의 본성이 바뀌었다는 증거는 없다. 만일 장로들이 진리 전체를 전하도록 강하게 목사를 격려한다면 그들은 불평을 들을 준비를 해야 한다. 따라서 장로들은 전적으로 다음과 같은 태도를 취해야 한다.

- 목사가 하나님의 말씀을 전하고 있는 한, 그를 견고하게 지지하라.
- 목사에 대한 모든 고소는 말씀에 의해 뒷받침되어야 한다

고 요구하고, 그렇지 않다면 그 고소가 기각될 것이라고 밝히라.

- 교회 성장은 강단에서의 용기를 재는 척도가 아니다. 만일 온전한 진리가 회중에게 전해진다면 어떤 회중은 필시 더 작은 규모로 성장할 것이다. 그것을 용납할 수 없다면, 목사로 하여금 하나님의 모든 뜻을 전하도록 촉구하지 말라. 다만 당신이 장로의 직무를 유기하는 것임을 인정하면서 그렇게 하라. 용기 없는 장로들은 강단에서 미지근한 증거가 이루어지는 데 이바지할 것이다. 그리고 미지근한 증거는 경박한 교회를 보장해줄 것이며, 그 교회가 아무리 급속히 성장하더라도 그것은 아무것도 아니다.

⑭ 성경은 하나님의 자녀들에게 안이한 삶이나 박해가 없는 삶을 약속해주고 있지 않다. 당신이 장로직을 심각하게 받아들이고, 목사가 당신과 더불어 심각하게 말씀을 전할 때 회중은 당신들이 그렇게 하는 이유를 알게 될 것이다. 따라서 축복을 약속하는 다음의 말씀에서 위로를 얻으라.

"나로 말미암아 너희를 욕하고 박해하고 거짓으로 너희를 거슬러 모든 악한 말을 할 때에는 너희에게 복이 있나니 기뻐하고 즐거워하라 하늘에서 너희의 상이 큼이라 너희 전에 있던 선지자들도 이같이 박해하였느니라"(마 5:11-12).

또한 목사와 당신 자신에게 적용될 수 있는 주님의 두려운 예언을 명심하라.

"사람의 원수가 자기 집안 식구리라"(마 10:36).

기독교는 심각한 사역이다. 당신과 당신의 사역이 점점 더 심각해질 때, 만일 회중 가운데서 반대가 일어난다 해도 놀라지 말라. 견고하게 서라.

"깨어 믿음에 굳게 서서 남자답게 강건하라 너희 모든 일을 사랑으로 행하라"(고전 16:13-14).

굳게, 강하게, 용기 있게 서는 것과 사랑으로 행하는 것 사이에 아무 모순이 없다는 사실에 주목하라.

신학 교육

교회는 신학교가 하는 일에 대해 만족하는 경우가 거의 없다. 때때로 교회는 신학교가 내놓는 일꾼에 대해 만족하지 못한다. 교회 안에 교리적 의심은 빈번히 존재하며, 이것은 신학교의 현위치에 대한 정확한 평가일지도 모른다.

장로로서 당신은 신학 교육의 질에 깊은 관심을 갖고 있다. 이 질에는 두 가지 면이 있다. 첫째, 성경에 대한 그리고 신학교가 속한 교단의 신앙고백에 대한 절대적 충성. 둘째, 강단 목회에 필수적인 훈련 분야에 있어서 유능한 학교 교육.

그러나 장로가 어떻게 그의 의구심을 풀 수 있으며 혹은 변화가 생기도록 그의 영향력을 효과적으로 발휘할 수 있는가?

우리는 몇 가지 제안을 하는 바이다.

① 당신의 교단에 대해 관심을 갖도록 노력하라. 신학교 교수진

을 교대로 교회 안으로 초빙하여 일하게 하는 프로그램을 통해서 신학교의 이사회에 대해 관심을 갖도록 하라. 종종 교수들은 안식년을 누리며, 최대 일 년까지 타지에서 연구하기 위해 집을 떠날 수 있으며, 심지어 해외에도 나갈 수 있다. 왜 그들로 하여금 당신의 회중을 섬기도록 교단 안에서 돌아가며 일하게 하지 않는가? 예를 들면, 그 교수는 일 년간 협동목사로서 사역하면서 교회가 제공하는 숙소에 살면서 정식으로 사례금을 받을 수 있을 것이다. 분명히 신학교와 교회는 모두 큰 유익을 얻을 것이다.

② 교단의 순회 강의를 위해 교수진들을 초청하라. 교수의 견해들을 듣고, 질문할 수 있으며, 질문이 제기되거나 해결될 수 있을 것이다.

③ 당신 자신과 회중을 위하여 "학문성"(scholarship)의 신화를 일소하라. 본장에서 언급한 바와 같이 학문은 쓸모가 있는 것이다. 그러나 성경은 오직 순종의 관점에서 이해되어야 한다. 따라서 가장 수준 높은 신학교 교수가 성도의 지위에 있듯이 회중 가운데 가장 비천한 자도 성도로 불리운다. 하나님의 말씀이 생명의 길을 떠날 때, 중요한 것은 학위가 아니라 오히려 성도다움이다. 학문 있는 자로 하여금 순종의 언어를 말하게 하라. 그리하면 당신은 곧 그들의 견해가 성경과 신조에 대해 얼마나 충성된 것인지를 간파할 것이다.

④ 교회는 신학교를 위한 "시장"(市場)이다. 당신은 신학교의 수출품에 대한 수요를 결정함으로써 당신의 영향력을 행사한다. 결국 이것은 반드시 이야기해야 하는 것이다. 어떤 학교도 무기한으로

시장을 무시할 수는 없다. 당신의 표준을 높게 설정하고, "그는 단지 학생이다. 훗날에 더 잘 배울 것이다."라고 사과해도 교리와 해석상의 탈선을 양해해주지 말라. 당신이 당신의 강단으로 청빙하는 졸업생은 바로 지금 "더 잘" 알고 있어야 한다는 점을 요구하라.

결론

가르치는 장로와 다스리는 장로 사이의 열매 맺는 창조적 관계는 장로로서의 당신의 임무 가운데 가장 중요한 면이다. 이 면에 최상으로 이바지하기 위해서 많은 시간과 생각과 기도 그리고 말씀 연구의 투자가 있어야 한다.

12장
성례

성령께서는 영감된 말씀을 통해서 구원의 사역을 행하신다. 복음은 귀를 통해서 영혼 속으로 들어가기 때문에 기독교는 "청각의" 종교이다. 또한 복음이 인간의 음성에 의해 선포되기 때문에 기독교는 "구두(口頭)의" 종교이다. 개신교는 일반적으로 다음과 같은 성례관을 갖고 있다. 성례는 하나님께서 제정하신 것으로서, 다른 감각들(시각, 미각, 촉각)을 통해서 청각과 구두의 선포를 더 확고하게 세워주는 것이다. 성례를 통해 신자는 그가 이미 듣고 받아들인 사실들을 보고 맛보고 만진다. 따라서 성례는 종종 "하나님의 보이는 말씀들"이라고 불린다. 교회는 말씀을 통해서 믿음을 가진 사람들에게만 성례를 베푼다.

개신교 교회는 두 가지 성례, 즉 성찬과 세례만 시행한다. 개신교 신앙에 의하면, 이 두 가지 성례만 그리스도께서 친히 제정하신 성례이다. 이 점에서 개신교는 일곱 가지 성례를 주장하는 로마 가톨릭과 다르다.

　장로가 알아야 할 사실은 교회가 수세기 동안 성례의 본질과 집례에 대한 격렬한 논쟁 가운데 의견이 나뉘어져 왔다는 점이다. 이 논쟁은 다른 어떤 신학적 논쟁보다도 더 의견의 차이가 심했다. 이러한 사실을 잘 알고 있으면, 현명한 장로는 문제가 야기될 때 즉시 그 문제를 해결하고자 함으로써 회중 가운데 일어날지도 모르는 성례에 대한 의견 차이를 피하려고 노력할 것이다. 당신은 성경에서 성찬과 세례의 의미와 그 집례에 관한 특별한 지시가 거의 없다는 사실을 확인할 수 있을 것이다. 이 사실로 인해서 끝없는 논쟁이 일어났다. 따라서 장로는 성례에 관하여 야기되는 문제들을 지혜롭게 다루어야 한다.

성찬식

성찬에 대한 성경의 언급은 두 가지 맥락에서만 나타난다. 하나는 주님께서 이 성례를 제정하시는 맥락이고(마 26:26-28; 막 14:22-24; 눅 22:17-19) 다른 하나는 고린도의 교인들이 성찬을 남용한 것을 바울이 책망하는 맥락이다(고전 11:23-26). 장로는 이러한 본문들에서 성찬의 집례를 위한 특별한 지침을 거의 발견하지 못할 것이다. 따라서 다음과 같은 문제들에 대해 그가 속한 교단이 취하고 있는 입장을 잘 알고 있어야 한다.

신학

성례는 은혜의 방편이다. 성찬의 떡과 잔은 주님의 명령에 따라 그리스도의 고난과 죽음을 기념하는 것일 뿐만 아니라, 주리고 목마른 영혼을 만족시킨다. 이렇게 영적인 영양이 공급되는 구체적인 방법이라든가 그 요소들(떡과 잔)이 어떤 상징적 의미 이상인지에 대하여 성경은 명료하게 설명하고 있지 않다. 성찬을 통해 영적인 만족과 새로워짐을 경험하는 신자의 체험이 당신이 논의하는 바의 충분한 길잡이가 되게 하라. 화체설, 공체설, 상징설 혹은 어떤 중간 입장에 대한 논쟁을 피하라(화체설에 따르면 그 요소들이 실제로 몸과 피가 된다. 공체설에 따르면 몸과 피는 그 요소들 "아래 그리고 그와 함께" 임한다. 상징설에 의하면 그 요소들은 그 실재들을 상징할 뿐이다. 어떤 중간 입장에 의하면 그 요소들은 그 본질을 그대로 보유하지만 영적으로 주의 몸과 피가 된다). 교회는 이와 같은 추상적 문제들에 대한 열매 없는 논쟁으로 더 이상 시달리지 말아야 한다.

성찬의 횟수

성경은 성찬 집례의 빈도에 대해 어떤 지침도 제공하지 않는다. 개신교 교회에서의 관례는 매우 다양하다. 분명히 당신의 교회는 이미 이에 대한 정책을 갖고 있을 것이다. 변화를 가져오려는 시도가 성찬에 대한 성숙한 논쟁을 일으키지는 않는다는 점을 주의하라.

자주 성찬을 갖는 일에 대한 찬성이나 반대 주장은 명백하다. 어떤 사람은 그들이 자주 성찬을 필요로 하며, 아마 한 주에 한 번 혹은 그 이상 성찬을 시행해야 한다고 말할 것이다. 반면에 어떤 사람은 성찬이 너무 자주 집행되면 그 독특한 성격을 잃게 되어 매너리즘에 빠지고 단순히 하나의 관습이 될 것이라고 주장할 것이다.

성찬 집례의 횟수에 있어서 교회와 교단 간에 폭넓은 차이가 있다. 성경이 특별한 지침을 주지 않기 때문에, 우리는 지혜롭게 그리고 때로는 절충에 의해서 결정해야 한다. 우리는 일 년에 네 차례 성찬식을 집례하면서 어떤 교회에서는 그리스도의 수난일(성금요일)과 부활절에 추가적으로 성찬식을 거행하는 일반적인 개혁파 관례에 만족한다.

성례와 말씀

서로 약간의 차이점이 있지만, 개신교 교회들은 일반적으로 말씀 설교의 맥락 속에서 성찬식을 거행할 것을 주장한다. 우리는 이 입장을 강력히 지지한다.

분명히 떡과 잔은 주님의 상하신 몸과 흘리신 피를 상징하지만, 그리스도의 구속적 죽음의 온전한 의미는 설교된 말씀에 의해서만 전달될 수 있다. 볼 수 있는 말씀인 성례는 선포된 말씀을 강화시킬 뿐이다. 이러한 상호 관계는 파괴되지 말아야 한다.

성례는 말씀 설교 이후에 집례되거나 이전에 집례되어야 한다.

분병 분잔

성찬식은 그 집례되는 방식을 통해서 무언가를 "이야기하는" 바가 있다. 장로는 이를 충분히 생각해야 하며, 다음과 같은 문제들을 고려해야 한다.

① 누가 떡을 떼어야 하는가?

주님의 성만찬 제정에 관한 기록들은 주께서 떡을 떼셨고, 또한 떡을 떼는 것을 신자들을 위해 상할 그분의 몸에 비유하셨음을 보여준다. 이 사실이 시사하는 바는 오늘날 회중 가운데서 주님을 대신하여 목사가 그 떡을 떼어야 한다는 것이다. 어떤 분파의 신도들은 그 떡덩이를 그들의 손에서 손으로 넘기면서 각자가 자기 몫의 한 조각을 떼었다. 어떤 개신교 교회는 이러한 관례를 따르고 있다. 우리가 판단하기로는, "너희를 위하여" 떡을 떼는 것이 "너희에 의하여" 떼는 것으로 변할 때 그 상징적 의미는 손상된다.

보통 성찬식 전에 떡덩이는 작은 조각으로 잘린다. 목사는 회중 앞에서 하나의 상징적 조각만 떼는 것이다. 아마 이것은 시간 절약을 위해 필요한 양보일 것이다. 그러나 당신은 목사의 상징적 행동의 뜻을 깊이 생각할 수 있을 것이다. 목사는 아버지처럼 가족이 먹을 수 있게 떡을 떼는 것이다. 그는 몸의 통일성을 상징하는 한 덩어리의 떡에서 한 번에 한 조각씩 뗀다.

② 어떻게 떡을 나누어 주는가?

개신교 교회의 역사에 따르면, 장로들과 집사들이 떡과 잔을 신도석에 앉아 있는 신자에게 나르기 위해 봉사하였다. 우리는 이것이 평신도의 역할이 아니라고 생각한다. 회중이 떡을 받기 위해 앞으로 나오는 교회에서는 목사의 손에서 받을 것이다.

③ 어떻게 잔을 다룰 것인가?

같은 잔을 사용하면 이를 통해서 병이 전염될 위험이 있다고 생각하므로, 많은 교회에서는 개개의 작은 유리잔을 사용하여 나누어 준다. 위생을 위한 그러한 방식이 한 그릇에서 함께 마시는 상징적 의미를 상실시키는지의 여부에 대하여, 그리고 만일 그 의미가 상실된다면 어느 것이 보다 더 중요한 것인지에 대하여 장로들은 결정해야 한다. 저자인 우리의 의견을 말하자면, 우리는 개개의 유리 잔에 만족한다.

④ 포도주 대신 포도즙을 사용해야 하는가?

예수께서 성찬식을 제정할 때 사용하신 포도나무 열매가 실제로 발효된 포도주였느냐 아니면 포도즙이었느냐에 대하여 오랜 논쟁이 있어 왔다. 저자는 성경이 포도주(wine)라고 부르는 것이 실제로 "포도주"라고 믿는다. 알코올 음료를 거절하는 양심적인 망설임이 있는 사람들과 회중 가운데 있는 알코올 중독자를 우려하는 자들은 발효되지 않은 즙으로 그 성례를 집행하기를 원한다. 따라서 그들은 성경에 대한 잘못된 해석에 근거해서가 아니라 이러한 이유 때문에 즙으로 성례를 행하는 것이다. 성경은 성찬의 떡(빵)의 색깔이 흰색인지 혹은 갈색인지에 대해, 서양식 빵이 되어야 하는지 혹은 동양의 떡이 되어야 하는지를 말하고 있지 않다. 마찬가지로 성경은 "포도주"라고 주장하지도 않는다. 이 문제는 장로들의 지혜로 결정해야 하며, 동시에 교인들에게 적절한 설명도 해야 한다. 그리스도의 피의 상징에 참여하기를 원하는 사람들이 양심과 확신에 따라 행할 수 있도록 좌석 배치를 할 수 있을 것이며 한편에는 포도즙을 두고 다른 한편에는 포도주를 놓는다. 로마서 14장 13-23절에서 바울의 충고는 이렇게 요약된다.

"음식으로 말미암아 하나님의 사업을 무너지게 하지 말라"(20절).

⑤ 어린이도 참여해야 하는가?

개신교 교회들의 점진적인 추세는 성찬식에 어린이들을 참여시키는 것이다. 저자는 이러한 움직임을 찬성할 수 없다.

바울은 "합당치 않게" 성찬에 참여함에 대해 고린도 교인들을 경고하고 있으며, 이 경고는 우리에게도 적용된다. 그는 다음과 같이 요구하고 있다.

"사람이 자기를 살피고 그 후에야 이 떡을 먹고 이 잔을 마실지니 주의 몸을 분별하지 못하고 먹고 마시는 자는 자기의 죄를 먹고 마시는 것이니라"(고전 11:28-29).

어린아이가 자기를 살필 수 있는가? 저자의 생각에 의하면, 그가 어린아이인 동안은 그와 같이 할 수 없다.

그러면 어린이는 언제 자기를 충분히 살필 만한 성인이 되는가? 교회가 그의 공적인 신앙고백에 근거해서 그를 장년 교인으로 받아들일 만한 나이가 되었을 때라고 생각한다. 교회마다 이러한 공적인 신앙고백이 허용되는 때, 즉 신앙고백하는 내용에 대해 완전히 이해하며 그 신앙을 고백할 수 있는 때가 언제인지에 대하여 의견이 다르다. 이러한 신앙고백은 성만찬 참여의 선행 조건이라고 믿는다. 어떤 사람은 나라에서 정한 분별 연령(한국에서는 교단별로 다름-역자주)에 근거하여 그 시기를 제시한다.

개방형 혹은 폐쇄형

지역 교회에 등록한 모든 신자는 성찬에 참여할 자격을 갖고 있는가? 이것은 신자가 본교회에 있을 때뿐 아니라 다른 교회를 방문한 경우에도 그러한가?

이 질문에 대한 답은 성례의 중요성에 관한 당신 자신의 평가를 반영할 것이라는 점을 기억하라. 성찬은 엄격히 감독해야 할 만큼 중요한 것인가? 혹은 감독을 하지 않아도 되는 지극히 평범한 것인가? 다음과 같은 문제들을 고려하라.

① 참여자를 한정하여 성찬식을 집례하는 것은 "폐쇄적"인 성찬식이 아니다. 오히려 신중하게 감독되는 성찬식이다. 이와 대조적으로 "개방형" 성찬식에는 모든 사람이 각각 스스로 책임을 지면서 참여한다.

② 성찬식을 엄격하게 집례하는 성경적 동기는 교회(즉 장로들)가 각 사람을 그 감독 아래 둔다는 데 있다. 교회는 하나님께서 에스겔에게 그분의 모든 사역을 지시하실 때 경계하신 말씀을 이해하고 있다.

"인자야 내가 너를 이스라엘 족속의 파수꾼으로 세웠으니 너는 내 입의 말을 듣고 나를 대신하여 그들을 깨우치라…네가 깨우치지 아니하거나 말로 악인에게 일러서 그의 악한 길을 떠나 생명을 구원하게 하지 아니하면 그 악인은 그의 죄악 중에서 죽으려니와 내가 그의 피 값을 네 손에서 찾을 것이고"(겔 3:17-18).

만일 주의 몸과 피를 분별하지 못하는 자들을 경고하지 않고 성찬식을 거행한다면, 교회에도 심판이 임한다.

③ 엄격한 성찬식을 위해 책임을 행사하는 방법은 다양하다.

㉠ 참여할 자격이 있는 모든 교인은 합당하지 않게 먹고 마시지 않도록 경계를 받고 나서, 초청을 받는다. 이 경우에는 신자 각 사람에게 책임이 돌아간다. 어떤 교회에서는 죄의식이 있는 멤버들은 참여하지 않는다. 장로들은 이러한 어려움을 겪는 심령들에게 관심을 가져야 하며, 성찬에 참여하는 것이 완전한 삶에 대한 증거가 아니라는 사실을 상기시켜야 한다.

㉡ 권징 중에 있는 신자는 주의 몸과 피를 합당하게 분별하지 못할 것으로 가정하여, 성찬 참여를 허락하지 않는다.

㉢ 다른 교회에서 방문한 신자는 서로 다른 관례가 퍼져 있음을 알게 될 것이다.

- 어떤 교회에서는 예배 전에 그 방문자가 성찬에 대한 올바른 이해를 갖고 있는지 그리고 진정한 그리스도인인지 장로나 목사에게 확신을 심어주기 위해 자신을 직분자에게 알리는 것이 요구된다. 성찬에 대해 이와 같이 깊은 존중의 표시를 보이는 것은 바람직한 일이다.

- 어떤 교회에서는 강단에서 합당치 않은 참여를 경고하고, 주의 몸과 피를 분별할 수 있는 모든 자를 초청한다. 그리고 이것이 책임에 대한 충분한 성취라고 생각한다. 이것은 성례에 대한 개인주의적이고, 또한 비교적 낮은 기준의 견해에 해당하는 관행이다.

- 당신의 교회의 관례가 무엇이든지간에, 에스겔서의 저주가 임하

지 않도록 왜 그 관례로 성찬식을 통제하는지를 장로가 아는 것이 가장 중요하다.

- 경고와 감독 없이 마음대로 모든 사람이 성찬에 참여할 수 있는 "완전히 개방된" 성찬식에 대해 우리는 어떤 방식으로도 권장할 수 없다. 이 경우 확실히 성찬식의 남용에 대한 책임이 장로들에게 있다.

노인과 환자

성찬은 회중 가운데서 그 시간에 참여할 수 없는 사람들에게도 베풀어진다. 이것은 목사와 장로의 직무이다. 교회에서 성찬식이 끝나자마자 이 직무를 수행해야 한다. 가능하다면 출입을 못하는 자들(노인이나 환자)이 나중에 들을 수 있도록 예배 실황을 녹음한 것을 가지고 가라.

이러한 섬김이 기계적인 것이나 진부한 것이 되어서는 안 된다. 장로의 사명은 상징적 형식으로 주 예수 그리스도의 몸과 피를 다루는 일이다. 말씀을 읽고 기도를 드림으로써 당신의 방문이 은혜로운 시간이 되도록 하라.

통제되지 않은 성찬식

수련회나 콘퍼런스나 가정 교회 그룹에서 그리고 그 밖의 모임에서 성찬식을 거행하는 관례가 증가하고 있다. 의심할 여지 없이 참석자들은 감정적으로 고양되는 경험을 한다. 그러나 위에서 언급한 모든 사실에 비추어볼 때 이와 같이 자유롭게 시행하는 성례를 찬성할 수 없다는 것은 명백한 일이다. 최소한 장로의 감독 아래 설교가 행해지지 않으며, 뿐만 아니라 어떤 감독이 있다 하더라도 성찬의 오용에 대한 경고와, 공적인 신앙고백에 의해 그리스도의 몸의 지체가 된 사람에게만 성찬을 제한시키는 일이 없다. 이와 같은 성찬식이 초래하는 궁극적인 결과는 성례가 감정적인 법석댐까지는 아닐지라도 하나의 감동적인 경험 정도로 평가 절하되는 것이다.

계속적인 불참

성찬식에 계속 불참하는 멤버에 대해서는 상담을 요청해야 하며, 잘못이 있으면 권징하라.

반드시 목사는 회중 앞에서, 특히 성찬식에 동반되는 설교에서 성찬 참여의 의미와 중요성을 강조해야 한다. 신자는 주의 거룩한 음식을 먹을 뿐만 아니라, 이러한 참여에서 그의 신앙과 사랑을 증거하고, 그가 주님의 몸에 속한 지체임을 선포하는 것이다.

우리는 전통적인 개혁파 교회의 예식문을 추천한다. "함께 빻아져 가루가 된 곡식 낱알들로부터 구운 빵이 나오며, 함께 눌러 으깨어진 포도알들로부터 포도주가 흘러나와 함께 섞이는 것처럼, 참된 신앙으로 그리스도와 연합한 우리들 모두도 우리를 극진히 사랑하신 구주 그리스도를 위해 형제애의 사랑을 통하여 한 몸이 되었다. 우리는 이 하나됨을 말과 행동으로 서로에게 보여주노라."

세례

주님께서는 교회의 대표자인 그의 제자들에게 "그러므로 너희는 가서 모든 민족을 제자로 삼아 아버지와 아들과 성령의 이름으로 세례를 베풀고"(마 28:19)라는 작별의 명령을 하셨다.

교회 안에서 세례에 대한 논란은 성찬에 대한 논쟁보다는 덜하였다. 그럼에도 오늘날까지 교회 안에는 이 성례에 대한 의견 차이들이 남아 있다. 장로는 그의 교회와 교단의 입장을 잘 알아야 하며, 또한 그 신학적 근거도 알아야 한다. 장로들은 교회의 관례를 분쟁의 씨로부터 지키기 위해 노력해야 한다.

신학

세례는 죄 씻음을 의미한다. 따라서 세례는 신자가 주님의 십자가상의 희생을 통해서 얻은 죄 사함과 화목을 상징한다. 이스라엘 백성의 형태로 존재한 구약 교회에 할례가 있었듯이, 신약 교회에는 세례가 있다. 이것은 그 몸의 지체가 됨에 대한 상징이다.

유아 세례를 주는 사람들은 신자 가정에 태어나는 아이에 대한 세례를 요구하기 위해 그들이 믿는 바 세례와 할례 사이에 존재하는 유사점에 의지한다. 다른 관점에서 유아 세례를 주는 사람들은 하나님과 (자녀를 포함한) 신자 사이에 유지되는 "언약"에 대하여 이야기한다. 그들은 모든 믿는 자의 조상인 아브라함에게 주신 약속이 현재와 미래의 언제까지라도 행해져야 한다고 우리를 설득한다.

"내가 내 언약을 나와 너 및 네 대대 후손 사이에 세워서 영원한 언약을 삼고 너와 네 후손의 하나님이 되리라"(창 17:7).

그러나 우리는 마태복음에서 인용한 주님의 지상명령이 세례받기 전에 믿음을 가질 수 있다고 전제하고 있다는 사실을 인정한다. 또한 우리는 많은 그리스도인이 세례가 주의 교회의 멤버가 되기 위한 성숙한 결정의 결과이어야 한다고 주장함을 알고 있다. 우리가 단순히 촉구하는 바는 장로가 성례의 거행에 대해 그의 신앙고백과 성경 이해에 따라서 스스로 충분한 확신을 가져야 한다는 것이다.

세례의 시기와 형식

유아 세례와 성인 세례를 모두 인정하느냐 혹은 성인 세례만 인정하느냐의 문제는 교단이나 교회의 결정에 의해 좌우될 것이다. 당신은 그 이유를 알아야 하며, 이를 다른 사람에게 가르치는 일에 참여해야 한다.

유아 세례를 베푸는 사람들은 세례를 상징하기 위해 물을 뿌리고, 이 방식을 성인 세례에도 적용한다.

성인 세례만 베푸는 어떤 사람들은 그 성례가 암시하는 온전한 씻음을 상징하기 위해 물속에 잠그는 방식을 채택한다.

보통, 세례를 받는 성인은 어떤 신앙고백을 해야 한다. 즉 교단이나 교회 혹은 목사가 채택한 형식을 따라 신앙고백을 해야 하는 것이다. 자녀에게 유아 세례를 받게 하는 부모도 이러한 신앙고백을 해야 한다. 이 신앙고백은 예수 그리스도를 믿는 신앙의 고백뿐만 아니라 회중의 신앙고백적 기초를 따른다는 고백도 포함하고 있다.

장로는 반드시 세례받는 성인이나 세례받는 유아의 부모가 신앙고백 가운데 고백한 내용과 교회와 주님께 약속한 헌신의 내용을 충분히 이해하도록 해야 한다.

개혁파 교회의 전통 안에 서 있는 우리는 물을 뿌리는 방식이 교회의 주님께서 요구하시는 세례의 형식이라고 믿는다. 그러나 우리는 성경이 다른 해석에 대해 문을 열어놓고 있음을 인정하며, 그러한 해석들을 충분히 존중하는 바이다.

특별한 상황들

세례를 베푸는 데 있어서 일어날 수 있는 특별한 상황들은 다음과 같다.

① 양자로 삼은 자녀에 대한 세례

신자의 가정에 들어옴으로써 아이는 언약의 반열에 들어왔으므로 유아 세례가 실시되는 교회에서는 세례를 받을 자격이 있다.

② 편모(편부)의 자녀

만일 그 아이가 적출이 아니라 서출이라면 그 어머니(교인인 경우)가 합당한 회개에 의해 교회와 화목을 이루자마자 그 아이에게 유아 세례를 베푼다. 교회의 멤버인 어머니가 회개하지 않는 경우에, 장로는 아이의 언약적 신분을 그녀의 화목과 아이의 세례를 위한 논거로 활용해야 한다.

③ 부모 중 한 사람이 교회의 멤버인 경우

이 경우에 그 아버지(혹은 어머니)는 아이에 대한 세례를 요청할 수 있다. 이것은 좋은 기회인데, 장로는 멤버가 아닌 자에게 배우자와 아이를 위해서 그리스도의 몸에 온전히 참여하는 의무를 감당하도록 강력히 권고할 수 있다.

결론

성례는 하나님의 말씀 설교에 "부수적인" 것이다. 이와 같이 성례를 이해하는 한, 성례에 대한 논쟁이 벌어지는 것은 있음직하지 않은 일이며, 더욱이 그 문제로 교회가 나뉘는 건 거의 있을 수 없는 일이다. 오히려 성례가 어떻게 하면 말씀의 우위성을 최고로 섬길 수 있을지에 대해 다양한 의견들이 있게 하라. 말씀의 우위성을 인정하면, 말씀을 보이게 만드는 상징들에 대한 의견 차이가 있는 사람들이 서로 가까워질 수 있을 것이다.

13장
청소년 교육

당신의 교회는 청소년(본장에서 말하는 '청소년'은 어린이를 포함하는 넓은 개념
으로 사용된 것임—편집주)을 위한 프로그램은 물론이고 청소년의 교육을
담당하는 목사까지도 있을지 모른다. 만일 그렇다면 장로들은 프로
그램의 내용을 충분히 알아야 하고, 청소년 담당 목사의 활동에 대
하여 온전히 책임을 져야 한다.

그렇지 않으면, 당신의 교회는 청소년을 위한 사역을 그저 몸 전
체에 대한 사역(목회)의 일부로만 간주하고 있을지도 모르겠다. 이
경우에 장로의 중요한 책임 가운데 하나는 청소년들이 교회의 일차
적 관심사가 되게 하는 것이다.

목적

교회는 청소년 사역에 있어서 두 가지 목표를 갖는다.

① 하나님의 말씀과 교회의 신앙고백에 대한 지식을 가르친다.

여기서 교회와 장로들은 우선순위를 지켜야 한다. 삶을 올바른 길로 인도하고 지도하는 것은 하나님의 말씀이다.

"주의 말씀은 내 발에 등이요 내 길에 빛이니이다"(시 119:105).

"청년이 무엇으로 그의 행실을 깨끗하게 하리이까 주의 말씀만 지킬 따름이니이다"(시 119:9).

여러 가지 청소년 활동들을 하더라도, 성경과 그 요약인 신조와 신앙고백에 대한 무지를 보상해줄 수는 없다. 청소년들은 아주 용이하게 성경에 통달하고, 그 많은 이야기를 익숙하게 알고, 여러 인물들에 대한 지식을 가질 수 있다. 반드시 성경을 가르치기 위해 모든 최전선에서 지속적인 노력을 해야 한다. 성경 암송과 신앙고백 암송을 강조하라. 그들의 유연한 마음에 풍요한 진리를 가득 채우라. 시험의 때에 그들은 능히 서게 될 것이다. 교회가 나누어 주어야 하는 유일하고 지속적인 능력은 하나님의 말씀의 능력이다.

② 그 말씀이 순종을 통해서 어떻게 이해될 수 있는지를 가르친다.

교회 내에서 배움이란 결코 그 자체로 끝이 아니다. 어린이는 진리를 행동지침으로서 암송하고 점차 그것을 알아간다. 예수님을 알게 된 어린이들도 장로들과 마찬가지로 예수님의 명령에 순종해야 하며 이러한 이유 때문에 주님의 영감된 말씀에 귀를 기울이는 것이다. "누구든지 하늘에 계신 내 아버지의 뜻대로 하는 자가 내 형제요 자매요 어머니이니라 하시더라"(마 12:50).

이러한 두 가지 목적에 근거해서 장로는 청소년들에 관한 교회의 목표를 평가하고 권장할 수 있다. 모든 야단법석이 그리스도인의 성품을 증진시켜 주는 것이 아니고, 주님이 명령하신 일을 하는 것만이 그러한 성품을 키워준다. 미성숙한 청소년을 전도자로 만들어 내는 일을 경계하라. 어떤 청소년들은 자신들이 잘 알지도 못하는 진리를 "전하기" 위하여 보냄을 받는다. 이것은 바람직한 일이 아니다. 정상적으로 성장할 수 있게 하고 꾸준히 발전하여 신중하고 지혜가 넘치는 그리스도인 청소년들이 되게 하려는 목표를 달성하라.

방편

당신의 교회는 청소년들을 교육하기 위해 이미 여러 가지 다양한 프로그램을 사용하고 있을지도 모른다. 그러한 프로그램으로는 다음과 같은 것들이 있을 것이다.

① 설교. 설교는 반드시 청소년을 염두에 두어야 한다.

② 청소년 예배(일정한 나이에 이르게 된 어린이들이 예배 도중 어떤 순서에 도달하면 자리를 벗어나 청소년 예배에 참석하는 것)를 지지하는 사람도 있고 비판하는 사람도 있다. 장로는 교회 성도들의 입장에 서서 그런 청소년 예배 프로그램이 얼마나 지혜로운 것인지를 판단해야 한다. 우리는 어린아이들의 행동과 타고난 부산스러움을 고려하여 최대한 이른 나이에 정규 예배에 참석시켜 앉아 있게 하는 편을 선호한다.

③ 주일학교 혹은 교회학교는 아이들이 많은 성경 이야기를 경험하게 하는 이상적인 장소이다. 그림, 슬라이드, 동영상 등을 통해

서 아이들은 생생한 성경 역사에 대한 지식과 성경 인물들에 대한 지식을 갖게 된다. 이러한 이야기들이 그 자체로 인상을 남기게 하라. 브루클린의 설교자 헨리 워드 비처(Henry Ward Beecher)는 어느 누구도 어린이에게 이야기를 들어 달라고 부탁할 필요가 없다고 말했다. 주일학교는 성경 이야기를 많이 해줄 수 있는 좋은 기회이다.

④ 요리문답반은 어린이들에게 교회의 신앙고백의 지적인 골간을 알게 해준다. 이 교육을 통해 어린이들은 신조에 의해 답해지는 기본적인 질문에 의하여 삶을 바라보는 중요한 습관을 얻게 된다. 한번 얻은 이러한 습관은 계속된다. 기독교 교리의 기초 교육을 받은 어린이들은 생소한 사상에 대처하고 그것들을 마스터할 능력을 갖게 된다. 초등부 연령부터 고등부 졸업 때까지 모든 어린이 및 청소년은 정규적인 기독교 교리 교육을 받아야 하며 이러한 가르침의 중요성은 아무리 강조해도 지나치지 않다.

⑤ 암송하는 것에 관심을 두지 않는 현대의 풍조에 의해 현혹되지 않도록 하라. 외우는 대신 "토론"하려고 하지 말라. 지식 없는 토론은 헛수고를 하는 것이다. 세상에는 부정확하고 무익한 말들이 많이 있다. 당신의 교회의 청소년들이 혼동에 빠지지 않도록 하라. 기억력이 가장 뛰어난 시기에 성경 말씀이나 교리를 암기하지 않음으로 인하여 젊은이가 놓쳐 버린 것은 다시 주어질 수 없다는 점을 기억하라. 그런 손실은 당신의 책임으로 계산될 것이다.

⑥ 청소년들의 활동은 여기저기에서 다양하게 이루어질 것이다. 최소한 몇몇 활동은 노인들이나 도움이 필요한 사람들 혹은 신체장

애자들에게 봉사하는 데 초점을 맞추라. 청소년들이 받는 것의 감격뿐만 아니라 주는 것의 감격도 일찍부터 알게 하라. 청소년들이 선한 일을 통해 지역 사회에 봉사하도록 하라. 그들의 노력이 교회 내에 알려지고 정식으로 인정받으며, 가능하다면 지역 사회에도 알려지게 하라. 이렇게 함으로써 교회는 자신의 증언을 눈에 보이게 만든다.

⑦ 청소년기를 거쳐 세상에 나갈 때 직면하게 되는 문제들이 있다. 흡연, 음주, 마약, 섹스, 폭력 등에 관계되는 일과 오락, 교육, 정치, 직업에 관한 것을 이야기해주는 특별한 강좌를 마련하도록 하라. 강좌에서 권장되는 견해에 관심을 집중하고, 강사가 강의 내용을 건전한 기독교 교리와 관련짓는 데 소홀하다면 당신이 직접 보충해서 이야기해주는 시간을 갖도록 하라.

장로의 역할

① 장로는 기독교 교리를 가르치는 수업에 참여해야 한다. 가르침으로써 배우게 된다. 더욱이 장로는 이를 통해서 회중 안에 있는 청소년들의 마음에 대한 통찰력을 얻는다.

② 교육 자료들을 제공하고, 교육 장소를 개방하고, 재정적인 지원을 하라.

③ 청소년들에게 다가가고 그들을 모으기 위해 다른 교회가 취하고 있는 방법에는 어떤 것이 있는지 관심을 기울이라. 당신의 상상

력을 발휘하라. 새로운 교육 자료들로는 어떤 것들이 있는지 파악
하라.

오늘날의 성장 환경

우리는 오늘날의 젊은이들이 제멋대로 하고자 하는 유혹을 받고 있
다는 점을 여러 종류의 책들을 통해서 이미 알고 있다. 젊은이들이
점점 어떻게 변해가고 있는지 알아보라. 너무 비판적이 되거나 좋
았던 옛 시절을 기대하기보다는 그들을 어떻게 돕고, 무엇을 기대
할 수 있을지를 알도록 하라.

① 술을 포함하여 당신 지역 사회의 10대들이 사용하는 마약 종
류에는 어떤 것이 있는지 알아보라. 당신은 청소년기의 실험적 시
도가 맥주나 포도주로 시작해서 독한 술로 나아간다는 것을 알게
될 것이다. 10대 청소년들은 담배를 피우기 시작하고, 대마초를 피
우려는 유혹에 빠지게 된다. 그것으로 시작해서 아편, 신경 안정제,
암페타민(중추 신경을 자극하는 각성제—편집주) 같은 마약을 하게 된다. 마
약 종류를 가까이 하면 점차 L.S.D.와 가장 위험한 마약인 헤로인
을 시도하게 될 것이다. 이렇게 되면 법적인 문제가 뒤따르게 되고
신체적 징후가 나타난다.

② 당신은 다음과 같은 노력을 할 수 있다.

• 젊은이들로 하여금 모든 마약의 현장에서 벗어나도록 하라.
  그렇지 않으면 마약에 사로잡힌다.

- 가능한 빨리 그것에서부터 돌아서게 하라. 그렇지 않으면 벗어나지 못한다.
- 전문적인 도움을 받도록 이끌어주라.

③ 겉으로 보기에 거의 희망이 없는 것처럼 보여도 포기하지 말라. 그들이 더 깊이 방황할수록 교회가 한결같이 사랑의 팔을 더 벌릴 필요성이 있다. 부모와 뜻을 함께 하며 협력하라. 오래 참으면서 그들과 함께 고통을 나누고, 판단하는 자세를 버리라. 마약 중독으로 인해서 일어나는 사고를 줄이기 위하여 그리고 마약 중독의 유혹에 빠지려고 하는 사람들에게 마약 중독의 지독한 공허함을 보여주기 위하여 교회나 사회에서 얻을 수 있는 모든 가능한 힘을 동원하라.

④ 성 문제도 젊은이들의 길에 잠복해 있는 가장 보편적인 유혹 가운데 하나이다. 자녀들이 성 문제에 빠졌을 때 솔직하게 그 문제를 다루도록 부모들을 격려해주라. 설교 중에 부모와 자녀 사이의 개방되고 신뢰성 있는 관계를 권장하고 그렇게 함으로써 젊은이들이 가정에서 충고를 받고 도움을 얻게 하라. 젊은이들이 어느 곳에서나 들을 수 있는 대중가요 가운데 나타난 "사랑"이라는 것에 주의 깊은 태도를 가져야 한다. 그런 음악 중에 언급된 사랑이란 단어는 다분히 부도덕한 사상을 암시적으로 담고 있으며 육체적인 관계를 당연한 것으로 여긴다. 말씀과 성령으로 이러한 만연한 사고방식에 대항하여 사역하라.

⑤ 다음과 같은 대책으로 성 문화에 대항하라.

- 설교나 청년들을 위한 프로그램을 통해 결혼의 신성함과 음행의 죄를 강조하라.
- 비록 신체적 위험이 크지 않다 하더라도 하나님의 계명을 어기는 "안전한" 길은 없다는 것을 강조하라.
- 동년배 집단의 압력, 성적 충동의 힘, 그리고 도덕적 표준의 부재를 깊이 인식하라. 젊은 그리스도인 청소년들에게 언젠가는 후회하게 될 행동을 피하도록 촉구하라.
- 현대의 "나" 중심의 분위기 대신 자기희생 프로그램을 만들고, 육체적인 욕구의 노예가 되는 것 대신 다른 사람을 위해 선한 일을 하는 데서 만족을 얻는 프로그램을 만들라.
- 세속적인 견해를 받아들인 자들을 사랑으로 다룰 마음의 준비를 하라. 그들에게 회개를 통한 해방과 삶을 새롭게 함에 대하여 알려주고 주님께 다시 헌신하려 할 때 따라오는 어려움에 대해 말해주라. 포기하기를 거부하는 당신의 모습을 성령께서 사용하심으로써 잃어버린 자를 다시 찾는 기쁨이 하늘에 있게 하라(눅 15:7).

실천적인 제안

① 당신의 교구에서 태어난 아이들의 명단을 가지고 있어야 한다. 처음부터 그들의 이름을 부르면서 기도하라. 그들은 곧 초등학생이 되고 오래지 않아 사춘기가 되며 이어서 청년 남녀가 된다. 당

신이 활동적인 장로이든 아니든, 그들과 함께 당신의 생각과 관심을 나누고 모든 일을 놓고 기도하라.

② 당신 교구에 있는 아이들이나 젊은이들의 이름을 알아두고 예배 때마다 그들의 이름을 불러 환영해주라.

③ 당신 교구에 있는 젊은이들의 삶에 중요하고 특별한 일, 즉 졸업식이나 상을 받은 경우, 사고를 당한 경우와 같은 것들을 알도록 노력하라. 그때에 전화를 하거나 카드나 편지를 보내거나 방문하도록 하라. 당신을 통해서 교회가 그들에게 관심을 갖고 있다는 사실을 알게 하라.

④ 종종 청소년들의 프로그램에 참석하라. 그들이 노인과 궁핍한 사람들에게 하는 봉사 활동에 함께 하라. 또한 세차하는 일 등을 거들도록 하라.

⑤ 그들의 스포츠 시합에 참석하고, 최소한 그들이 오락을 위해 어디에서 시간을 보내는지 알아두라. 너무 잘 어울려야 한다는 부담은 갖지 말라. 그렇다고 너무 점잖은 체하지도 말라. 멀리서라도 이 시대의 청년으로 성장하는 그들의 경험을 함께 나누도록 노력하라.

⑥ 특별한 어려움이 있는 경우, 특히 죽음이나 이혼이나 부부 간의 문제 때문에 가정이 깨어진 경우에 처해 있는 청소년들과는 친근하게 지내도록 노력하라. 잠시 앉아서 음료수나 커피를 마시면서 그들의 말에 기꺼이 귀를 기울이라. 일단 당신이 그들의 신뢰를 얻게 되면 그들을 인도하는 데 도움이 되고 지침이 될 만한 많은 내용을 듣게 될 것이다.

⑦ 젊은이들을 위한 심방을 계획하라. 만약 그들이 집에 없다면 그들을 따로 만나도록 하라. 방문했으나 만나지 못했다는 것을 그들에게 알리고, 그들을 당신의 소중한 자녀들처럼 생각하라. 심방에 대하여는 제6장에서 제안한 내용을 참조하라.

⑧ 만약 당신의 교회에 청소년 담당 교역자가 있고 교육위원회가 있다면 그들과 협력하라. 그러나 전문가가 더 잘할 수 있다는 생각으로 당신의 일을 회피하는 일이 없도록 하라. 사랑만이 일을 잘해낼 수 있다. 결론적으로 당신은 문제를 가지고 있고 여기저기서 찢기우고 심히 유혹을 받고 있는 세대에게 당신이 줄 수 있는 모든 사랑을 집중시켜야 한다.

특별한 문제들

당신은 한때 교회에 나왔지만 지금은 결혼하지 않고 동거하면서 필시 교회에서 떨어져 나간 젊은이를 만날 수 있을지도 모른다. 관심을 보이려는 당신의 노력은 간섭으로 간주되어 거절당하게 될지도 모른다. 그러나 그러한 태도는 당신이 죄를 거론하며 판단할까봐 그것에 대한 자기 방어를 하는 것에 불과하다. 실제로 당신은 그 두 사람에게 결혼을 하거나 헤어지라고 말할 계획을 세운다. 그러나 하나님의 도우심을 받아, 하나님의 교회를 위해 그들을 어떻게 회복시켜 나갈 수 있을지를 주의 깊게 생각하라.

우리는 다음과 같이 제시한다.

① 먼저 당신 자신을 살펴보라. 우선 지금 돌아가는 상황을 받아들일 준비를 하라. 그렇다고 그들이 행하는 것을 지지하라는 것이 아니다. 단지 그들이 당신의 말을 기꺼이 들을 수 있도록 신뢰를 얻으라는 말이다. 사랑 가운데 마음을 열고 그들에게 다가가라. 당신의 목표는 그들이 궁극적으로 유익을 얻는 것이다.

② 그들의 신뢰를 얻기 위해서 당신은 이 어리석은 상황 안에서 발생하는 문제를 해결하는 일에 일시적으로 뛰어들어야 할지도 모른다. 바로 지금 그들을 괴롭히는 것은 제7계명이 아니다. 최소한 그들의 마음의 최전선에 있는 것은 그것이 아니다. 당신은 그들이 인정하든 인정하지 않든, 그들의 양심을 계속해서 괴롭히면서 마음 깊숙이 숨어 있는 반역심에 도달하기 위해, 우선은 도움을 주는 입장에서 시작해야 될지도 모른다. 당신의 목표 의식을 잃어버리지 말고 그러한 방법을 통해 효과를 얻도록 하라. 이런 젊은이들로부터 "기만을 당할" 각오도 하라. 그들은 당신이 그들의 태도와 행위를 개조시키려고 하면 당신을 쫓아내 버릴지도 모른다.

③ 항상 다음과 같은 건전한 진리를 명심하라. 하나님의 계명은 오로지 인간의 선을 의도하고 있다. 어떤 계명을 계속적으로 범하면, 당장 파멸되지는 않더라도 마음의 번민을 갖게 된다. 당신은 이러한 사실을 알고, 서서히 그러나 확실하게 그들의 양심 가운데 이 진리를 넣어주도록 하라. 그들의 혼전 동거에는 미래가 결여되어 있다는 점을 세밀하게 지적해주기 위해, 그들이 당면하고 있는 문제들, 즉 발생하는 오해, 심화되고 있는 긴장 같은 것을 이용할 수도

있다. 거기에는 안정성도 없고, 미래에 대한 약속도 없으며, 혹시 생길지 모르는 아이는 말할 것도 없고 병이나 우울에 대해서도 대처할 수 있는 수단이 없음을 지적하라.

④ 만일 당신이 그러한 젊은이를 대처할 수 있고 당신이 해야 할 역할을 계속하고 궁극적인 목표 의식을 잃지 않는다면, 이러한 길 잃은 양들을 양의 우리로 인도하는 데 있어서 당신은 성령님의 유용한 도구로 쓰임 받을 것이다. 그렇게 되도록 기도하라. 이를 위해 장로들이 함께 모여 기도하라. 당신의 방법을 활용할 수 있는 다른 성도들을 이 일에 참여시켜라. 그리고 다음과 같이 말씀하신 주님을 의지하라.

"너희 생각에는 어떠하냐 만일 어떤 사람이 양 백 마리가 있는데 그 중의 하나가 길을 잃었으면 그 아흔아홉 마리를 산에 두고 가서 길 잃은 양을 찾지 않겠느냐 진실로 너희에게 이르노니 만일 찾으면 길을 잃지 아니한 아흔아홉 마리보다 이것을 더 기뻐하리라 이와 같이 이 작은 자 중의 하나라도 잃는 것은 하늘에 계신 너희 아버지의 뜻이 아니니라"(마 18:12-14).

14장
보살핌과 위로

노인, 병약자, 은퇴한 사람

해가 바뀌어감에 따라 교회의 기둥 역할을 했던 사람들이 서서히 교회에 의지하는 사람들로 바뀌어간다. 장로로서 당신은 당신의 교구에 있는 노인들에 대하여 특별한 책임을 갖고 있다.

왜 노인들을 방문해야 하는가

① 당신의 방문을 통해서 교회의 영적인 연합 상태가 가시적으로 표현되기 때문이다. 당신의 방문을 통해 교회의 사랑이 구체화될 수 있다.

② 당신은 어쩌면 나이든 분들이 교회의 교제에서 잊혀진 일원이라는 사실을 발견할지도 모른다. 그러나 그들의 영적인 필요는 가장 절박한 상태에 속할지도 모른다. 그들은 요양소에 있거나 그밖

의 장소에서도 눈에 잘 띄지 않기 때문에 쉽게 잊혀진다. 그래서 보통 모든 사람이 그들에게 무관심하다.

③ 장로인 당신은 교회의 자원을 통해서 노인들에게 필요한 것들을 채워줄 수 있다. 예를 들면, 노인들은 생활비가 부족하고, 교통수단이 없으며, 대화 상대나 읽을거리가 없으며, 친척의 방문도 없다.

④ 우리 회중 가운데 노인이 차지하는 비율은 점점 늘어가고 있다. 그들을 심방하려고 하는 당신의 노력은 그들의 필요에 비하면 부족할지도 모른다. 그러므로 당신은 교회의 다른 멤버들이 노인들의 필요에 관심을 가지도록 격려해주어야 한다. 어쩌면 당신의 교회에서는 집사들을 통해서 정기적인 심방을 할 수 있을 것이다.

심방하기 전

계획을 잘 세우기만 해도 일의 절반을 이룬 것과 마찬가지이다. 다음과 같은 사실을 고려하라.

① 보통 혼자 간다고 생각하라. 그렇게 하는 것이 당신의 방문을 "공식적인" 방문이 아닌 개인적인 것으로 만들어준다. 물론 당신은 노인들의 필요에 매우 효과적으로 도움을 줄 수 있는 당신의 아내를 동반할 수도 있다.

② 더 나아가서 당신의 생활방식과 노인들의 생활방식 사이에는 차이점이 있다는 것을 유의하라. 당신은 자유롭게 출입할 수 있다. 당신은 생활에 의미를 부여하는 직업을 가지고 있고 당신의 미래를 계획할 수 있다. 그러나 노인들은 거의 매시간 사면의 벽에 둘러싸

인 생활을 할 수도 있고, 요양소를 불편하게 여길 수도 있으며, 그들의 미래에 대한 기대는 죽음에 관한 것일 것이다. 당신은 그들의 마음과 감정 속에 들어가서 그들의 한정된 관점으로부터 상황을 보도록 노력해야 한다. 더 나아가서 그들이 지니고 있는 절망, 좌절, 냉담함, 근심 같은 것들을 이해하려고 노력해야 한다. 노인들의 마음이 어떤 경향을 지니고 있는가에 대하여 장로들의 모임 중에서 이야기하는 것도 적절할 것이다.

③ 당신이 어떤 노인을 처음으로 심방하는 경우, 가능하다면 그에 대하여 몇 가지 사실을 미리 알아두는 것이 좋다. 즉 그의 이전 직업은 무엇이었고, 가족들은 어떠하며, 자식들은 가까이 있는지, 재정적인 상태나 육체의 건강 상태는 어떠한지 등에 대하여 알아보도록 하라.

④ 통상 노인들이 가지는 문제라든가 그분들이 어디에 관심을 갖는가에 대하여 다른 사람들의 경험을 통해 알아두라. 그리고 그러한 것들에 대하여 당신이 어떻게 대처할 것인가를 생각해보라.

㉠ 노인들은 쉴 새 없이 외로움을 느낀다. 배우자는 이 세상을 떠났고, 친구들은 죽었거나 너무 늙어서 방문할 수 없다. 간혹 자녀들이 찾아오지만 주일 예배는 더 이상 참석할 수 없는 형편이다(예배 동영상 같은 것을 정기적으로 보내 드리도록 하라). 목사가 종종 찾아오기는 하나 그들에게 기쁨을 줄 정도로 자주 찾아오는 것도 아니다. 당신은 다른 사람들이 바쁘다는 사실을 그들에게 이해시킬 수 있고 또한 자녀들이 방문했을 때 그들에게 신경질적으로 대하는 것을 피하게

할 수도 있다. 주님께서 말씀 가운데 임재 하신다는 사실과 항상 기도를 들으신다는 사실을 그들에게 알려주라.

ⓛ 노인들은 의심과 공포를 지니고 있다. 그들이 항상 평안을 유지하고 있는 것이 아니다. 나이든 분들은 종종 의심과 두려움을 갖는다. 지나간 시절에 대한 생각이나 잃어버린 기회 혹은 불순종했던 기억 때문에 그러한 느낌을 갖게 된 것인지도 모른다. 이러한 상황에서는 노인의 말을 경청하는 것이 실제적인 봉사가 된다. 그러므로 그들로 그러한 상태를 이야기할 수 있도록 하라. 인내하라. 유창하게 재잘거리는 대답을 하는 것을 피하도록 하라. 그들의 의심에 대하여 하나님 말씀의 약속으로 대처하라. 젊은 시절의 무분별함으로 생긴 문제가 쉽게 일소될 수 있을 것이라고 기대하지 말라. 방문할 때마다 똑같은 이야기를 듣는 것을 당연한 일로 여기라. 이야기를 들을 때마다 말씀에 근거하여 반응을 보이라. 자기 자신에서부터 하나님으로, 불행했던 과거에서부터 영광스러운 미래로 생각을 이끌어 가려고 노력하라. 의심을 갖고 있는 그들에게 하늘나라는 믿음으로 들어가는 것이지 행위로 들어가는 것이 아니라는 것을 확신시키고 그리스도께서 모든 죄의 무거운 짐과 저주에서 우리들을 해방시키려고 죽으셨다는 것을 확신시키라.

ⓒ 노인들의 신체적인 장애를 맞닥뜨리게 될 것을 예상하라. 그들은 생각이 온전치 못하고, 기억력이 둔하며, 잘 들을 수 없고, 심지어 당혹스러울 정도의 신체적 결함들을 지니고 있다. 이 모든 것들을 너그럽게 용납하라.

ⓔ 대부분의 노인들이 어려움을 겪고 있을 것 같은 교리적인 문제에 대해 생각해보라. 모든 대답을 말씀과 신앙고백서에 근거하여 끌어내라.

다음과 같은 문제들이 있다.

- 하늘나라에서는 우리들이 서로 알 수 있는가? (분명히 우리는 알 수 있다.)

- 왜 신자들이 여전히 육체적인 죽음을 경험해야 하는가? (육체적인 죽음은 아담의 죄의 마지막 잔재이며 하나님께서는 육체적인 죽음을 사용하셔서 그분의 임재 안으로 데려가신다.)

- 그리스도인들은 그들의 행위에 대해 심판을 받는가? (심판을 받는다. 그러나 주님의 용서하시는 사랑에 의거하여 심판을 받을 것이며, 성도가 하나님의 뜻을 행하기 위해서 어떠한 뜻을 품었느냐에 따라 심판을 받을 것이다.)

- 말을 안 듣는 자녀나 손자들에 대한 기도를 포함하여 응답되지 않는 기도의 이유는 무엇인가? (하나님께서는 그분 나름대로의 신비로운 방법을 가지고 계신다. 그러나 하나님께서는 우리들에게 끊임없이 기도할 의무를 주셨고 가장 좋은 것으로 이루어주실 것이다.)

- 주님께서는 왜 나를 이토록 질병과 외로운 상태 가운데 있게 하시는가? (주님께서는 그분 나름대로 작정하신 때가 있다. 그때까지는 우리들 모두가 주어진 상황 속에서 기도와 찬양과 믿음으로 그분을 섬기도록 하셨다.)

- 다른 사람들은 우연한 사고 같은 것을 당해서 죽었는데 왜 나는 살아 있는가? (어느 누구도 주님의 "모사"가 될 수 없고, 하나님의 감추어진 비밀을 알 수 없으며, 그분만이 모든 일을 아신다. 그날이 되면 우리도 모든 것을

이해하게 될 것이다.)

- 하나님께서는 어떠한 죄라도 용서해주시는가? (하나님께서는 고백하고 회개하는 모든 죄를 용서하신다. 또한 그분에게로 돌아오기를 간절히 기다리신다.)

- 내가 용서받을 수 없는 죄인 성령 모독죄를 지었을까? (당신이 그 점에 대하여 걱정하는 한 그렇지 않다.)

- 나와 같은 잘못을 범하지 말라고 나의 자녀들 또는 다른 사람들에게 어떻게 경고할 수 있을까? (편지를 쓰거나 전화를 하라. 그러나 무엇보다도 자유로운 시간을 활용하여 기도하라.)

위에 제시한 대답들은 간단한 요점에 불과하며, 당신은 이 요점을 활용하여 그러한 문제들에 대하여 더 나은 대답을 할 수 있다. 이런 문제나 혹은 이와 유사한 문제들에 대하여 장로들의 모임 중에 함께 토론해보는 것도 도움이 될 것이며, 중요한 일이다.

심방을 가기 전에 읽고 적용할 성경 구절을 미리 선택해두라.

심방하는 동안

① 시간을 지키라. 한가함에도 불구하고 노인들은 다른 사람들이 시간을 잘 지켜주기를 바란다.

② 당신의 방문 목적이 영적인 것이기는 하지만, 사회적인 생활면도 소홀히 하지 말라. 그들의 똑같은 이야기나 농담이 여러 차례 반복된다 할지라도 기꺼이 들어줄 수 있어야 한다. 과거에 했던 이야기를 아무리 여러 차례 반복한다 할지라도 흥미 있게 들어야 한다.

③ 당신이 말한 것이 잊혀진 후에라도 주의 말씀은 평안을 주며 그들의 마음속에 오랫동안 남아 있게 된다는 것을 기억하라. 기회가 주어질 때마다 당신의 입술에 제일 먼저 주의 말씀을 두라. 할 수 있는 대로 자주 그리고 자연스럽게 말씀을 적용시키라.

④ 당신이 선택한 성경 구절을 적절히 적용시키며, 당신 자신이 읽을 성경책을 가지고 가라. 시편 23편의 푸른 초장은 인생의 끝 무렵에 비견될 수 있다. 이 시기는 선한 목자께서 항상 가까이 계시므로 안전한 시기이다. 시편 139편은 주께서 결코 떠나지 아니하심을 보여주는 말씀이다. 요한복음 14장은 우리 앞에 예비된 처소에 대하여 기록하고 있다. 요한복음 15장에서는 그리스도와 하나님의 자녀들의 연합된 관계에 대하여 강조하고 있다.

⑤ 나이든 분들은 대부분 말을 해주는 사람보다 들어주는 사람을 필요로 한다. 말을 들어주는 일은 바로 그들을 치료하는 것이 된다. 그들은 보통 함께 이야기할 사람보다도 자신들의 이야기를 들어줄 사람을 원한다. 당신은 그러한 사람이 되어야 한다.

⑥ 당신에게 말한 문제들에 대하여 진지한 태도를 취하라. 그런 문제점이 여러 사람들에게 했던 불평이라 할지라도 인내하면서 진지하게 듣도록 하라. 쾌적하지 못한 환경, 영양 섭취나 약 문제, 혹은 무관심한 자녀들에 관한 문제 등 그들이 말한 문제점들을 당신이 할 수 있는 한도까지 도와주려고 노력하라. 해결해주겠다고 선불리 약속하지는 말라. 그들이 말하는 문제가 피치 못할 경우도 있을 것이다. 그러나 할 수 있는 것은 하라.

⑦ 당신의 심방을 끝맺는 기도를 통해서, 그들이 당신에게 했던 말을 당신이 들었고 제시된 문제점들에 대하여 관심이 있음을 보여 주라.

⑧ 오래 머물러 달라고 간청하더라도 너무 오래 있지 말라. 당신에게 더 있어 달라고 간청한 노인들이 당신이 가고 나면 당신이 자신들을 너무 피곤하게 했다고 불평할지도 모른다.

⑨ 다시 심방할 것을 약속하라. 가능하면 빨리 다시 방문하고 그렇지 않으면 다른 사람들로 하여금 심방을 하도록 할 수도 있을 것이다. 노인에게는 무엇인가 기대할 것을 갖는 것이 대단한 의미를 지닌다.

심방한 후

① 당신의 심방 결과에 대해 하나님께서 축복해주실 것을 기도하라.

② 당신의 매일매일의 기도 중에 당신의 교구나 교회의 노인들을 기억하라.

③ 당신이 노인들 가운데 한 분에게 했던 주님의 말씀으로부터 당신 자신이 무엇을 배웠는지를 곰곰이 생각해보라. 그 말씀은 당신에게도 적용이 된다. 우리들도 모두 나중에 노인이 된다는 사실을 항상 기억하면 지금 나이든 분들을 심방하는 일을 감당해 나갈 수 있을 것이다.

④ 당신이 했던 약속들 그리고 고쳐져야 된다고 생각했던 문제

점들을 처리하도록 하라. 부모의 말을 듣지 않고 생각 없이 행동하는 자녀들을 만나보라. 그들이 방문했을 때 되받아치는 비난을 하지 말라고 조언하라. 집사들을 통하여 재정적인 문제에 대한 관심을 갖도록 하라.

⑤ 모든 방문객들을 향해 하는 불평을 당신도 듣게 될 수 있으니 미리 마음의 준비를 하라. 그런 일이 있더라도 심적으로 너무 동요되지 말라. 나이가 많으면 우리 모두에게 그런 경향이 생기기 때문이다.

⑥ 되돌아보는 시간을 가짐으로써 당신이 그들을 심방한 일에 있어서 효과적인 것은 무엇이었고, 효과가 없었던 것은 무엇이었는가를 찾아보라. 그런 후 효과적이었던 것을 더 강화하고 비효과적이었던 것을 버리라.

⑦ 노인들의 특성에 관하여 조사해둔 자료들을 자주 보라. 그에 대한 조사 자료는 많이 있다.

⑧ 경건 시간에 성경을 읽을 때마다 가까이에 메모철을 두고 다음 심방을 위해 특별히 중요하다고 생각되는 성경 구절을 기록해두라. 당신 자신의 발전에도 효과가 있을 것이고, 다음 심방 때 다른 노인들에게 전할 수 있는 귀한 말씀을 갖게 된다.

노인을 위한 계획

대부분의 노인들이 집안에만 갇혀 있는 것은 아니다. 그들도 교회를 위해 사용할 재능들을 지니고 있다. 장로는 그러한 재능을 이용하기 위하여 위원회를 구성해야만 한다. 나이가 들어 은퇴한 분들 중에서 몇몇은 그들의 연령대를 대표하는 위원회에 참여하여 봉사해야 한다. 그 위원회는 다음과 같은 계획을 세우고 실행해나갈 수 있을 것이다.

① 노인들을 위주로 한 중보 기도 모임을 만들어서 교인들의 기도 제목을 위해 정기적으로 기도할 수 있다. 그들에게 병자, 수술한 사람, 사고나 어려운 일 또는 여러 특별한 문제에 관하여 알게 하라.

② 카드나 편지를 보내는 일을 하게 할 수 있다. 편지지나 엽서가 마련된다면 노인들은 선교사들에게 편지를 보낼 수 있고, 더 이상 활동하지 않는 사람 혹은 특별히 위로할 필요가 있거나 축하받을 일이 있는 사람에게도 보낼 수 있다.

③ 기술에 관계되는 일을 할 수 있다. 재료가 공급된다면 그분들은 뜨개질, 바느질, 수선, 페인트칠, 목수의 일, 수리하는 일 등을 할 수 있다. 교인들을 위해 이런 일을 할 수 있을 뿐만 아니라 교회의 이름으로 지역 사회의 다른 사람들을 위해서도 할 수 있다.

④ 사회에 영향을 미치는 어떤 일을 할 수 있다. 공무원이나 지역 신문 혹은 라디오나 텔레비전 방송국 같이 정의의 소리를 들을 수 있는 어떤 곳에든지 편지를 보냄으로써 그들이 살고 있는 지역 사회에 영향력을 끼치게 할 수 있다.

⑤ 이외에 교회 내에서 그리고 교회를 위하여 다른 활동적인 재능들을 발휘하게 할 수 있다.

• 교회 도서관에서 일하는 것

- 건물을 깔끔하고 깨끗하게 하는 일을 돕는 것
- 정원이나 꽃밭을 가꾸는 것
- 페인트를 칠하거나 장식하는 것
- 여러 종류의 기록을 하는 것
- 가난한 사람들에게 물건이나 의복을 나누어 주는 것과 같은 일을 돕는 것
- 젊은이를 가르치고 여러 가지 활동으로 그들과 함께 일하는 것

이런 필요성을 접하게 될 때, 다른 사람들이 간과해 왔던 그분들의 숙련된 솜씨를 발휘하게 하라. 하려고만 한다면 그 일을 할 수 있을 것이다.

환자

"내가…병들었을 때에 돌보았고…"(마 25:36).

"너희 중에 병든 자가 있느냐 그는 교회의 장로들을 청할 것이요 그들은 주의 이름으로 기름을 바르며 그를 위하여 기도할지니라"(약 5:14).

누구나 다 병에 걸린다.

건강할 때 병을 더 주의해야 한다. 목사는 건강한 사람들을 잘 가르침으로써 장로가 병자를 돌아보는 일을 용이하게 해주어야 한다.

하나님께서는 왜 어떤 사람들에게 병을 주셨는지에 대하여 자세하게 설명하지 않으신다. 사람이 하나님의 뜻에 대해 완전하게 설명할 수는 없을 것이다. 그러나 누군가가 병에 걸렸다고 해서 하나

님이 그 사람을 버리신 것은 아니다. 그보다는 오히려 하나님이 그분의 자녀들을 다루시는 또 하나의 방법으로 병을 사용하신다. 교인들은 이 사실을 분명히 알아야 하며, 이에 대하여 끊임없이 상기해야 한다. 설교단에서 그러한 가르침을 하도록 독려하는 노력을 한 장로는 환자들을 상대로 사역할 때 그들의 노력이 충분히 보상받은 것을 발견할 것이다. 환자와 장로는 둘 다 하나님의 인자하심에 대한 믿음과 지식을 공유하면서 만남을 시작할 것이다.

성경은 병에 의한 징계, 다시 말하여 하나님의 사랑의 증거로서의 징계에 관하여 여러 차례 언급하고 있다.

"볼지어다 하나님께 징계 받는 자에게는 복이 있나니 그런즉 너는 전능자의 징계를 업신여기지 말지니라 하나님은 아프게 하시다가 싸매시며 상하게 하시다가 그의 손으로 고치시나니"(욥 5:17-18).

"내 아들아 여호와의 징계를 경히 여기지 말라 그 꾸지람을 싫어하지 말라 대저 여호와께서 그 사랑하시는 자를 징계하시기를 마치 아비가 그 기뻐하는 아들을 징계함 같이 하시느니라"(잠 3:11-12, 이 구절은 히브리서 12장 5-6절에도 인용되어 있다).

또한 히브리서에서는 이렇게 덧붙인다.

"너희가 참음은 징계를 받기 위함이라 하나님이 아들과 같이 너희를 대우하시나니 어찌 아버지가 징계하지 않는 아들이 있으리요"(히 12:7).

질병이란 아담이 타락한 결과로 얻게 된 어둠의 열매 가운데 하나임을 의심할 바 없고 그 자체는 사탄이 끼치는 해악인지도 모른다. 그러나 하나님은 그분의 "통치하는 섭리" 속에서 믿는 자를 향한 그분 자신의 목적을 위해 병을 사용하신다. 건강하든 아니면 병이 있든, 회중에게 이 사실을 자주 상기시켜야 한다.

육체적인 병이란 영적인 병을 예시하는 것이다. 영적인 병은 꼭 환자에게만 있는 것이 아니라 우리들 모두에게 있다. 우리는 종종 인생의 물질적인 면에 주의를 집중하고 영혼에 대하여는 태만하기 쉽다. 우리는 위로와 안전과 부요함을 하나님 안에서 얻기보다는 세상 안에서 얻고자 한다. 우리 자신의 병이든지 다른 사람의 병이든지, 병은 건강이 항상 안심할 것이 못 된다는 사실과 물질은 영원한 거주처를 마련해줄 수 없다는 사실을 상기시킴으로써 우리들에게 경보를 발할 수 있다. 질병은 "너희가 하나님과 재물을 겸하여 섬기지 못하느니라"는 말씀을 상기시켜준다(마 6:24).

육체적인 질병에 갖는 관심은 영적인 병에 대하여 보통 거의 관심을 두지 않는 일과는 두드러지게 대조된다. 육체의 상태와 그것의 징후에 대하여 관심을 갖다 보면, 영적인 상태에 충분한 주의를 기울이지 못하게 된다.

질병으로부터 배우게 되는 이런 종류의 교훈을 가르치는 목사는 장로들이 병자에게 사역하는 길을 미리 닦아 두는 역할을 한다.

환자 심방에 관하여 다음과 같은 점을 제시한다.

왜 환자를 심방해야 하는가

① 주님께서는 환자들 안에서 자신이 발견되기를 바라시기 때문이다(마 25:36). 환자를 돌보는 것은 바로 주님을 돌보는 것이다. 주님

께서는 병상에서 우리를 기다리신다.

② 또한 병 때문에 교회에 출석할 수 없는 사람들에게 교회의 사랑 어린 관심을 펼 수 있기 때문이다. 그럼으로써 성도의 교제의 팔이 육체적으로 격리되어 있는 환자들을 끌어안아주게 되며, 이를 통해 가시적인 사랑과 관심으로 함께 연합하게 된다.

③ 환자로 하여금 앞에서 제시한 성경적 견지에서 질병의 시험을 이해할 수 있게 해주고, 이로써 역경의 결과로 익은 열매 속에서 성령과 동행할 수 있도록 도와주기 위해서이다.

"먹는 자에게서 먹는 것이 나오고 강한 자에게서 단 것이 나왔느니라"(삿 14:14).

④ 환자로 하여금 사랑하고 이해하는 맥락 가운데, 두려움, 분개심, 의문나는 점 등을 표현할 수 있게 해주기 위해서이다.

⑤ 환자와 함께 기도하며 말씀을 읽는 시간을 갖기 위해서이다.

⑥ 환자나 그 가족들의 알려지지 않은 혹은 충족되지 않은 필요가 있는지 확인하기 위해서이다. 이로써 이 모든 염려로부터 그의 마음을 해방시켜주고, 필요하다면 집사들을 깨우기 위해서이다.

심방하기 전

① 조심스럽게 계획을 세우라. 환자에 대하여 알아보라. 그러나 아마추어 의사 노릇을 하려고 하지는 말고, 그의 상태가 어떠한지를 알라. 입원해 있는지 혹은 집에 있는지, 입원해 있다면 어느 병원에 있는지 그리고 적절한 방문시기는 언제인지를 알아보라. 직업과

가족 혹은 미래에 대한 관심사 같은 문제들을 예상하라.

② 먼저 성경 구절을 선택하라. 당신 자신의 성경을 가지고 가라. 전문 상담자처럼 하지 말고 말씀과 기도를 통해서 위로를 받게 하라.

③ 기도 중에 당신이 말하고자 하는 바를 생각하라. 환자에게 강의를 하려고 하지 말라.

"내가 결코 너희를 버리지 아니하고 너희를 떠나지 아니하리라"(히 13:5) 하신 약속의 말씀을 기억하고 그 약속에 따라 간청하라.

④ 심방이 좋은 성과를 얻도록, 당신 자신과 환자가 올바른 마음 상태를 갖고, 그리고 말씀이 잘 받아들여져 좋은 반응을 얻도록 기도하라. 주님께 결과를 맡기고 그분의 능력으로 나아가라.

심방하는 동안

① 만약 당신이 신임 장로라면 목사와 함께 가든지 그렇지 않으면 경험이 있는 장로나 집사와 함께 가라. 그들이 하는 것을 보고 배우라. 그리고 환자가 그들의 더 큰 지혜로부터 유익을 얻도록 하라.

② 일단 심방할 필요가 생기면 머뭇거리지 말고 심방하라.

③ 만약 당신이 중환자실 같은 곳을 방문해야 한다면, 의사에게 당신이 하는 일을 설명해주라. 그리하면 의사는 당신에게 적절한 지시를 해줄 것이다. 특별히 시간 제한을 엄수하고 환자의 힘을 빠지게 하지 말라.

④ 침대에 앉지 말라.

⑤ 만약 환자가 말을 할 수 없다면 그가 당신의 말을 듣고 이해한

경우에 그로 하여금 당신의 손을 꼭 잡아달라고 요청하라.

⑥ 대화를 영적인 대화로 이끌기 위해서 성경 구절을 사용하라. 환자로부터 반응을 불러일으키라. 질병에 관련된 설교적 가르침을 베풀도록 하라. 환자에게서 배울 교훈이 있다면 기꺼이 받아들이도록 하라. 그는 당신보다 더 깊게 사물을 보고 있을지도 모른다. 논쟁이나 말다툼을 일으킬 만한 문제는 피하라. 환자 심방은 논쟁을 하기에 적절한 시간이 아니다.

⑦ 환자와 대화할 때 그의 이름을 사용하라. 적절한 때에 가족의 이름이나 가까운 친척의 이름을 사용하라. 이렇게 함으로써 친근한 유대 관계를 보여주라.

⑧ 당신은 가끔 대화나 기도 중에 그 병실에 있는 다른 사람을 포함시켜도 좋다.

⑨ 심방은 짧게 해서 당신의 다음 심방을 따뜻하게 맞이할 수 있도록 하라.

심방한 후

① 그 심방에 하나님의 축복이 내리기를 기도하라.

② 잘된 것과 잘못된 것에 대하여 그리고 다음 심방에서는 무엇을 잘할 수 있을지, 어떻게 하는 것이 유용할지에 대하여 생각하라.

③ 추가 심방이 바람직하다고 생각되면 언제 누가 갈 것인가를 결정하라.

④ 그 심방에서 발견한 환자의 필요에 관하여 동료 장로나 집사

에게 알려주라.

⑤ 어떻게 하면 이런 어려운 심방이 환자와 교회에 더 큰 축복을 가져다줄 수 있는가에 관하여 장로들 상호 간에 의견을 교환하라.

⑥ 당신이 환자에게 교회의 사랑을 전하고 환자를 보살핌을 통해 주님을 섬기는 일을 했다는 것을 상기하고 격려를 받으라. 그날 밤에 평안한 마음으로 잠자리에 들라.

하나님께서는 환자가 그의 병을 다루고 또한 교회가 그 환자의 병을 다루는 기회를 갖게 하심으로써 그분의 자녀들을 가르치신다.

위독한 환자

당신은 아주 위급한 환자 혹은 죽어가는 사람을 심방하는 당신의 모습을 생각하면서 움츠러들지도 모른다. 결국 당신은 목사가 아니며 그래서 그러한 상황에서 목사와 같은 보살핌을 하기 위한 준비가 되어 있지 않음을 느낄 것이다. 당신이 갖는 두려움은 실제적이다. 그러한 장소에 가야 될 때가 이르기 전에, 지금 그러한 두려움을 이기기 위해 준비하라. 어느 상황에서나 목사를 항상 모실 수 있다고 생각하지 말라. 즉, 목사가 부재하는 상황도 있다는 것을 생각하라. 환자나 그의 가족이 당신을 필요로 할 때 당신이 겁내는 모습을 보여서는 안 된다. 더구나 평상시에도 교인들은 장로의 보살핌과 기도를 요구할 권리가 있다.

심방하기 전

① 당신이 만나게 될 상황에 대하여 대비하라. 환자는 상당히 피곤하고 고통을 당하고 있으며 혼수상태에 있거나 혹은 의사소통을 못할 지경에 있을지도 모른다. 적절한 말씀을 보는 가장 좋은 시간을 갖고 그 다음에 기도 시간을 가질 수 있는데, 모두 짧게 할 필요가 있을 것이다. 당신이 예상하기에 가장 적절한 구절을 생각해두라.

② 가까이 있는 환자의 가족이 용기와 위로를 필요로 할지도 모른다는 사실을 기억하라. 말씀과 기도 가운데 그들의 필요에 도움을 줄 수 있도록 준비하라.

③ 극적인 사건을 너무 기대하지 말라. 즉 호소력 있는 믿음의 증언을 하는 것, 죽음의 자리에서 회심 또는 신앙고백을 하는 것, 또는 기억에 남을 만한 마지막 말을 하는 것 등이 없어도 자책하지 말라.

④ 죽음에 대한 현실적인 견해를 갖도록 하라. 죽음은 실제로 사도 바울이 지적하고 있듯이 "맨 나중에 멸망 받을 원수"(고전 15:26)이다. 그러나 그것은 우리 주님의 영광스러운 부활 중에 이미 멸망 받은 원수이다(고린도전서 15장을 주의 깊게 읽어보라). 지금은 "주 안에서 죽는 자들은 복이 있도다"(계 14:13), "사망을 삼키고 이기리라"(고전 15:54)고 말할 수 있다. 비록 죽음이 어려운 것이라 할지라도 그리스도인에게 있어서 죽음은 승리의 개가이다.

"사망아 너의 승리가 어디 있느냐 사망아 네가 쏘는 것이 어디 있느냐"(고전 15:55).

육체가 소멸된다는 두려운 사실을 무시하거나 간과해 버릴 수는 없지만 당신이 갖는 연민의 정 배후에 죽음은 주를 사랑하는 사람들에게 있어 끝이 아닌 생명의 시작이라는 확신이 있어야 한다. 환자를 찾아갔을 때 만약 그의 임종이 가까운 것처럼 보일 경우 이러한 생각이 당신의 마음을 지배하도록 하라.

심방하는 동안

① 가정이나 병원에 도착해서 환자가 당신과 대화를 할 수 있는지의 여부를 살펴보라. 만약 그가 혼수상태에 있거나 혹은 당신이 와 있다는 것을 알아차릴 수 없는 정도라면 일단 그곳에 있는 가족과 친족 그리고 친구에게 관심을 돌려라. 그들에게 주님 안에서 그리고 주님의 말씀을 통해서 평안을 얻을 것을 권고하라. 환자에 대하여 염려하고 있는 사람들과 몇 분간 만날 수 있는 조용한 장소를 병원 내에서 발견할 수 있을 것이다.

② 만약 환자가 의사소통을 할 수 있고, 심지어 당신의 손을 꼭 잡아줄 수 있는 정도라면 다른 사람들에게 몇 분간만이라도 그와 단둘이 있을 수 있게 해달라고 요청하라. 당신이 모든 관심을 환자에게만 집중시킬 수 없는 한, 의미 있는 방문이 되기 어렵다.

③ 의사처럼 행동하지 말라. 비록 환자가 아주 짧은 시간만 살 수 있을 것 같을지라도 이를 알고 있는 것처럼 하거나 그것을 암시하지 말아야 한다. 당신이 얼마나 솔직해질 수 있느냐의 여부는 환자에 대하여 알고 있는 바나 이전의 경험 그리고 신중하고도 조심성 있는 판단에 의거한다. 병을 앓고 있는 상황에 있어서 죽음에 대하

여 절박하게 언급할 필요는 없고 오히려 하나님의 섭리하에 있는 것으로 보도록 해주어야 한다. 즉, "내가 사망의 음침한 골짜기로 다닐지라도 해를 두려워하지 않을 것은 주께서 나와 함께 하심이라"(시 23:4)는 말씀을 말할 때, 당신은 그 말씀을 단순히 하나의 예측으로 말하지 않고 엄숙한 기쁨의 말씀으로 언급해야 마땅하다.

④ 공포나 의심 혹은 확신의 부족이든, 음울한 생각이든, 배우자나 가족에 대한 걱정이든, 환자가 지니고 있는 관심에 정직하게 반응하도록 노력하고 주의 말씀에 의지하라.

⑤ 주께서 언제나 가까이 계시다는 약속을 그에게 알려주면서 그가 그 자신의 신앙고백을 할 수 있도록 유도하라. 만약 그가 문제점을 가지고 있다면, 가능한 그 어려움의 근원을 찾아내어 말씀을 가지고 그 어려움에 대면하라.

⑥ 당신의 성경을 가지고 가라. 환자로 하여금 그가 좋아하는 성구를 지적하게 하거나 혹은 그가 듣기를 원하는 주제를 제시하도록 하라(예를 들면 "같이 있는 이 몇 분 동안 하나님의 임재와 용서와 사랑에 관하여 우리 함께 읽을까요?").

⑦ 환자가 구원의 확신이 전혀 없는 경우에 대비해서 복음의 간략한 요점을 준비해 가도록 하라. 하이델베르크 요리문답의 세 부분이나 제1문 혹은 사도신경과 같은 익히 잘 알려져 있는 지침들을 사용하거나 당신이 요약하고 있는 바 죄와 은혜와 감사에 관한 내용을 사용하라.

⑧ 논쟁을 피하라. 의문들에 대하여 말씀으로 답하라. 사탄은 두려

움과 의심을 가중시키기 위해서 매우 바쁘게 날뛰고 있다는 점을 상기하라. 말씀과 그 말씀의 무한한 약속을 가지고 사탄을 무찌르라.

⑨ 환자가 그의 병에 관하여 말하기를 원한다면 그의 이야기를 들으라. 그러나 너무 길게 하지 않도록 하라.

⑩ 너무 오래 머무르지 말라. 보통 십 분 내지 십오 분 정도면 충분하다.

심방한 후

① 환자와 모든 관련된 사람을 위해서 그리고 당신의 심방에 축복이 내리기를 정직하게 기도하라.

② 어떻게 하면 다음 심방을 환자와 교회와 주님을 위해 더 낫게 개선할 수 있을지 매 방문을 통해서 배우라.

③ 당신이 했던 약속을 지키라. 만약 지키지 못할 경우 그 이유를 친지들에게 알려주라.

결론

"한번 죽는 것은 사람에게 정해진 것이요 그 후에는 심판이 있으리니"(히 9:27).

그러나 병상 옆에 앉아서 환자를 대하고 나면 이러한 심판이 죽은 자에게만 있는 것이 아니라는 사실을 확신하게 될 것이다. 그 심판은 다음과 같이 적용된다.

① 당신에게도 심판이 있다. 장로인 당신을 통해 이러한 사람들

이 얼마나 많은 사역을 누렸는가? 임박한 심판에 대하여 얼마나 많은 경고를 했는가? 잘하였다고 얼마나 많은 격려를 해주었는가? 당신의 사역을 가장 효과적으로 하기 위해 환자의 환경이나 영적 생활에 관하여 이 마지막 심방을 하기 전에 얼마나 잘 알고 있었는가? 당신이 어떻게 장로의 직책을 감당했는가도 심판을 받게 된다.

② 목사에게도 심판이 있다. 이러한 양 떼들에 대하여 어떻게 목회를 했는가?

③ 다른 장로들도 심판을 받는다. 성도들이 죽음과 심판의 실체를 받아들이도록 말씀이나 다른 수단 등을 통해 얼마나 교훈을 했는가? 주님 자신이 지옥과 마지막 심판에 대하여 자주 말씀하셨다는 것을 성도들이 얼마나 알고 있는가? 또 예수님의 죽음과 부활은, 신자들에게 다른 사람들처럼 사는 것에 대한 변명보다는 좁은 문과 좁은 길을 가리킨다는 것을 성도들이 얼마나 알고 있는가?

④ 성도의 교제로서의 교회도 심판을 받는다. 가족의 일원을 여읜 가족에게 손을 내밀어 얼마나 잘 돌보아주었는가? 또한 그들의 필요에 얼마나 응했는가? 죽어가는 사람에게 마음의 평안을 주었는가?

회중 안의 한 멤버의 죽음 안에서, 이상의 모든 대상들이 심판을 받는다. 이 사실을 진지하게 생각해보라. 장로로서 당신의 임무를 부지런히 수행함으로써 그 심판에 대비하라.

"주인의 뜻을 알고도 준비하지 아니하고 그 뜻대로 행하지 아니한 종은 많이 맞을 것이요"(눅 12:47).

"내 형제들아 너희는 선생된 우리가 더 큰 심판을 받을 줄 알고"(약 3:1).

인간의 삶과 그들이 이룩한 "문화"는 대부분 죽음의 궁극적 실체에 직면하는 것을 거부하려고 꾀하는 일종의 모반이다. 그러나 장로인 당신은 회중 가운데 한 멤버의 죽음에 직면하게 되었을 때 표면에 대두되는 책임을 가볍게 제쳐버릴 수 없다. 이러한 진지한 경험을 통해서 당신은 "오직 오늘이라 일컫는 동안에"(히 3:13) 살아 있는 사람들을 향한 당신의 의무를 부지런히 행할 수 있도록 자극을 받으라.

가족을 여읜 사람

평안하고 안전하고 보험금이나 연금 수령의 혜택을 누리고 장래가 유망하며 원하는 대로 이동할 수 있고 자유를 누리는 시대에서도 교회는 하나님의 섭리와 하나님의 훈육에 대한 교훈을 절박하게 필요로 한다. 왜냐하면 슬픔과 염려는 사실상 삶에 자국을 남기지만, 이 시대의 분위기는 성도들조차도 슬픔이나 어려움이 닥쳤을 때 그것을 어떻게 극복할 수 있을지 잘 준비되지 못하게 만들기 때문이다.

장로의 위로 사역은 다시 한번 설교단에 부과된 의무와 함께 시작한다. 성경은 인간의 삶과 미래를 절대적으로 주관하시는 하나님에 대한 가르침으로 가득 차 있다. 그러므로 성도들은 설교를 통해서 욥과 같은 고백을 할 수 있도록 준비되어야 한다.

"내가 모태에서 알몸으로 나왔사온즉 또한 알몸이 그리로 돌아가올지라 주신 이도 여호와시요 거두신 이도 여호와시오니 여호와의 이름이 찬송을 받으실지니이다"(욥 1:21).

예수님은 비유 중에 "내 것을 가지고 내 뜻대로 할 것이 아니냐"(마 20:15)고 물으셨다.

실패, 슬픔, 공포, 불안, 근심, 걱정에 대해 어떤 관점을 가져야 할지 회중을 가르쳐야 한다. 인생은 하나님의 훈육이라는 관점에서 이해되어야 한다. 즉 성도들을 온전히 성숙시키기 위해 가장 좋은 방법을 선택하시고 그 방법을 통해서 그분의 자녀들을 가르치시는 하나님의 손길로서 삶의 여러 가지 일들을 이해해야 한다.

"주께서 그 사랑하시는 자를 징계하시고 그가 받아들이시는 아들마다 채찍질하심이라"(히 12:6; 잠 3:12 인용).

히브리서의 저자는 이렇게 덧붙이고 있다.

"너희가 참음은 징계를 받기 위함이라 하나님이 아들과 같이 너희를 대우하시나니 어찌 아버지가 징계하지 않는 아들이 있으리요"(히 12:7).

이러한 가르침을 통해서 회중은 욥과 같은 마음가짐으로 그들의 삶에 대한 하나님의 뜻을 받아들일 준비를 한다. 이러한 가르침은 냉소주의와 절망을 해독시키는 해독제이다. 이러한 가르침이 설교단에서 잘 전해질 때, 장로는 위로가 필요한 사람들에게 위로를 전하는 그의 짐이 상당히 가벼워진 것을 발견할 것이다.

그러나 하나님의 훈육에 대한 적절한 교훈과 감상주의 사이에는 명확한 경계선이 있어야 한다. 하나님은 고통이나 외로움 혹은 슬픔 그 자체를 찬양하시지는 않는다. 그러한 모든 것은 인간이 타락한 결과로 주어진 것이다. 그리스도인들은 고난이나 실패를 추구하지 않는다. 주님께서는 가능하다면 십자가를 피할 수 있기를 바라셨다.

"내 아버지여 만일 할 만하시거든 이 잔을 내게서 지나가게 하옵소서 그러나 나의 원대로 마시옵고 아버지의 원대로 하옵소서"(마 26:39).

십자가상에서 당하신 그리스도의 고통은 죄가 가장 끔찍한 형태로 나타난 것이다. 고통 자체에 대하여 주님은 감사해하지 않으셨다. 우리도 아담의 후손이자 천국의 후보자로서 감당해야 할 고난과 아픔과 근심과 어려움 그 자체 때문에 감사하는 것이 아니다. 신자들은 상처와 실패와 근심과 슬픔을 통해서 하나님이 더 강한 믿음을 주시고 더 성숙하게 하시고 다른 사람들에 대하여 더 큰 사랑을 갖게 하시고 주님을 더 깊이 신뢰하게 만드시는 축복을 허락해 주실 수 있음을 배워야 한다.

"먹는 자에게서 먹는 것이 나오고 강한 자에게서 단 것이 나왔느니라"(삿 14:14).

이와 같이 선으로 악을 이기면서(롬 12:21) 신자는 하나님 찬양하기를 배우고 그 안에서 하나님의 약속의 참됨을 발견한다. "내가 결코 너희를 버리지 아니하고 너희를 떠나지 아니하리라"(히 13:5). 또한 그는 "고난 당한 것이 내게 유익이라 이로 말미암아 내가 주의 율례들을 배우게 되었나이다…여호와여 내가 알거니와 주의 심판은 의로우시고 주께서 나를 괴롭게 하심은 성실하심 때문이니이다"(시 119:71, 75)라고 말하기를 배워 다른 사람을 위로할 수 있다.

성경은 신자들을 준비시켜서 죄가 세상에 가지고 들어온 결과물들에 대해 적절하게 대처할 수 있게 해준다. 교회는 성도들의 의식

속에 이러한 준비가 이루어질 수 있도록 해주는 도구가 되어야 한다.

슬픔의 다양성

사랑하는 사람이 죽게 되면 격렬한 슬픔에 잠기게 된다. 이러한 엄청난 시기에 가족을 잃은 성도에게 어떤 유용한 도움을 주고자 한다면 장로는 말씀에 기록된 풍성한 약속으로 그 자신부터 교훈해야 한다. 그뿐 아니라 교회는 고통이나 슬픔의 다른 많은 원천에 대해서도 민감해야 한다. 이런 것들은 항상 두드러지게 나타나거나 알려지는 것은 아니다. 예를 들면 이혼, 자녀가 나쁜 길로 빠지는 일, 친구를 잃어 버림, 직업을 잃음, 희망이 좌절되는 것, 인생에 있어서 활동적인 참여가 끝나는 것, 의기소침한 생활 태도, 인생의 의미에 대한 허무함 등이 있다. 게다가 슬픔은 죽은 사람에게 충분한 사랑을 주지 못했다는 의식, 방탕한 아들에게 관심을 주지 못했다는 의식, 주어진 기회에 대해 무관심했다는 의식으로 어느 정도의 죄의식을 수반할지도 모른다. 또한 장로들은 어떤 사람들에게는 슬픔을 보임으로써 주목받으려고 그들의 슬픔에 파묻혀 버리는 성향이 있다는 것을 인식해야 한다. 모든 어려움과 슬픔을 극복하게 해주는 것은 하나님의 말씀이다. 본서의 8장에서 다룬 것처럼 장로는 관심의 짐을 전문적인 상담자에게 성급히 넘겨 버리지 말아야 한다.

실천적인 제안

① 슬퍼하고 있는 사람의 마음을 공감하려고 노력하라. 누군가

의 죽음의 경우에는 보통 당신이 완전히 공감할 수 없는 슬픔이 있다는 사실을 인정할 준비가 되어 있어야 한다. 말을 너무 많이 한다거나 피상적인 제안을 함으로써 당신의 무능력함을 무심코 드러내는 일이 없도록 하라. 바울의 말씀에 나타나 있는 것처럼 죽음은 죽어 가는 사람뿐만 아니라 뒤에 남은 사람에게 있어서도 "마지막 원수"(고전 15:26)이다. 하나님의 말씀을 제외한 모든 말은 거의 의미를 부여할 수 없다는 사실을 인정하도록 하라.

② 아직 의식이 있을 경우, 말씀을 통해 다가오는 죽음에 대비할 수 있도록 해주라. 하나님의 약속의 말씀을 강조하라. 당신 자신이 그 말씀들을 반드시 믿어야 한다.

③ 만일 환자가 당신이 있을 때 운명했거나 막 운명한 후에 당신이 도착했다면 가족들과 친구들에게 연민의 마음을 보이고 빨리 하나님의 말씀으로 나아가라. 다음과 같이 말할 수도 있을 것이다. "나는 당신이 가족과 친구로서 함께 있기를 원한다는 것을 알고 있습니다. 이제 하나님의 말씀을 통해 위안을 얻을 수 있도록 말씀을 읽고자 합니다. 또한 하나님의 임재와 축복을 위해 기도합시다." 그렇게 한 후 떠나라. 앞으로 당신이 도울 수 있는 것이 무엇이든 간에 돕고자 하는 당신의 마음을 그들에게 확신시키라.

④ 장례식을 야단법석인 가운데 치르고 나면 슬픔 대신 외로움이 몰려온다는 것을 기억하라. 할 수 있는 한 자주 말씀으로 위안을 주고 교회의 사랑을 보여주며 충고를 해줌으로써 가까이에 있도록 하라. 적대나 분노의 감정에도 대처할 준비를 하라. 그들은 어쩌면

"왜 나의 남편(혹은 아들이나 딸)이…"라고 말할지도 모른다. 이런 경우에는 인내로써 기도와 사랑을 보여주는 것이 가장 필수적임을 기억하라.

⑤ 주님께서는 상처의 치료를 위해 삶 자체를 점차적으로 사용하신다는 사실을, 슬픔을 당하고 있는 사람이 이해할 수 있도록 도와주라. 주어진 날들을 살아가도록 해주고 필요한 일들을 할 수 있도록 해주라. 삶은 현실 속에 존재해야 한다. 끝이 없을 것처럼 보이는 앞으로의 시간에 마음을 집중해서는 안 된다. 과거의 기억들은 현재의 짐을 덜어줄 수도 있지만 오히려 현재에 그림자를 드리울 수도 있다. 언제 그렇게 하는지 분별하라.

⑥ 실제적인 필요에 대하여 관심을 갖고, 가족을 여읜 사람이 재산 처분을 한다거나 어떤 투자를 한다거나 주거지를 바꾸는 등의 일에 있어서 성급한 결정을 하지 않도록 조언하라. 유언장, 빚, 병원비 문제 등에 있어서 도움이 필요한 것 같으면 도와주거나 도울 수 있는 사람을 찾아보라. 사적인 문제에 간섭하지 말고 어느 누구도 도움을 주지 않는 것처럼 보일 때 도움을 주라.

⑦ 가족을 여읜 사람에게 이전에는 참여하지 않았던 교회 일이나 사회 복지에 관련된 일에 참여하도록 격려해줄 수도 있을 것이다. 만일 가족을 여읜 사람이 젊은 미망인이며, 부양할 가족이 있다면 그 사람들이 직업을 가질 수 있도록 재훈련을 시키는 데 교회의 자금을 사용할 수 있을 것이다. 그렇게 하는 데는 어려움이 따르겠지만 장로는 이 일을 위해 그들과 계속 접촉해보아야 한다. 나이 어

린 자녀가 있는 어머니는 가정의 울타리 안에 남아 있으면서 도움을 받아야 한다.

⑧ 외로움 때문에 야기되는 문제, 예를 들면 술을 마신다거나, 나쁜 친구를 사귄다거나, 너무 자유방임적으로 시간을 보낸다거나, 신앙심이 없는 방법으로 슬픔을 달래려고 하는 일이 생기지 않도록 주의를 기울이라.

⑨ 장례식장이 죽은 사람을 칭송하는 장소가 되지 않도록 하고 그 사람이 얼마나 멋있었는지 등에 대해 언급함으로써 살아 있는 사람을 위로하려는 잘못된 노력을 하지 않도록 하라. 말은 간략하게 하고 친절하게 대하며 가족들과 가깝게 지낼 것과 앞으로 어려움이 있을 때 가까이 지낼 것을 약속하라. 문구가 인쇄된 위로 카드를 보내는 것보다는 손수 쓴 짧은 편지를 보내는 것이 더 낫다.

⑩ 방문할 때마다 기도하고 항상 기도하는 자세로 수고하라. 슬픔의 깊이는 하나님만이 아신다. 성령께서는 분명히 위로하시고 치유해주신다. 당신은 하나님의 도구일 뿐이다. 그렇지만 당신은 가장 중요한 도구이다. 이러한 의식을 가지고 방문 전과 방문 후에 열정적으로 기도함으로써 이 의식을 키우라.

⑪ 회중 안에 도움과 위로를 필요로 하는 사람에 대해 적어놓은 다른 동료 장로나 목사의 기록을 당신의 기록과 비교해보라. 신자들은 성도의 교통을 필요로 한다. 당신은 위로자로서 당신의 소명을 향상시켜 갈 필요가 있다.

정신 장애자

훈련도 받지 않고 전문적인 지식도 없는 장로가 정신적으로 병든 사람을 돌볼 수 있을까?

물론 할 수 있다! 그리고 반드시 그렇게 해야만 한다!

당신은 그리스도의 사랑의 손길을 뻗치고 성도의 교제를 실제로 구현시키고 하나님의 말씀을 통해 도움을 주기 위해 소명을 받았다는 점을 기억하라. 당신의 사명은 친교를 이루는 데 있다. 당신은 아마추어 정신과 의사가 아니라 예수 그리스도의 교회를 대표하는 사람이다. 이를 위해서 당신은 부름 받았고 만약 당신이 말씀과 더불어 충실하게 살아간다면 이를 위해서 성령님께서 당신을 준비시키실 것이다.

주의 사항

우리는 본래 인내심이 부족하고 종종 결과가 빨리 나타나기를 기대한다. 정신적으로 문제가 있는 사람을 대할 때는 이러한 충동을 억눌러야 한다. "치료"의 결과나 변화가 빨리 나타나지 않을지도 모른다. 만약 당신이 빠른 변화를 기대한다면 당신은 심방에 있어서 낙심하거나 그 일에 태만하게 될 것이다. 정신장애자의 불가사의한 면에 대해 생각해보라. 그 환자의 기분을 될 수 있는 대로 이해하도록 노력하고 어두운 세상에 한 가닥의 빛이 비치기를 바라는 마음으로 접근하라. 하나님께서는 그분의 방법을 통해 당신의 노력을 축복해주실 것이다. 하나님께서는 당신이 심방하는 사람과 당신에게 축복을 내려주실 것이다.

정신 장애자의 부모

여기에서는 정신 장애자 자녀를 둔 부모를 대하는 법과 장애자 자신을 대하는 법으로 둘로 나누어 생각하고자 한다. 먼저 부모들에 대한 부분이다.

① 이러한 부모들이 직면해야 하는 첫 번째 문제는 하나님께서 그들 앞에 놓으신 시험을 받아들이는 것이다. 저능아가 출생했다거나 정상아에게서 볼 수 있는 정상적인 상태를 자신의 자녀에게서는 볼 수 없다는 사실은 부모에게 가혹한 불행일 수 있다. 그러한 부모들이 느끼게 되는 감정에는 다음과 같은 것들이 있을 것이다.

- 반항의 감정. 왜 하나님께서는 우리에게 이러한 아이를 주셨을까? 우리가 어떻게 하나님을 여전히 사랑할 수 있을까?
- 죄의식. 우리가 무슨 일을 했길래 우리에게 이러한 아이가 태어났을까? 우리가 얼마나 잘못하였는가? 우리는 부족한 부모들이었는가? 우리는 부모가 되기 위한 준비가 결여되어 있었는가?
- 움츠러드는 감정. 이후로 우리가 어떻게 친구들을 대면할 수 있을까? 이 아이로 인하여 우리가 어떻게 보여질까? 모든 사람이 우리를 응시하지는 않을까?
- 어린아이를 향한 원한의 감정. 만약 태어나지 않았다면….

② 성경 구절 몇 개를 인용하여 이러한 반응이나 이와 유사한 반응들을 없애 버릴 수 있을 것이라고 생각하지 말라. 인간이란 사실상 잔인하다. 사람들은 비난을 한다. 사람들은 비정상적인 그 아이를 응시할 것이고 그들의 눈과 표정은 혐오와 동정과 비난의 모습을 보일 것이다. 당신이 해야 될 일은 그 부모들이 이러한 경험을 하면서도 그리스도의 몸의 일부로서 살아갈 수 있도록 도와주는 것이고, "하나님을 사랑하는 자 곧 그의 뜻대로 부르심을 입은 자들에게는 모든 것이 합력하여 선을 이루느니라"(롬 8:28)는 말씀을 계속해서 믿을 수 있도록 도와주는 것이다. 그들로 교인들과 가까이 지내게 하고 예배에 정기적으로 출석하게 하며, 교인들로 하여금 기도와 말과 행동으로 그리고 카드를 보내거나 전화를 함으로써 그 가족과 친하게 지내도록 하라. 하나님께서 실제로 모든 일을 그분의 손 안에 쥐고 계시다는 것을 그 부모들로 알게 하기 위해서, 필요하다면 여러 달을 두고 계획하라.

③ 위에서 지적했던 것처럼 당신이 성경의 몇몇 본문을 인용했다고 해서 결과가 곧바로 나타날 것이라고 기대하지는 말아야 한다. 하지만 당신이 계속적으로 말씀의 봉사자가 되기를 희망한다면, 그일은 결국 끈기와 인내심을 가지고 이해심 있게 말씀을 적용함으로써만 가능하다는 것을 명심하라. 인내를 가지라.

④ 장애자 자녀를 둔 부모들은 ①에서 다룬 몇몇 감정들 때문에 당신의 도움을 바라는 데 굼뜰 수 있다. 그들은 당신이 비난이나 책망을 하지 않을까 혹은 잘못을 "자백"하길 기대하지 않을까 하는

두려움을 가지고 있을지도 모른다. 그러므로 당신은 그러한 두려움이 얼마나 근거가 없는가를 당신의 행동을 통해 보여주어야 한다. 만약 그들이 하나님께 회개할 어떤 것이 있다면 그들 스스로 그것을 깨닫고 자백하길 기다리라. 반면에 당신은 하나님의 사랑에 관한 말씀과 회중의 사랑을 보여주라.

⑤ 만약 당신의 교구 내에 실제로 그러한 아이가 있다면, 장애자 아이를 가진 다른 부모들의 경험에 대해 알아보라. 다른 부모들이 시련을 어떻게 극복했는가에 대해 기록한 책들이 있을 것이다. 당신은 그런 책들을 읽을 수 있고 적당한 시기에 당신이 돌보고 있는 부모에게 그 책을 추천할 수 있다. 당신이 살고 있는 지역 사회 내에는 틀림없이 이러한 시련들을 극복해야만 했던 가족들이 있을 것이다. 당신은 그들을 통해서 배울 수 있다. 공공 봉사 단체에 요청하면 그들을 만날 수 있도록 도움을 줄 것이다. 장애자 자녀를 가진 부모들이 자연적으로 서로 끌리게 된다는 것을 알 수 있을 것이고 그런 일이 일어나도록 당신이 도움을 줄 수도 있을 것이다. 이것도 성도의 교제이다.

⑥ 장애자 자녀가 나이가 들거나 혹은 나이든 아이가 그러한 병에 걸린다면 그 아이를 돌보고 치료하며 특별한 기관에 맡기거나 특수 교육을 시키는 데 많은 비용이 들 것이다. 그 가족이 집사들의 관심을 필요로 하는지의 여부를 재치 있게 알아내고 만약 그러하다면 그들로 이러한 가정을 돕도록 하라. 또한 지방 공공 단체가 그 어린아이나 부모를 돕기 위한 프로그램을 갖고 있는지의 여부도 알

아보라. 만약 당신이 그 자녀와 부모를 위한 당신의 책임을 성실하게 수행한다면 당신이 처음에 기대했던 것보다 더 많은 문이 열려 있다는 것을 발견하게 될 것이다.

⑦ 장애자 자녀는 그 가족 내의 다른 아이들에게 영향을 미친다는 점도 기억하라. 다른 아이들이 장애자인 형제를 용납하지 못하고 그들의 친구 앞에서 당혹해할 수 있다. 그들은 신체장애자(혹은 정신장애자) 형제가 필요로 하는 특별한 보호와 그가 받게 되는 특별한 관심에 대하여 원망스럽게 여길 것이다. 당신이 할 수 있는 데까지 부모들로 하여금 이러한 어려움을 감당하도록 도와주라.

⑧ 개인적으로 그리고 제직회나 당회를 통해서 정신 건강 분야의 전문가들의 자료를 얻어내라. 그들의 충고를 구하고 그들의 도움을 이용하라. 그러나 당신은 이런 고통을 받는 부모와 자녀에게 그리스도의 몸을 대표하는 자의 특별한 임무를 지니고 있음을 기억해야 한다.

정신 장애자 자신

당신의 교회 내에는 이런저런 형태로 "정신 질환"을 앓고 있는 사람들이 있을 것이다. 전문적인 도움이나 제도적인 도움이 필요한 때를 알기 위해서 그러한 환자의 증세를 충분히 알아두도록 하라.

다음의 제안은 도움이 될 것이다.

① 만약 환자가 어린이라면 위에서 살펴본 것처럼 사랑과 관심으로 돌보되 그의 결함을 반영시키지 않고 돌보도록 하라. 즉, 가능한

한 당신과 그와의 관계는 "정상적"으로 유지하라.

② 만약 나이든 아이나 성인이 정신 질환에 걸려 있다면 그 병에서 벗어나 "농담"을 하려고 하지도 말고 "중심되는 문제"에 관하여 강의하려고 하지도 말라. 필요한 것은 사랑의 손과 사랑의 말이지 훈련하는 매가 아니다. 왜 또는 어떻게 이러한 일이 일어났는가에 대해 탐정과 같은 태도로 찾아내려는 듯한 모습을 보이지 말라. 귀를 기울여 들어주고 사랑을 보이라. 말씀을 전하고 기도하며 인내를 가지라. 당신은 종종 감정을 다스리기 어려울 것이며 당신의 어떠한 많은 말도 환자의 능력을 재소생시킬 수는 없다는 점을 기억하라. 하나님께서 그분의 말씀을 통해 이 일을 행하시도록 하라.

③ 현대 의학이 우울증이나 다른 정신적 불안 증세를 많이 고치고 있다는 점을 기억하라. 환자에게 그러한 도움을 받을 수 있는 길을 알려주고, 그가 그 도움을 받는 것을 지켜보라. 그것은 반드시 진정한 도움이어야 한다. 당신이 그에게 제시하는 것이 끝없는 "상담"이어서는 안 된다. 상담은 기독교 기관과 전문가가 제공해야 한다.

④ 만약 환자가 정신 병원에 입원하면 다음과 같은 점을 기억하라.

- 당신이나 다른 사람의 방문이 세월이 지남에 따라 점차 줄어들 위험이 있다. 그런 일이 일어나지 않도록 하라.
- 또한 동정이나 관심의 표현이 줄어들게 된다. 성도들을 통해 카드를 보내거나 전화를 하도록 하라.
- 가능한 한 방문은 자연스럽게 하고 전문가 같은 태도를 보이지 않도록 하라.

- 교회 주보나 공고 혹은 소식지 같은 것을 정기적으로 환자에게 보내도록 하라. 보내는 일을 빠뜨리지 않기 위해 종종 발송 여부를 확인하라. 집사들이 부담하여 교회 잡지 같은 것도 보내도록 하라. 목사가 정기적으로 심방하는 것도 잊지 말라.

⑤ 환자가 집에 돌아오게 되면 그를 따뜻하게 맞이하라. 첫 번째 심방에 너무 중점을 두지 말고 얼마 동안은 정기적으로 심방하도록 하라. 다른 사람들도 방문하도록 고무시켜라. 가능한 한 항상 환자를 정상적으로 대우하고, 기대하고 미래를 희망하는 눈으로 바라보라.

⑥ 최근에 정신 병원에서 나온 사람이 당장 예배에 정기적으로 출석하기는 어렵다는 점을 이해하고 교인들도 이 점을 이해해야 한다. 그가 교회에 출석할 수 있게 되면 놀라움을 표시하기보다는 기쁨을 표현하라. 이것은 교회 전체의 분위기가 되어야 하며, 목사는 때때로 그의 정기적인 설교 중에 그리스도인이 그러한 성도들을 어떻게 대해야 하는지를 분명하게 가르쳐줄 필요가 있다(물론 어떤 특정한 사람을 언급해서는 안 된다).

요약

장애자 자녀를 가진 부모를 돌보고 그러한 아이들을 돌보며 정신적인 문제나 질병 속에서 애쓰고 있는 사람들을 돌보는 일은 인내를 요구하고 때때로 당신의 능력 이상의 일을 요구한다. 그러나 그러한 일은 당신 자신의 성장을 위한 원천이 될 뿐만 아니라, 당신이 돌보아준 그 사람에게 큰 축복이 될 것이다. 항상 말씀에 의지하고 기도하라. 다른 장로들도 이러한 가족이나 그런 사람들에 대해 알게 하라. 왜냐하면 그런 환자들은 교회 전체의 관심을 필요로 하기 때문이다.

Part 5

장로와 교회

Part 5

"하나님이 자기 피로 사신"

교회와 교회가 천국 열쇠를 행사하는 것에 관하여 성경, 사도신경, 종교 개혁의 신앙고백서들이 가르치는 내용에 대한 간략한 개요. 장로의 감독하에 교회에서 가르치는 자기 부인의 삶을 특징으로 하는 만인 제사장직. 오늘날의 장로직에 대한 역사적 고찰과 소개.

15장
교회

장로는 자기 것이 아닌 교회 안에서 자신이 창조한 것이 아닌 직분을 갖고 있다. 이 직분은 그리스도께서 제정하신 것이고 교회는 그리스도의 소유이다. 당신의 주인은 바로 그리스도이시다. 하나님의 영감된 말씀이 당신의 지침이며 "교회를 사랑하시고 그 교회를 위하여 자신을 주[신]"(엡 5:25) 그리스도께서 당신의 본보기이다.

교회의 주요 머리이신 그리스도의 모범을 좇아서 교회를 사랑하라.

교회의 주요 구주가 되시는 그리스도를 본받아 교회를 다스림으로 교회를 섬기라. 교회와 교회의 순종에 관한 당신의 역할을 지극히 진지하게 받아들이라. 그렇게 하려면 장로는 교회에 관하여 무엇을 알아야 하는가?

최소한 다음과 같은 것들을 알아야 한다.

성경의 가르침

성경은 교회의 기초가 하나님의 택하심이라고 가르친다.

"곧 창세 전에 그리스도 안에서 우리를 택하사 우리로 사랑 안에서 그 앞에 거룩하고 흠이 없게 하시려고"(엡 1:4).

성령께서 전파되는 말씀을 인간의 마음에 적용시키셔서, 하나님은 그분의 백성을 불러내시고 모으신다. 이와 같이 부름을 받아 모인 자들을 가리키는 그리스어는 에클레시아(*ekklesia*)이며, 이 용어는 보통 "교회"로 번역된다. 장로가 하나님의 말씀대로 다스림을 통해 섬기는 자들은 바로 에클레시아, 즉 하나님의 백성이다.

교회를 묘사하기 위해 성경이 사용한 용어들로부터 우리가 배워야 할 사실들이 있다. 이 용어들을 음미하고 묵상하라. 이를 통해서 당신의 사역이 한 차원 업그레이드될 것이다. 성경에서 교회는 성도(고전 1:2), 택하신 자(딤후 2:10), 제자(행 11:26), 종(벧전 2:16), 하나님의 집(딤전 3:15), 몸(골 1:24) 등으로 묘사되고 있다. 성령께서 교회에 주신 그밖의 다른 이름들을 성경에서 찾아보라. 이를 통해서 장로는 교회의 본질과 사명을 보다 더 잘 이해하게 될 것이며, 하나님께서 회중을 위한 장로의 사역에서 기대하시는 바가 무엇인지도 잘 이해할 수 있을 것이다.

교회에 대한 두 가지 성경적 묘사가 장로로 하여금 그의 고상한 소명의 의미를 온전히 파악할 수 있도록 도와주는 데 특별히 유용하다. 그 두 가지 묘사는 다음과 같다.

① 교회는 그리스도의 몸이다(엡 1:23). 교회의 머리이시며 부활하시고 승천하신 주님은 지금 교회를 통해 사람들 가운데서 역사하신다. 교회가 말하고 행해야 할 모든 것은 성경에 계시되어 있다. 교회의 활동은 주님의 행함이 되어야 한다. 주님의 지상 사역은 다음과 같은 두 가지 면에서 두드러진다.

㉠ 예수님께서는 본디오 빌라도에게 자신이 무엇을 하려고 이 땅에 왔는지 말씀하셨다.

"내가 이를 위하여 태어났으며 이를 위하여 세상에 왔나니 곧 진리에 대하여 증언하려 함이로라 무릇 진리에 속한 자는 내 음성을 듣느니라"(요 18:37).

머리가 어떠하면, 몸도 그러하다. 교회의 일차적 사명은 지속적으로 진리를 증거하는 것이다. 어떤 진리를 증거하는가? 성경, 즉 하나님의 영감된 말씀에 계시된 진리에 대해서만 증거한다. 교회는 담대한 말씀 선포를 통해서 이와 같은 증거의 사역을 수행한다. 무엇보다도 교회는 이러한 말씀 전파를 위한 설교단을 제공하고 보존하고 채우기 위해 존재한다. 이 사명은 지극히 중요하다.

따라서 이 사명에 대한 장로의 감독도 중요하다. 그래서 앞에서(제11장) 우리는 설교를 다루었다.

㉡ 그리스도께서는 또한 "두루 다니시며 선한 일을 행하셨다"(행 10:38). 이것은 되는 대로 자선을 베푼 행동이 아니었다. 주님께서는 목적을 가지고 선을 행하셨다.

"만일 내가 내 아버지의 일을 행하지 아니하거든 나를 믿지 말려니와 내가 행하거든 나를 믿지 아니할지라도 그 일은 믿으라 그러면 너희가 아버지께서 내 안에 계시고 내가 아버지 안에 있음을 깨달아 알리라 하시니"(요 10:37-38).

오늘날 교회는 그리스도께서 행하신 선을 행함으로써 그리스도를 대변하는 자신의 주장을 입증해야 한다. 교회는 "이와 같이 행함이 없는 믿음은 그 자체가 죽은 것이라"(약 2:17)고 선포하기 위해 부르심 받는다. 교회는 먼저 이 말씀을 자신에게 적용시켜야 한다. 교회는 집사들을 통해서 그가 선포하는 선을 행한다. 말씀 선포의 능력은 선행을 통한 교회의 증거의 능력에 의존할 것이다. 바울은 "그러므로 우리는 기회 있는 대로 모든 이에게 착한 일을 하되 더욱 믿음의 가정들에게 할지니라"(갈 6:10)고 말하고 있다. 주님의 말씀처럼, 교회가 전파하는 말씀은 그 행함에 의해 입증되어야 한다.

"나더러 주여 주여 하는 자마다 다 천국에 들어갈 것이 아니요 다만 하늘에 계신 내 아버지의 뜻대로 행하는 자라야 들어가리라"(마 7:21).

집사가 회중 전체를 대신해서 선을 행하는 것처럼, 각 신자는 그 자신의 신앙의 실재를 증거하는 선을 행해야 한다(집사 직분의 사역은 교회의 진리 증거를 효과 있게 함에 있어서 매우 중요하다. 그래서 우리는 집사 직분에 관한 책을 따로 내놓았다).[1] 한편 장로가 이 세상에서 교회가 행하는 선한 일의 범위와 정도에 의해 교회의 말씀 전파의 신빙성이 보강되는 일에 관심을 기울이는 것은 지극히 중요한 일이다.

---

1. 『집사 핸드북』(개혁된실천사 역간)

② 교회는 또한 그리스도의 신부이다. 주님의 뜻은 "자기 앞에 영광스러운 교회로 세우사 티나 주름 잡힌 것이나 이런 것들이 없이 거룩하고 흠이 없게"(엡 5:27) 하려는 것이다. 주님의 신부이며 또한 주님의 만드신 바인 교회는 "새 예루살렘"으로 불리운다(계 21:2). 교회는 상호 간의 사랑을 통해서 성도의 교통이 이루어지는 공동체이다. 하나님의 말씀이 정의하는 사랑이 성도 간에 실천되는지의 여부는 자나 깨나 장로의 관심사이다. 오직 그러한 서로 간의 사랑을 통해 그리스도의 사역은 이루어지며, 교회는 서로에게 범하는 죄에서 벗어나 "흠이나 주름 잡힌 것"이 없게 되려는 열망을 가질 수 있다. 장로가 이러한 이상을 실현시키기 위해 어떻게 해야 하는가? 이것이 바로 본서의 내용이 주로 다루고 있는 것이다.

사도신경의 가르침

사도신경은 그리스도인의 신앙을 매우 간결하게 요약해주고 있다. 이 친숙한 신앙고백은 사실상 그리스도의 사도들 시대에 만들어진 것이 아니다. 그러나 사도신경은 가장 오래되고 가장 널리 채택된 기독교 교리의 "요약" 가운데 하나이다.

사도신경은 교회에 관하여 무엇을 가르치는가?

두 가지 사실을 가르친다. 이 두 가지를 서로 혼동하지 말라.

① 사도신경은 먼저 "나는 하나의 거룩한 공회를 믿는다"라고 함으로써 교회의 속성 내지 특징을 진술하고 있다. 각각의 형용사를

주의하여 보라. 각 형용사는 장로가 명심해야 하는 교회의 특성을 가리키고 있다.

㉠ 나는 "하나의" 교회를 믿는다. 그리스도의 몸은 본질과 실재에 있어서 하나이다. 비록 종교 개혁 이후 교회가 여러 교파의 형태로 나타나 있지만 그리스도의 몸은 하나이다. 신자들조차도 죄와 부패성의 희생자이므로, 그리스도인들은 성경에 계시된 여러 가지 교리에 있어서 의견이 일치하지 않고 있다. 이것은 놀라운 일이 아니다. 세상 끝날이 이르고 죄와 부패성의 끝이 이를 때까지는 분명히 지금과 같을 것이다. 그러나 이러한 차이점들에도 불구하고 "하나의" 교회가 있다.

"하나님은 한 분이시요 또 하나님과 사람 사이에 중보자도 한 분이시니 곧 사람이신 그리스도 예수라"(딤전 2:5).

따라서 바울은 다음과 같이 말하고 있다.

"몸이 하나요 성령도 한 분이시니 이와 같이 너희가 부르심의 한 소망 안에서 부르심을 받았느니라 주도 한 분이시요 믿음도 하나요 세례도 하나요 하나님도 한 분이시니 곧 만유의 아버지시라 만유 위에 계시고 만유를 통일하시고 만유 가운데 계시도다"(엡 4:4-6).

교리적인 정통성을 희생시키지 않으면서 장로는 교회의 하나됨을 인식해야 하고 그리스도인들이 그들의 머리이신 분께 더 가까이 나아가면 나아갈수록 그들은 상호 간에 더 가까워질 것임을 믿어야 한다. 교리적으로 이러한 통일성은 사도신경에서 가장 훌륭하게 표현되고 있는데, 분명히 사도신경은 모든 기독교 신앙고백들 가운데 가장 널리 받아들여진 것이다.

ⓛ 나는 "거룩한" 교회를 믿는다. 이것은 교회가 주님께 대한 특별한 봉사를 위해 소명을 받았음을 가리킨다. "거룩한" 것은 구별된 것이며, 독특한 목적을 위해 따로 분리된 것이다. 위에서 언급한 바와 같이 교회는 이 세상에서 머리되신 주님의 일을 행하기 위해 선택받은 것이다. 교회가 그 일을 잘 수행하면 할수록 교회는 더욱더 거룩해진다. "거룩한" 회중은 장로의 이상이다. 그 이상에 의해서 당신의 사역은 규정된다.

ⓒ 나는 "공회"(catholic church)를 믿는다. 이 말의 뜻은 교회의 보편성을 가리킨다. 어떤 지리적, 인종적, 언어적 장벽도 교회를 실제로 나누지 않는다. 교회의 하나됨은 전 세계로 확대되는 것이다. 어떤 장소에서나, 어느 때에나 교회는 기도하고 찬송하며 예배를 드린다. 우리는 태양이 결코 지지 않는 보편적 교회의 한 부분이며, 음부의 권세는 교회를 이기지 못한다(마 16:18). 교회가 보편적이라는 사실로부터 용기를 얻으라. 고개를 들고 당당한 걸음으로 나아가라. 당신의 직분은 세계가 알고 있는 가장 큰 국제적 조직에서의 직분이다.

ⓡ 다른 고대의 신조는 교회의 "사도적" 성격도 언급하고 있다. 이것은 오늘날 교회가 사도들의 계승자로 서 있음을 뜻하는데, 주님께서는 지상에서 그분의 명령을 행하도록 사도들을 임명하셨던 것이다.

장로는 교회의 이러한 속성들을 깊이 생각해야 한다. 왜냐하면 그는 감독의 직무를 통해서 교회를 섬기도록 부름을 받았기 때문이다. 교회의 속성을 깊이 생각함으로써 당신의 소명은 보다 더 넓은 전망을 갖게 된다. 또한 당신의 직분이 있는 교회가 수많은 세월에 걸쳐서 그리고 전 세계에 걸쳐서 존속하고 있음을 상기하게 된다.

② 사도신경은 또한 교회를 "성도의 교통"으로 특징짓고 있다. 이것은 "하나의 거룩한 공회"가 의미하는 바를 그저 다른 말로 다시 표현하는 것이 아니다. 성도가 서로 교통하는 것은 성령에 의해 말씀을 통한 교회의 창조이다. 이것은 모든 그리스도인이 함께 누려야 하는 우주적 교제이다. 즉, 이 교제는 말씀 전파와 성례 집례 그리고 권징 시행을 통하여 추구되는 교제이다. 이러한 교통 안에는 어떤 교파적 장벽들이 존재할 필요가 없다. 여러 교파의 신자들은 신학적 차이들에도 불구하고, 또한 이러한 차이를 무시하거나 희생시키지 않고 함께 일하고 기도하고 찬양함으로써 서로 교통할 수 있다. 믿는 바가 보다 더 명백하게 고백되면 될수록 다른 교파의 그리스도인들은 더욱더 용이하게 서로 안에서 진실함을 발견한다. 교파로 나누인 교회들은 결코 교회의 통일을 발견하지 못할지도 모르지만, 그리스도인들은 서로 다른 교파의 길을 따라서 가다보면 상호 간의 교통이라는 같은 도착점에 이르는 것을 발견하며 세상에서 주님의 뜻을 행하기 위해 함께 노력할 수 있다.

따라서 장로는 교단의 교리에 충실하게 굳게 설 수 있는 동시에, 여러 방면에서 공동의 기독교적 노력을 증진시킬 수 있다. 또한 지역 교회의 신자들 안에서 성도의 교제는 추구되어야 한다.

종교 개혁의 신앙고백의 가르침

종교 개혁자들은 로마 교회로부터 분리되었기 때문에, 참된 교회를 분별할 수 있는 표지들을 성경에서 찾지 않으면 안 되었다. 일반적으로 그들은 다음과 같은 세 가지 표지를 발견하였다.

① 무엇보다도 가장 중요한 것은, 하나님의 말씀이 성경에 따라 순수하게 설교되는 곳에 예수 그리스도의 참된 교회가 있다는 것이다. 이것은 참된 교회가 가시적인 지역 회중의 형태로 나타난다는 것을 의미한다. 회중은 하나님의 말씀의 참된 설교를 듣기 위해 모인다. 설교가 있는 곳에 그리스도의 몸이 있다. 참된 교회는 살아 있는 능동적 실체이고, 항상 시대의 최근 정황을 잘 알고서, 역사 속에서 성령님과 함께 그리스도의 분부를 수행한다. 참되고, 활동적이며, 영감적이고, 명령적인 말씀 설교가 이루어지는 곳에 장로들의 깨어 있고 순종하는 감독 아래 생명이 고동치고 생기가 넘치는 그리스도의 몸(교회)이 존재한다.

② 하나님께서는 세례와 성찬의 성례에서 그의 말씀을 "가견적"으로 만드신다. 성례전에 의해서 그리스도는 청각 이외의 다른 감각을 통해, 즉 시각과 촉각과 미각 그리고 후각을 통해 그의 살아 있는 말씀을 전파하신다. 그러므로 성례전이 하나님 말씀의 영감된 가르침에 따라 집행되는 것은 참된 교회의 표지이다.

③ 설교된 말씀과 가견적으로 나타난 말씀을 믿을 때까지는 그 말씀을 참으로 들은 것이 아니며, 그 말씀을 순종할 때까지는 참으

로 믿은 것이 아니다. 또한 진리에 대한 증거(witness)는 순종의 행위들로 말미암는 증거(witness) 가운데 나타난다. 따라서 참된 교회는 신자들의 순종을 갈망하여야 한다. 이러한 갈망은 권징의 시행 가운데 드러나는데, 바로 이것이 참된 교회의 세 번째 표지이다. 장로들은 성경에 따라 성실히 권징을 시행함으로써 교회의 참된 모습을 밝힌다.

장로들이 교회의 주님으로부터 받은 의무는 교회가 언제나 뚜렷하게 이 세 가지 표지를 보이도록 요구하는 것이다. 즉, 용기 있게 설교되는 말씀, 순종하여 집행되는 세례와 성찬, 그리고 합당하게 시행되는 권징이다.

교회 일치 운동

교회가 교파로 나뉘었다고 해서 성도의 교통이 나뉠 필요는 없다. 그러나 이러한 분열은 교회가 추구해야 하는 "완전함"(가시적 연합의 완전함)에 있어 모자란 점이 있다는 증거이다.

교회 일치 운동은 교파적 분리주의를 극복하려고 시도된 노력에 주어진 명칭이다. 이러한 노력은 교파에 대한 충성에 상관 없이 그리스도인들이 함께 일하고, 기도하고, 찬양하며, 순종할 때 성도의 교제를 최고로 실천하게 된다고 우리는 믿는다. 금세기에 다양한 협의회와 연합회 등을 통해 교파를 연합하려는 분투적인 노력이 이루어져 왔다. 이러한 노력의 결과로 나온 것이 세계 교회 협의회

(WCC), 다양한 전국 협의회, 그 밖의 협력 단체, 총회 그리고 대회들이다.

하나의 협의회로 연합을 이루기 위해 교파들은 각 교단의 교리적 독특성을 많이 양보하지 않으면 안 되었다. 연합을 위한 교리적 기초로서 남아 있는 것은 너무 "무색무취"한 것이어서 거의 의미가 없을 정도이다. 그것은 본질상 여러 협의회의 이름으로 작성된 다양한 진술들에 대해 아무런 통제도 행사하지 못한다. 또한 그 협의회들은 회원으로 가입한 교단보다는 오히려 통치하는 관료 조직을 대표하기에 이르렀고, 따라서 거의 무의미하다. 세계 교회 협의회의 창설로 대표되는 에큐메니칼 운동의 절정기는 이미 지났다.

금후 진지하게 고려해야 할 문제는 성도의 적극적이고도 순종적인 교통으로 대표되는 교회 연합이다. 그리스도인들은 그들 자신의 교리적 확신에 순종하는 가운데 그들이 지상에서 하나님의 일을 성취하는 상호 노력으로 이끌림을 발견한다. 그들은 교파적 헌신의 성실함 속에서 강력한 성도의 교통을 만끽한다.

우리는 이것이 미래의 교회 일치 운동이 될 것이라고 예측한다. 충성된 장로는 이 일을 위해 전적으로 헌신할 수 있을 것이다.

교회와 천국 열쇠

장로에게 주어진 두려운 책임은 천국 열쇠에 대한 가르침에서 가장 뚜렷하게 표현된다. 그리스도께서는 신약 교회의 창설자들인 사도들에게 이렇게 말씀하셨다.

"내가 천국 열쇠를 네게 주리니 네가 땅에서 무엇이든지 매면 하늘에서도 매일 것이요 네가 땅에서 무엇이든지 풀면 하늘에서도 풀리리라"(마 16:19).

그리스도의 죽음과 부활 전에 주어진 이 약속은 부활하신 주님에 의해 거듭 확인된다.

"이 말씀을 하시고 그들을 향하사 숨을 내쉬며 이르시되 성령을 받으라 너희가 누구의 죄든지 사하면 사하여질 것이요 누구의 죄든지 그대로 두면 그대로 있으리라"(요 20:22-23).

분명히 천국 열쇠의 권세는 영원을 위해 매고 푸는 권세이다. 이 권세는 죄를 사하는 것 또는 죄를 그대로 두는 것과 관련되어 있다. 이 권세는 교회의 머리되신 주님께서 그분의 몸된 교회에 맡겨주신 권세이고, 장로들을 통해서 교회가 행사한다.

이 두려운 권위는 자주 망각되고 종종 무시되고 있다. 참된 회개와 섬김이 없는 "값싼" 구원과 더불어 도매급으로 "복음전도"가 이루어지는 시대에 교회가 이 열쇠를 사용하는 일은 일반적으로 모호해져 있다. 그러나 성경에는 그리스도께서 가견적 교회의 손에서 이 열쇠를 거두셨다는 증거가 전혀 없다. 서로 경쟁하는 복음전도자들의 소란 속에서 이 열쇠는 잊혀지고 혹은 무시되고 있지만, 이 열쇠는 여전히 장로들인 당신들의 수중에 있다. 당신들이 무엇이든지 매면 매일 것이요, 당신들이 무엇이든지 풀면 풀릴 것이다. 당신이 행사하기를 망각한 그 권세에 대해 당신은 심판의 날에 정산을 해야만 하는 것이다.

교회는 그 열쇠의 능력을 구하지 않았다. 그리스도께서 그 권세를 교회에 나누어 주셨고, 교회가 그 권세를 어떻게 사용했는지에 대해 책임을 물으실 것이다. 주님의 목적은 명백하다. 즉 교회와 장로들에 대한 합당한 존경과 경외심을 확고히 하려는 것이다. 또한 인간의 영원한 운명에 대한 책임의 전 범위에 대해 교회와 장로들을 경계하시려는 것이다.

천국의 문은 말씀 설교에 의해 열리며 성례의 시행에 의해 말씀 설교는 확고해진다. 이 모든 것이 성경에 따라 이루어질 때 그렇다. 이것이 그 열쇠와 관련된 장로의 책임 가운데 우선적인 것이다. 권징이 출교에까지 이를 때 천국의 문은 닫혀진다. 모든 것은 장로들의 감독하에 있다. 이것은 회중에 속한 각 영혼의 운명이 걸린 문제이다.

교회와 열쇠에 대해 무관심한 세상에 현혹되지 말라. 교회 또는 파라처치(Para-Church groups) 안에 존재하는, 그 열쇠의 교리에 대한 냉담함과 무관심에 현혹되지 말라. 그리스도의 몸은 인간의 발걸음을 천국으로 향하게 하며 그들을 그곳으로 인도하는 "하나님께서 세우신 방편"으로써 여전히 존재하고 있다. 장로로서 당신의 임무는 하나님의 계시된 뜻을 행하는 교회를 감독하는 일이다.

따라서 당신은 교회에 관한 이러한 사실들을 반드시 알아야 한다.

16장
만인 제사장직

사도 바울은 모든 신자에게 그들의 몸(즉 그들의 모든 행동)을 하나님께 "산 제사"(롬 12:1)로 드리라고 권면하고 있다. 그는 덧붙여 말하기를 이것이 그리스도인에게 요구되는 "영적 예배"라고 한다.

히브리서 저자는 우리가 선을 행하고 서로 나눠주는 것이 하나님이 기뻐하시는 제사라고 말하면서(히 13:16), "항상 찬송의 제사를 하나님께 드리자"(히 13:15)고 권하고 있다.

구약에서의 제사

제사는 구약의 종교적 의식이다. 제사는 먼저 아브라함, 이삭, 야곱 같은 족장들과 관련되어 있다. 곧 이어서 백성의 죄를 위한 제사는 레위 지파 출신 제사장들의 임무가 되었다(신 33:8-11). 제사장은 백성의 죄를 인정하고 속죄하기 위해 살아 있는 동물, 즉 어린 양과 수

소와 새를 죽여서 제단 위에서 태웠다. 제사 의식은 그리스도께서 세상 죄를 담당하시고 갈보리에서 피 흘리실 것을 미리 보여주었다(요 1:29; 벧전 2:24). 히브리서 저자는 예수님을 대제사장으로 묘사하고 있다. 십자가상에서 자기 몸을 제물로 드린 주님의 제사는 구약의 예표를 성취했고 그 제사 의식을 폐하였다. 레위 지파 제사장들이 드린 희생 제사는 이제 교회에서 더 이상 요구되지 않는다.

신약에서의 제사

신약의 제사장직은 구약의 제사장직을 대신한다. 그것은 제사 가운데 여전히 실현되는 제사장직이며 모든 신자에게 요구되는 제사장직이다. 그것은 대제사장 예수 그리스도의 본을 좇아서, 계속해서 자기를 드리는 제사로 부르심을 받은 직분이다. 신자는 순종의 십자가를 지고 하나님의 뜻과 하나님의 율법에 따라 자신의 뜻과 자신의 길을 희생 제사로 드리라는 주님의 부르심을 받았다.

이미 구약에서 제사 의식은 순종과 비교되었다. 사무엘은 거역하는 왕 사울에게 "순종이 제사보다 낫다"(삼상 15:22)고 말하며, 시편 저자는 하나님께서 제사보다 그분의 뜻 행하기를 즐거워하는 자를 기뻐하신다고 선언하고 있다(시 40:6, 8). 한편 선지자 호세아는 하나님께서 제사가 아니라 인애를 원하신다고 증거하고 있다(호 6:6). 이 모든 말씀은 신자를 위하여 제사를 드렸던 의식상의 제사장직 너머 신자 자신의 제사장직을 가리킨다.

보편적 제사장직의 시대는 갈보리에서부터 시작되었다. 예수님이 그곳에서 죄 사함을 위해 피 흘리심으로써 제사장직은 그 궁극적 실체에 이르렀다. 죄 없는 분의 피가 모든 믿는 자들의 죄를 속하였다. 신자는 더 이상 피를 흘리지 않는다. 다만 그들 자신을 제사로 드릴 뿐이다. 앞에서 인용한 로마서 말씀에 의하면 신자는 자신을 하나님께 산 제사로 드린다. 하나님은 이제 이 보편적 제사장직 안에서 예배를 받으신다. 베드로는 신자가 제사장이라는 사실을 두 번 언급하면서 교회에 대해 말하고 있다(벧전 2:4, 9). 한편 요한은 교회를 "나라와 제사장"(계 1:6)으로 묘사하고 있다.

종교 개혁에 의해 재발견된 바, 모든 신자가 제사장이라는 진리는 "사랑"을 골간으로 하는 하나님의 율법을 지키는 자기희생을 의미한다.

권위의 원천이 아니다

보편적 제사장직은 교회에서의 직분이다. 모든 신자는 자기 자신을 제사로 드려야 할 의무가 있기 때문에 제사장이다. 그러나 이 직분은 권위의 직분이 아니라 의무의 직분이다.

한때 루터는 만인 제사장직이 교회 내에서 각 사람에게 권위를 부여해준다고 가르쳤고, 사람들이 그 권위를 장로와 목사에게 위임한다고 가르쳤다. 다른 사람들, 특히 분리파들은 동일한 견해를 주장하였다. 이러한 견해가 백성에게 정치 권력이 있는 민주 정체 국가에서 살고 있는 그리스도인들에게 호소력이 있을 수밖에 없는 것은 당연하다.

그러나 교회에서는 분명히 그렇지 않다. 교회에서 예수 그리스도는 주와 왕이시며, 하나님의 계시된 뜻이 행위의 법칙들을 확립한다. 루터는 나중에 성경을 이와 같이 이해하였고, 프랑스 개혁파 교회의 초기 총회는 장 모레리(Jean Moreley)의 가르침에 반대하여 이 견해를 확인하였다.

제사장직과 장로

하나님께서는 모든 신자를 자기 자신을 제사로 드리는 제사장직으로 부르신다. 이러한 부르심은 교회 안에서의 권위의 원천이 아니다. 오히려 장로가 회중의 존경을 요구하는 기초가 된다. 장로는 회중의 선택을 통해서 하나님께 드리는 "영적 예배"를 감독하도록 임명된다. 신자는 말씀에 대한 순종 가운데 자기 자신을 제사로 드림으로써 영적 예배를 드리는 것이다. 신자들은 제사장이 될 의무가 있으므로, 장로들은 하나님의 소명에 따라 순종하는 신자들을 격려하며 순종하지 않는 자들을 주의 이름으로 책망할 권리와 의무가 있다.

제사장직과 목사

만인 제사장은 교회 안에서 선포되는 말씀의 역할을 확립해준다.

희생 제사는 도구와 무기와 검을 필요로 한다. 영적인 제사는 영적인 도구를 필요로 한다. 성령의 검은 하나님의 말씀이다(엡 6:17). 이것이 하나님의 말씀이 전파되는 곳에 사람들이 교회로 모이는 이유다. 왜냐하면 여기서 그 검(말씀)은 신자의 합당한 예배(reasonable service)인 자기희생의 제사에 적용되기 때문이다.

따라서 종교 개혁은 예수 그리스도의 참된 교회를 하나님의 말씀이 참되게 전파되는 곳과 주로 동일시하였다. 즉 교회는 성령의 검이 자기희생의 제사를 위해 두려움 없이 제공되는 곳이다. 성례전에서 말씀은 가견적인 것이 된다. 제사장직을 수행하는 면에서 신자가 진보하도록 장로들은 신자들을 권징한다. 장로들은 성령의 검을 따라 모든 신자가 "거룩한 제사장직"을 수행하는 정해진 목표를 향해 부르심을 받는다.

생명길로서의 제사장직

신자는 믿음으로 제사장직을 받는다. 이것은 순종의 여정의 끝이 아니라 시작이다. 바울은 다음과 같이 말한다.

"그러므로 나의 사랑하는 자들아 너희가 나 있을 때뿐 아니라 더욱 지금 나 없을 때에도 항상 복종하여 두렵고 떨림으로 너희 구원을 이루라 너희 안에서 행하시는 이는 하나님이시니 자기의 기쁘신 뜻을 위하여 너희에게 소원을 두고 행하게 하시나니"(빌 2:12-13).

여기서 바울은 주님의 경고를 되풀이하여 "생명으로 인도하는 문은 좁고 길이 협착하여"(마 7:14)라고 말하고 있다.

다른 구절에서 바울은 신자에게 요구되는 자기희생적 삶을 올림픽에 참가하는 자에게 요구되는 훈련과 비교하고 있다.

"운동장에서 달음질하는 자들이 다 달릴지라도 오직 상을 받는 사람은 한 사람인 줄을 너희가 알지 못하느냐 너희도 상을 받도록 이와 같이 달음질하라 이기기를 다투는 자마다 모든 일에 절제하나니 그들은 썩을 승리자의 관을 얻고자 하되 우리는 썩지 아니할 것을 얻고자 하노라 그러므로 나는 달음질하기를 향방 없는 것 같이 아니하고 싸우기를 허공을 치는 것 같이 아니하며 내가 내 몸을 쳐 복종하게 함은 내가 남에게 전파한 후에 자신이 도리어 버림을 당할까 두려워함이로다"(고전 9:24-27).

또한 바울은 디모데에게 말하기를 "경기하는 자가 법대로 경기하지 아니하면 면류관을 얻지 못할 것"(딤후 2:5)이라고 했다. 목사는 여기서 말하는 '경기하는 법'을 세우는 일을 위해 소명을 받은 것이다. 또한 장로는 말씀과 삶 양면에서 설교자의 순종과 신자들의 제사장직의 순종을 감독하는 일을 위해 임직을 받은 것이다.

이 모든 것의 심각성은 바울 자신의 고백 가운데 나타나 있다.

"내가 이미 얻었다 함도 아니요 온전히 이루었다 함도 아니라 오직 내가 그리스도 예수께 잡힌 바 된 그것을 잡으려고 달려가노라 형제들아 나는 아직 내가 잡은 줄로 여기지 아니하고 오직 한 일 즉 뒤에 있는 것은 잊어버리고 앞에 있는 것을 잡으려고 푯대를 향하여 그리스도 예수 안에서 하나님이 위에서 부르신 부름의 상을 위하여 달려가노라 그러므로 누구든지 우리 온전히 이룬 자들은 이렇게 생각할지니"(빌 3:12-15).

민음을 통한 영적 출생은 말씀 전파와 장로의 권징 아래 믿음으로 사는 성숙한 제사장적 삶으로 발전되어야 한다.

"내가 복음을 부끄러워하지 아니하노니 이 복음은 모든 믿는 자에게 구원을 주시는 하나님의 능력이 됨이라…복음에는 하나님의 의가 나타나서 믿음으로 믿음에 이르게 하나니 기록된 바 오직 의인은 믿음으로 말미암아 살리라 함과 같으니라"(롬 1:16-17).

그리스도 안에 있는 제사장적 삶을 받는 믿음은, 순종을 통해 더할 나위 없이 풍성한 제사장적 삶에 도달해 나가는 믿음이 된다.

신자들의 어머니

존 칼빈은 《기독교 강요》에서 교회에 대해 아래와 같이 언급하고 있다. "먼저 '어머니'라는 명칭에서 무엇을 배우고자 한다. 어머니로서의 교회에 대한 이해를 가지는 것이 얼마나 유용하며 필수적인지는 말로 다할 수 없다. 왜냐하면 어머니가 우리를 잉태하고 출생하고 양육하고 장차 우리가 이 육신을 벗고 천사같이 될 때까지 계속적으로 보살피고 지도해주지 않는다면 우리는 생명에 들어갈 수 있는 길이 없기 때문이다"(기독교 강요 IV. I. 4). 칼빈은 다음과 같이 덧붙이고 있다. "우리의 연약함 때문에 우리는 교회라는 공동체를 평생 떠날 수가 없다. 더 나아가서 교회의 품을 떠나서는 이사야와 요

엘이 증거하듯이 사죄나 구원을 바랄 수 없다(사 37:32; 욜 2:32). 에스
겔도 이들과 마찬가지로 경건한 생활 밖으로 나간 자들은 하나님의
백성의 공회에 들지 못할 것이라고 선언하고 있다(겔 13:9). 반면에
참된 경건으로 돌아오는 자들은 예루살렘 거민 중에 그 이름을 새
길 것이라고 기록되어 있다"(사 56:5; 시 87:6; 기독교 강요 IV. I. 4).

제사장적 삶이 매우 힘든 분투하는 삶이라는 것을 신자가 옳게
인식해야, 교회의 필요성과 교회의 신실한 멤버로 등록할 필요성에
대해 옳게 인식하게 된다. 만일 제사장적인 자기희생적 삶을 사는
것이 용이하다면, 또한 그러한 구원받은 삶이 요청만 하면 바로 손
쉽게 소유할 수 있는 것이라면, 교회의 멤버가 되는 것은 필수적이
지 않고 거의 선택사항에 불과할 것이다. 그러나 만일 성경이 거듭
가르치는 바와 같이, 올림픽 경기를 위해 경기자가 훈련하듯 경건
안에서 훈련하는 자들에게만 영생의 상급이 주어진다면, 직분자의
지도를 따르는 교회의 멤버가 되는 일은 구원을 위해 필요불가결한
것이다.

신자는 그리스도께서 수동적 신앙으로 복음 앞에 나아온 자들로
그분의 교회를 세우시지 않고, 자신이 그리스도의 부름을 받은 것
을 발견하고서 그분의 참된 몸, 즉 순종하는 제사장적 몸의 멤버로
등록되기 위해 그분이 세우신 방편을 추구하는 자들을 위하여 그리
고 그들로 교회를 세우신다는 사실을 이해한다. 어린 아기가 엄마의
품을 간절히 찾듯이, 중생할 때 교회 안으로 중생한 참된 신자는 생
존과 보존과 성장을 위해 어머니 같은 교회의 품을 간절히 찾는다.

행위의 두 본보기

계시는 인간 행동의 두 모델, 즉 인류에게 열려 있는 가능성의 두 가지 양식을 보여준다. 하나는 첫 아담의 모델로서, 아담의 행동이 증거하는 원리는 "하나님의 뜻이 아닌, 나의 뜻이 이루어질지어다" 라는 경구로 표현된다(창 3:1-13). 다른 하나는 둘째 아담의 모델로서, 그의 말과 행동이 증거하는 원리는 "내 원대로 마시옵고 아버지의 원대로 되기를 원하나이다"이다(눅 22:42). 결국 모든 역사는 첫째 원리나 둘째 원리를 본받은 두 가지 길 사이에서 인간을 나눈다.

첫 아담의 원리를 택하는 모든 자들에게는 자기 주장의 넓은 길이 열린다. 그러나 그 길은 결국 멸망으로 그들을 인도한다. 교회는 말씀 곧 진리에 대해 증거하는 순종 가운데 이러한 길에 대해서 심판을 선포하기 위해 부르심을 받았다. 그리고 이러한 증거에 대한 반동 때문에 교회는 넓은 길이 엉망진창으로 뻗어나간 세상의 손에 의해 핍박을 받는다.

"무릇 그리스도 예수 안에서 경건하게 살고자 하는 자는 박해를 받으리라 악한 사람들과 속이는 자들은 더욱 악하여져서 속이기도 하고 속기도 하나니"(딤후 3:12-13).

교회의 주인되신 주님께서 역사 가운데 있는 그분의 몸된 교회에게 다음과 같이 말씀하신다.

"사람들이 나를 박해하였은즉 너희도 박해할 것이요 내 말을 지켰은즉 너희 말도 지킬 것이라…때가 이르면 무릇 너희를 죽이는 자가 생각하기를 이것이 하나님을 섬기는 일이라 하리라"(요 15:20; 16:2).

세상의 인기를 얻는 것은 분명히 참된 교회의 표식 가운데 하나가 아니다.

둘째 아담의 본보기를 택하는 모든 사람에게는 교회를 통하여 자기 부인의 좁은 길이 열린다. 이 길은 승리하는 교회 안에서 영원한 생명으로 그들을 인도한다. 신자의 어머니로서 교회는 이러한 본보기로 그 자녀를 인도하기 위해 모든 노력을 기울인다. 경건에 이르는 길을 교육하기 위해서 그리스도께서는 그분의 교회를 세우시고, 그 교회의 직분들을 제정하신 것이다.

좁은 길은 쉬운 길이 아니다. 기쁨과 열정으로 그 길에 들어선 사람들 중 일부는 낙오한다. 씨 뿌리는 자의 비유에서 주님은, 말씀을 열정적으로 들었으나 수동적으로 받은 것 때문에 "환난이나 박해가 일어날 때" 혹은 "세상의 염려와 재물의 유혹"이 있을 때 넘어져서 더 이상 참된 교회의 일원이 아닌 자들이 있다고 말씀하셨다(마 13:21-22).

신자들은 진리에 순종하는 종으로 살려고 노력하는 가운데 기복을 경험한다. 바울은 그 자신에 대해 다음과 같이 말한다.

"내가 행하는 것을 내가 알지 못하노니 곧 내가 원하는 것은 행하지 아니하고 도리어 미워하는 것을 행함이라"(롬 7:15).

이와 같이 짐을 지고 있는 신자는 어머니(교회)의 위로의 품 안에 거듭 안긴다. 그 어머니는 열쇠를 소유하고 있으므로 다음과 같은 말씀에 대해 증거할 수 있다.

"그러므로 이제 그리스도 예수 안에 있는 자에게는 결코 정죄함이 없나니"(롬 8:1).

제사장 된 신자에게 있어서 주께서 교회에 대하여 "무엇이든지 땅에서 풀면 하늘에서도 풀리리라"(마 18:18)고 하신 말씀은 참으로 자유를 준다.

모든 신자는 자아를 부인하려는 노력 가운데, 어머니가 보기에 평등하다. 즉 무엇보다도 하나님을 사랑하고 자신과 같이 남을 사랑하라는 계명은 모든 사람에게 동등하게 적용된다. 학식 있는 자와 무식한 자, 부자와 가난한 자, 재능 있는 자와 없는 자 가운데 그 누구도 순종의 능력에 있어서 어떤 우선권을 갖고 있지 않다. 그 말씀은 모든 사람을 향하여 주어진 것이다.

바울은 자아를 희생하는 제사장직의 평등함에 대해 언급하고 있다.

"너희는 유대인이나 헬라인이나 종이나 자유인이나 남자나 여자나 다 그리스도 예수 안에서 하나이니라"(갈 3:28).

교회의 직분들은 "너희 안에서 착한 일을 시작하신 이가 그리스도 예수의 날까지 이루[시는]"(빌 1:6) 목적을 위해서 기능한다.

이 목적을 위해 목사의 직분을 맡은 자는 말씀을 전파한다. 이 목적을 위하여 집사 직분에 임명된 사람들은 교회 안의 곤궁한 자를 위해 봉사하며, 곤궁한 상태에 있는 세상을 섬기고자 한다. 이 목적을 위하여 각 회중 가운데 다스리는 장로로 임명된 감독자들이 모든 일을 감독하고 다스린다.

오늘날 긴급히 요청되는 교회의 갱신은 다스리는 장로의 직분의 갱신으로부터 자극을 받을 것이다.

따라서 우리는 지금 하나님 말씀에 의해 특정된 바 이 직무를 계속하여 특별히 다루고자 한다.

17장
장로직 개관

"장로"는 누구인가?

첫째, 이 용어는 고대로부터 존경의 표시로 사용된 말이다. 이스라엘 역사의 초기부터 장로들은 지도권을 행사했고, 뿐만 아니라 그 밖의 모든 문명 세계에 장로들의 협의회가 있었던 것으로 보인다.

둘째, "장로"라는 용어는 나이에 대한 명백한 언급을 하고 있다. 가장 연로한 자는 가장 나이 어린 자의 정반대편에 있는 자이다.

그러나 셋째로, 세월이 지나서 나이를 먹으면 자연히 존경의 표시인 "장로"의 명칭을 갖게 되는 것이 아니다. 나이는 그 자체에 있어서 단지 나이일 뿐이다. 나이든 바보보다 더 바보스러운 것은 없다.

"장로"라는 용어는 지식이 지혜가 되기 위해 경험에 의해 연단되어야 한다는 사실로부터 그 보편적 존중을 획득하여 왔다. 경험은 시간이 걸린다. 지혜는 하나님의 율법에 순종하면서 살아간 시간으로부터 생겨난다. 하나님의 율법은 인간 양심에 기록되어 있고 또한 영감된 말씀 가운데 있다. 시간의 들판을 지나서 지혜를 추수하는 자들은 그 용어의 전통적이며 존중하는 의미에 있어서의 "장로"들이 된다. 수세기에 걸쳐서 사람들은 좋을 때와 나쁠 때 지도와 조언을 받기 위해 그들의 "장로"들을 찾곤 했다.

장로와 전문가

"장로"는 "전문가"와 매우 다르다. 종종 젊고 참을성 없는 사람은 이 차이를 무시하곤 한다.

전문가는 과학에 의해 더욱더 많아진 정보를 다룬다. 장로는 율법과 이상(ideal)에 대한 오래고도 인내하는 순종을 통해서만 얻어지는 지혜를 다룬다. 장로는 시간의 산물이요, 전문가는 훈련의 산물이다. 장로는 회고적이요, 전문가는 충동적이다. 장로는 인간의 연약함, 특히 자신의 연약함에 대해 민감한 반면에 전문가는 자신만만하다. 장로는 경청하는 경향이 있고, 반면에 전문가는 단언하는 경향이 있다. 전문가는 그의 정보의 양으로 현자를 압도함으로써 순진한 사람에게 감명을 줄 수 있을지도 모른다. 그러나 양과 질, 지식과 지혜 사이의 차이를 구별하지 못하는 교회와 문화는 더 이상 번영하지 못한다.

교회에서 신학 전문가는 해석학이 성경으로부터 구원에 대한 지식을 끌어낼 수 있다고 가정한다. 즉 과학적 기술이 자연 법칙으로부터 인간의 달 착륙에 필요한 지식을 끌어낼 수 있는 것처럼 그 지식을 얻을 수 있다고 생각한다. 성경을 이런 식으로 잘못 다루고 있으며, 또한 지혜도 잘못 다루고 있다. 즉 연구의 기술을 습득한 사람이면 누구나 성경이나 지혜에 접근할 수 있다고 잘못 생각한다.

지식과 지혜에 대한 이러한 혼동에 의해 전문가는 장로보다 훨씬 더 우월한 위치에 있는 것처럼 보일 수 있다. 그래서 전문가가 많은 사람들을 잘못된 길로 인도하는 동안 장로는 그저 겸손하게 자신의 평화를 유지하고 있을 수도 있다. 왜냐하면 어제의 전문가는 종종 내일의 열등생이며 오늘의 이론은 내일의 큰 실수가 되곤 하기 때문이다.

장로가 지혜로운 지도력에 대한 그의 성경적 지위를 다시 취할 것인가의 여부와 교회가 한 이론에서 다른 이론으로 변덕스럽게 변하는 "전문적 의견"을 앞으로 계속 따를 것인가의 여부는 교회에 있어서 지극히 중요한 문제이다.

구약에서의 장로

구약에서 최초로 장로를 언급한 것은 하나님의 입술로부터이다(장로에 대한 언급은 언제나 장로들의 협의회에 관한 것이다). 하나님께서는 불타는 떨기나무 가운데서 모세에게 말씀하실 때, 모세에게 애굽으로 돌아가서 종살이하는 이스라엘의 장로들을 불러 모으라고 지시하셨다.

"너는 가서 이스라엘의 장로들을 모으고 그들에게 이르기를 여호와 너희 조상의 하나님 곧 아브라함과 이삭과 야곱의 하나님이 내게 나타나 이르시되"(출 3:16).

또한 출애굽기 4장 29절에 모세는 아론과 함께 명령받은 대로 행했다고 기록되어 있다.

이스라엘 장로직의 기원과 장로의 선발 방법은 성경 어느 곳에도 기록되어 있지 않다. 그러나 의미심장한 사실은 하나님께서 족장들의 이름(아브라함, 이삭, 야곱)을 백성을 지도하는 장로들에 대한 언급과 연결시키셨다는 점이다. 또한 우리는 나이와 경험의 자연적인 우위에 아주 익숙하므로 장로들(젊은이나 전문가 혹은 지하 운동가들이 아니라)을 모으도록 모세에게 명하신 하나님의 지시는 전혀 이상한 느낌을 주지 않는다.

이스라엘 백성의 역사에서 장로들은 거듭 나타난다. 그 백성이 애굽을 떠날 때, 광야에 거할 때, 그리고 약속의 땅을 정복할 때 장로가 언급되고 있다. 신명기에서 장로에게는 공적이며 종교적인 행동을 위한 특별한 책임이 주어지고 있다(19:12; 21:19-20; 22:15-18; 25:7-9; 31:9-13). 아론과 그의 아들들이 제사장직을 맡을 때 장로들은 모세와 함께 있었다(레 9:1). 이스라엘 백성의 통일성은 장로회에서 가시적으로 표현된다. 하나님은 장로들을 통하여 모세와 여호수아에게 주신 명령을 백성에게까지 전달하신다. 또한 모세와 여호수아는 장로들을 통해서 후원과 조력을 받고 설명을 듣는다.

이스라엘이 왕을 갖기 전, 즉 사사 시대에 장로의 회의는 이스라엘의 도성과 여러 지역에서 정치적, 군사적, 사법적 권한을 행사하였다. 장로들의 결정에 의해 법궤는 블레셋과의 전투가 있는 전쟁

터로 옮겨졌다(삼상 4:3). 장로들은 하나님과 사무엘에게 왕을 요구할 때 백성을 대표하고 있다(삼상 8:4-5). 다윗은 장로들과의 조약에 의해서 왕위에 오른다(삼하 3:17). 솔로몬 성전을 봉헌할 때 장로들이 나타난다(왕상 8:1-3). 솔로몬이 점점 더 절대 군주가 되어갈 때 장로들은 그 명성을 잃는 어려움을 겪는다.

바벨론 포로 기간 중에 장로들은 팔레스타인에 남아 있는 자들 사이에서 그리고 이방 나라에 잡혀간 사람들 중에서 다시 지도력을 회복한다.

요약하면, 장로직의 싹은 하나님의 백성으로서의 이스라엘의 초기에 생겨났고 역사서와 선지자들의 시대를 거쳤으며 구약 교회에서 리더십과 감독의 명백한 패턴을 형성했다.

신약에서의 장로

예수님 당시까지 장로직은, 산헤드린 공회의 치리 안에서 제도화되었다. 그리고 장로회는 회당을 지배했다. 산헤드린의 평신도 회원이었던 장로들 이외에, 산헤드린은 서기관(학자)과 제사장(예수님 당시에는 대개 사두개인)으로 구성되었다.

장로회는 회당을 책임 맡고 있었다. 그래서 장로회는 회당의 예배와 교육에 관한 권한을 행사하였고 그 예배에 참석하는 자들의 행동을 감독하였다. 이러한 회당의 운영은 후에 초기 기독교의 교회를 위한 본보기가 되었다.

예루살렘의 가난한 자들을 위한 헌금을 받는 맥락에서 사도행전 11장 30절에 최초로 언급된 기독교 장로들의 회의는 오래 전에 모세가 보냄을 받았던 그 장로들의 회의처럼 아주 자연스럽게 나타나고 있다. 장로들은 할례가 모든 신자에게 요구되는지의 여부를 결정하기 위해서 사도들과 함께 회의에 참석했다(행 15장). 또한 사도 바울은 그의 선교 여행의 결실에 대하여 장로와 사도들이 모인 자리에서 보고한다(행 21:15-26).

바울과 바나바는 그들의 선교 사역의 결과로 새로이 형성된 교회에서 장로들을 세웠다(행 14:23). 이로써 그들은 기독교 교회의 조직을 위한 하나의 본보기를 정해주었다. 교회를 구약 교회의 역사 가운데 오랜 시간에 걸쳐 형성된 기초 위에 세운 것이다.

이제 교회는 장로직에 관한 영감된 가르침을 받고 있다. 디모데전서(3:2-7)와 디도서(1:5-9)에서 바울은 장로직의 사명과 자격 요건들을 언급하고 있다. 한편 에베소 장로들에 대한 고별사(행 20:28-31)에서 바울은 장로들의 권위와 책임을 확립시켜주고 있다. 본서는 이러한 본보기 위에 기초를 두고 있다.

따라서 신약성경은 다음의 기능들을 장로의 직분에 부여하고 있다. 첫째, 하나님의 권속을 다스리고(딤전 3:4-5; 5:17), 둘째, 가르치며(딤전 3:2), 셋째, 잘못된 교훈이 들어오지 않게 지키고 건전한 교리가 부패하지 않게 보호하고(딛 1:9), 넷째, 주님 자신의 대표자로서 주님의 양 떼들을 감독하는(요 21:16; 히 13:7; 벧전 5:2) 일이다.

처음에는 사도들에 의해 선택되었고(아마 교회의 동의와 더불어) 이제는 회중의 선출에 의해 세워지는 장로는 성령에게서 그의 직분을 받는다(행 20:28).

종교 개혁 이전 교회에서의 장로

주후 2세기경 신약 교회는 로마 가톨릭교회의 특징인 "제사장적 성직자 계층 구조"로 이어져 가는 변화의 시작을 보게 된다. 바울이 디도서에서 교차적으로 사용한 "장로"와 "감독"이란 용어는 공인된 사제직을 가리키게 되었고, 교황이 임명하는 주교들이 사제들을 관장하게 되었다. 사제는 미사를 집례하며, 로마 가톨릭교회에서 미사는 은혜의 일차적 통로이다. 주교는 사제들을 임명하였으며, 교회 행정에서 평신도의 역할은 사라졌다. 4세기경에 이르러서는 성직자와 평신도 사이의 구분이 절대적이 되었고, 장로들은 이미 다스리는 직분이 아니었다.

시대가 지나가면서 말씀 선포는 양적으로나 질적으로 모두 퇴보했다. 종교 개혁의 반동으로 열린 트렌트 공의회(Catholic Council of Trent, 1545-1563)는 본질상 그때까지 발전시킨 성직자 계급 제도를 재확언하였다. 즉 교회의 직분은 주교, 사제, 부제이며 그 직분의 임명은 교황의 특권이다. 사제와 집사의 임명의 경우에 교황은 주교에게 그 권한을 위임한다. 장로의 직분은 사라졌다.

장로와 종교 개혁

루터가 성직자 계층 구조의 파열을 가져왔다고 해서 그것이 바로 교회에 장로의 신약성경적 역할을 회복시키지는 않았다. 루터교회는 19세기까지(예외적인 경우가 있지만) 주교의 관리자 역할을 보존하였다. 영국에서의 종교 개혁도 주교의 감독 역할을 계속 보존시켰다.

신약성경의 장로직이 다시 한 번 그 관리자적 역할을 부여받은 것은 제네바의 개혁파 교회에서였다. 그 개혁의 지도자는 존 칼빈이었다. 장로직이 공의회나 회의로서의 협력적 형태와 더불어 교회의 평신도 행정에 다시 한 번 도입된 것은 개혁파(장로교)의 전통 안에서이다.

칼빈은 디모데전서 5장 17절에 근거해서 목사와 평신도 장로를 구별하였다. 그는 감독과 장로라는 용어들이 모두 장로직을 지침하는 것이며 이 둘은 교회 안에서 동등한 위치라고 이해하였다.

교회에 신약성경의 장로직을 회복시키려는 칼빈의 노력과 동일한 노력이 스트라스버그의 부처와 스코틀랜드의 존 녹스에게서도 나타났다. 프랑스에서 장로직은 1559년에 비밀리에 열린 최초의 개혁파 총회에서 확인되었다. 장로직은 가장 최근(1938년)의 프랑스 개혁파 교회 질서(French Reformed Church Order)에서 재확언되고 있다.

네덜란드의 경우, 장로직은 1571년에 엠덴(Embden)에서 개최된 최초의 개혁파 총회가 채택한 교회 질서(church order) 가운데 나타난다. 1560년에 스코틀랜드의 개혁파 교회는 장로직을 규정한 교회 질서를 채택하였다.

여러 다른 이름으로 불리지만, 종교 개혁을 통해 생겨난 교회들은 다스리는 평신도 장로직을 갖고 있다. 개혁파 교회에서 우리가 논의하는 직분을 위해 일반적으로 사용하는 용어는 "장로"(elder)이다. 때때로 장로회(trustee) 혹은 장로(presbyter)라는 용어도 발견된다. 회중교회는 다스리는 평신도에 대해 "장로"(elder)라는 용어를 사용한다. 반면에 침례교회는 그 용어를 목사 혹은 심지어 순회 전도자를 가리킬 때 사용할 수도 있다. 비록 감리교회에서는 일반적으로 "감독"(superintendent)이란 용어가 치리직에 대해 사용되지만 "장로"라는 용어도 발견된다.

용어의 문제

신약성경에서 장로직을 표시하기 위해 두 개의 헬라어가 사용되고 있다. 그 두 가지 용어는 "프레스비테로스"(presbyteros)와 "에피스코포스"(episkopos)이다. 각각의 용어는 교단의 명칭 가운데 나타나고 있음을 알 수 있을 것이다(Presbyterian church, Episkopal church를 염두에 두고 있음—편집주). "프레스비테로스"는 지혜와 영적인 성숙을 가리키는데 이것은 흔히 나이듦의 열매이다. "에피스코포스"는 감독, 권위, 책임을 가리킨다.

로마 가톨릭, 희랍 정교회 그리고 영국 성공회는 그들의 감독 제도를 "주교"(bishop)로 번역하는 "에피스코포스"로부터 끌어내고 있다. 주교는 교회에서 치리적 권위자이며 또한 그 권위를 행사하는 사제를 가리킨다.

장로교회와 회중교회를 포함하여, 개혁파 전통의 교회들은 바울 자신의 용법에 따라 "장로"와 "감독"의 의미를 장로직 안에서 결합하고 있다. 바울은 디도에게 지시하기를, "내가 명한 대로 각 성에 장로들을 세우게 하려 함"이라고 했다. 계속해서 바울은 "감독은 하나님의 청지기로서 책망할 것이 없고"라고 말했다(딛 1:5, 7). 여기서 바울은 동일한 사람과 동일한 직분을 가리키기 위해서 "장로"와 "감독"이란 두 용어를 사용하고 있다. 개혁파 및 장로교 전통의 교회들은 따라서 감독이 장로보다 교회에서 더 높은 권세를 가지고 있다는 견해를 거부했다. 한편 루터교회는 관리 구조에 있어서 감독 제도를 따르는 경향이 있었다.

다스리는 장로와 가르치는 장로

바울은 디모데전서에서 "잘 다스리는 장로들은 배나 존경할 자로 알되 말씀과 가르침에 수고하는 이들에게는 더욱 그리할 것이니라"(딤전 5:17)고 말한다. 장로들은 여기서 바울이 다음과 같이 가르치고 있는 바에 주의하여야 한다.

① 바울은 교회에서 치리권이 부여된 자들을 모두 "장로"라는 일반적 칭호로 부르고 있다는 사실을 주목하라. 그들에게 있어서 신분이나 권위의 우선권은 없다. 교회에서 어떤 기능을 담당하든지

간에 각 장로는 다른 장로와 동등한 위치에 있다. 그 누구도 다른 사람보다 우월한 위치에 서 있지 않다. 모든 장로의 투표권과 발언권은 그 비중에 있어서 동등하다.

② 바울은 말씀을 전하고 가르치는 특별한 기능을 수행하는 장로들에 대해 언급하고 있다는 사실도 주목하라. 오늘날 우리는 이러한 장로들을 목사라고 부른다. 개혁교회와 장로교회는 일반적으로 안수식을 통해서 목사에게 가르치는 권한을 부여한다. 반면에 다스리는 장로라 불리는 사람들은 시무하는 일에 임직시킨다. 성직에 임명되는 것은 일생을 위한 것이다. 비록 어떤 장로교회에서는 장로 선출이 그 장로가 시무하지 않는 경우에도 일생 동안 유효한 것이지만, 개혁교회에서 장로로 임명하는 것은 규정된 직무의 기간 동안을 위한 것이다.

③ 말씀을 가르치고 전하는 기능을 위해 성직에 임명되는 것은 우월한 권위나 신분을 부여해주지 않는다. 오히려 그것은 목사가 "주께서 이와 같이 말씀하십니다"라는 확신을 가지고 영감된 하나님의 말씀을 전파하는 일을 담대하고 신실하게 수행해야 하는 두려운 직무를 감당하도록 책임을 부여한다. 이러한 책임을 맡은 목사는 장로들의 열렬한 후원을 필요로 한다. 왜냐하면 말씀을 증거하는 일은 주님과 그분의 많은 신실한 대변자들의 생명을 희생시킨 막중한 사명이기 때문이다. 자유 진영의 국가에서도 다시 그러한 대가가 지불되어야 할지도 모르며, 전체주의 국가에서는 이미 그러한 일이 존재하고 있다. 말씀 전파에 대한 다스리는 장로의 감독은

목사가 공평하게 "하나님의 뜻을 다"(행 20:27) 선포하도록 그를 격려하는 일도 포함한다.

④ 본서에서 우리는 "장로"라는 용어로 다스리는 장로를 언급하고 있고, "목사"라는 용어로 말씀을 전하는 일을 맡은 장로를 언급하고 있다. 이것은 개혁교회 그리고 일반적으로 장로교회의 공통적인 용어 사용에 일치하는 것이다. 본서에서 유익한 정보를 얻은 다른 교단의 회원은 이러한 용어에 대해 필요한 대로 채택할 수 있을 것이다. 우리는 장로와 목사가 그 불리는 기능에 있어서 구별되지만, 성경에 따르면 그들이 신분과 권위에 있어서 동등하다고 생각한다. 우리는 목사가 그가 받은 교육과 그의 직무 그리고 교회의 인정에 의해서 교회의 업무에 관해 장로보다 우월한 권한을 행사하는 것처럼 보일지도 모른다는 사실을 인정한다. 그러나 이와 같이 우월하게 보이는 것은 성경적 근거가 없는 것이다. 동일한 의미에서 우리는 감독의 중심적 권위를 인정하는 감독 제도가 성경을 오해한 것이라고 생각한다. 물론 우리는 그러한 교회에서 성도의 교통을 누리는 신자들을 인정하는 바이다.

요약

장로는 이스라엘의 역사 초기부터 하나님의 대표자로서 교회를 다스려 왔다. 장로직은 두려운 책임의 직분이다. 만일 당신과 모든 교회의 수많은 다른 장로들이 새로운 정신과 참신한 소망과 열렬한 기대를 가지고 임명받은 소명을 감당하기 위해 일어난다면, 그리스도의 교회는 갱신될 것이고 세계 문명은 새날을 예고할 것이다.

만일 현재 장로가 아닌 당신의 손에 이 책이 들어갔다면 장로다운 장로가 되도록 돕는 일에 다른 수많은 평신도들과 힘을 모아 참여하라. 그 결과는 동일하게 창조적인 자극이 될 것이다. 바로 지금 생명력 있는 장로직을 요구하라!

Part 6

미래에 대한 예견

Part 6
"사나운 이리가 여러분에게 들어와서
그러므로 여러분이 일깨어"

주님의 지상명령 아래서 제자화를 수행하는 기관으로서 교회를 감독하는 장로의 역할. 교회 안팎에서 교리와 삶의 탈선을 유도하는 일에 대한 방어. 오늘날의 이단 종파의 교리와 실재에 관해 장로들을 깨우치기 위한 간략한 개요.

18장
지상명령

"하늘과 땅의 모든 권세를 내게 주셨으니 그러므로 너희는 가서 모든 민족을 제자로 삼아 아버지와 아들과 성령의 이름으로 세례를 베풀고 내가 너희에게 분부한 모든 것을 가르쳐 지키게 하라"(마 28:18-20).

예수님이 승천하시기 직전에 제자들에게 주신 이 말씀은 보통 지상명령이라고 불린다. 이러한 위임을 받은 제자들은 신약 교회, 즉 장로인 당신이 중요한 직분을 맡고 있는 바로 그 교회를 대표한다. 제자를 만드는 교회의 책임이 바로 지금 당신 어깨 위에 놓여 있다. 이 일을 완수하기 위해 당신은 어떤 일을 해야 하는가?

교회의 과업

먼저 주께서 교회에게 하도록 요구하시는 것이 무엇인가 살펴보라. 교회는 제자를 만들어야 한다.

오늘날 증진되고 있는 수많은 형태의 "복음전도" 운동을 평가함에 있어서 이 제자화는 평가의 열쇠이다. 각 운동과 단체를 주의 깊게 살펴보라. 성도들에게 주님을 위해 제자를 삼으려고 노력하는 단체만을 추천해주라. 제자를 만드는 것이 목적인지 그리고 그 목적을 어떻게 하면 잘 성취할 수 있는지를 물어보라. 이 한 가지 목적을 다른 모든 매력적인 일이나 대신할 만한 일로부터 분리시키라. 왜냐하면 주께서는 단순히 "제자를 삼으라"고 말씀하고 계시기 때문이다.

제자

제자란 선택을 받고 따르는 사람이다. 주님의 모든 제자는 주께 봉사하도록 한 사람씩 이름을 불리워 선택받았다. 주께서는 "나를 따르라"고 말씀하신다.

제자는 자신의 뜻을 따르는 자가 아니라 주의 뜻을 따르는 자라는 사실을 기억하라.

주께서는 지상명령을 통해 그의 제자들이 어떻게 되어지기를 원하시는지를 밝혀주고 계신다. 즉 세례를 받은 자가 되기를 원하신다는 점을 명백하게 하셨다. 이 말은 무슨 뜻인가?

세례란 제자들이 예수 그리스도가 누구인가를 아는 것을 뜻한다. 즉, 그분은 "하늘과 땅의 모든 권세"를 가진 분이다.

세례란 제자들이 아담으로부터 물려받은 모든 죄책에서 깨끗하게 되는 것을 뜻하며, 사탄이나 그 자신과 같은 다른 권위를 섬김으로써 범하게 된 모든 죄로부터 깨끗하게 되는 것을 뜻한다.

세례란 제자들이 죄와 사망의 짐과 속박으로부터 자유롭게 되는 것을 뜻한다. 이스라엘 민족이 홍해를 통과했던 것처럼(그 일을 통해 세례가 미리 알려졌음) 제자들은 세례에 의해 다른 주인에게 속박되는 위협으로부터 자유를 얻는다.

또한 세례를 받는다는 것은 노예 상태에서 자유롭게 된 제자가 이제 참으로 자유롭게 하는 섬기는 삶에 헌신하는 것을 뜻한다.

주께서는 이러한 섬기는 삶이 요구하는 바가 무엇인지를 명백히 밝히고 계신다. "내가 너희에게 분부한 모든 것을 가르쳐 지키게 하라."

지상명령의 말씀에 근거해 살펴보면, 제자란 교회에 의하여 예수 그리스도께 순종하는 삶으로 징집된 자를 뜻한다. 이는 이스라엘 민족이 애굽에서 구출되어 시내산 계명에 따라 하나님을 섬기게 된 것과 마찬가지이다.

이러한 사실을 알고 있는 장로는 적절한 복음전도의 방법과 적절하지 못한 방법 사이의 차이점을 분별하는 데 그다지 많은 어려움을 겪지 않을 것이다. 그 분별 방법은 "제자화"의 여부에 있다. 즉, 예수님의 뜻을 알고 그것을 행하는 일에 자신을 헌신하는 제자를 만드느냐가 관건이다.

분부한 모든 것

"내가 너희에게 분부한 모든 것"이란 무엇인가?

지상명령을 성실한 자세로 받아들인 장로는(당신은 반드시 성실한 태도로 받아들여야 한다) '주님은 무엇을 명하시는가'라는 질문을 반드시 하게 된다. 복음서에서부터 시작해서 예수님이 명령하신 바가 무엇인가를 가려내보라. 당신은 수많은 명령을 찾아내어 여러 쪽에 걸쳐 기록할 수 있을 것이며, 산상수훈(마 5-7장 및 병행 구절들)에 주어진 주님의 요구 사항들은 그중 가장 어려운 명령들에 속할 것이다. 그러면 교회는 어떻게 하면 제자들에게 주의 명령을 실천하도록 가르칠 수 있을까?

이 질문에 대한 대답이 바로 교회가 무엇인지를 규정짓는다. 교회는 설교하고 가르치는 말씀을 통해서, 그리고 성례전에 의해 가견적인 방식으로 보여지는 말씀을 통해서 가르친다. 또한 교회는 권징을 통한 격려와 경고로 교회의 가르침을 안전하게 지킨다. 설교, 성례전, 권징, 이 세 가지가 함께 참된 교회를 보여주는 표지가 된다.

그러나 교회는 복음서의 내용보다 더 많은 것을 전한다. 그렇다. 하나님의 모든 말씀은 바로 주님의 말씀이다. 왜냐하면 예수님이 바로 하나님이시기 때문이다. 그분이 명령하신 모든 것을 가르치는 것은 성경이 명령하는 모든 것을 가르치는 것이다. 이 명령은 십계명 가운데 요약되어 있고 이것은 다시 두 가지 가장 큰 계명, 즉 무엇보다도 하나님을 사랑하고 이웃을 네 몸과 같이 사랑하라는 계명으로 요약된다(마 22:34-40).

교회는 참된 교회가 됨으로써 이 지상명령을 성취한다.

장로는 교회가 교회로서 마땅히 되어야 할 "몸"의 모습을 갖추도록 노력함으로써 지상명령과 관련된 자신의 역할을 수행한다.

세부 전술

앞에서 지상명령의 전체적인 작전 계획을 요약했다면 그 세부적인 전술은 무엇인가? 어떻게 장로는 여러 복음전도 방법들 중에서 선택할 수 있을까?

복음전도의 목적은 분명히 제자를 만드는 데 있으며 그 방법은 교회 바깥에 있는 사람을 교회 안으로 데려오는 데 있다. 교회는 그들을 말씀의 권세 아래에 두고 말씀을 선포하고 가르칠 수 있다. 또한 그 제자는 교회 안에서 그리고 교회에 의해서만이 주님이 찾으시는 종이 될 수 있다.

그리스도께서는 제자들이 그분을 순종하고 따르도록 부르신다는 점을 기억하라. 그리스도께서는 안락함을 약속하지 않으신다.

"누구든지 나를 따라오려거든 자기를 부인하고 자기 십자가를 지고 나를 따를 것이니라 누구든지 제 목숨을 구원하고자 하면 잃을 것이요 누구든지 나를 위하여 제 목숨을 잃으면 찾으리라"(마 16:24-25).

당신의 성도들이 그리스도를 종으로 이용하거나 혹은 안락함을 보장해주는 어떤 분으로 이용하지 못하게 하라. 주께서 우리를 부르신 것은 종이 되게 하기 위해서이다. 그 종들은 그분의 명령에 순종하는 십자가를 지게 될 것이다.

복음전도의 결과에 대해 결코 염려하지 말라. 많은 교인수를 자랑하는 식의 "숫자" 게임에 결코 굴복하지 말라. 당신의 임무는 당신의 회중을 충실하게 지키는 데 있다. 당신이 교회의 영향력을 가능한 한 많은 삶 속에 열정적으로 확장시키려고 하는 동안, 주께서는 그분의 양을 아시고 그분에게 속한 자는 어느 누구도 잃지 않으실 것임을 확신하라.

"내 양은 내 음성을 들으며 나는 그들을 알며 그들은 나를 따르느니라 내가 그들에게 영생을 주노니 영원히 멸망하지 아니할 것이요 또 그들을 내 손에서 빼앗을 자가 없느니라 그들을 주신 내 아버지는 만물보다 크시매 아무도 아버지 손에서 빼앗을 수 없느니라"(요 10:27-29).

지상명령을 수행하기 위해 다음의 전략적인 방법들을 제시한다.

① 복음전도는 교회의 일이다. 지상명령은 신약 교회의 기초를 놓은 제자들에게 주어졌다.

② 이는 복음전도가 장로의 감독하에 장로가 인정한 사람에 의해 말씀에 따라 행해져야 함을 의미한다.

③ 말씀을 전파하고 말씀을 실천하는 일은 교회가 맡은 사명이다. 그러므로 이 두 가지는 복음전도를 위한 교회의 기본적인 수단이다.

④ 말씀 전파는 교회의 특별한 목표이고 특권이다. 또한 말씀대

로 행하는 것은 성도가 맡은 특별한 임무이고 의무이다. 이 두 가지를 함께 행함으로써 다른 사람들을 그리스도의 몸 안으로 인도하는 것이다.

⑤ 지상명령 가운데 나타난 순서는 규범적이다. 먼저 죄와 자아로부터 벗어나게 해주는 해방의 복음을 전파한다. 다음으로 회개하고 승귀하신 주님을 믿고 믿음을 고백하는 자에게 세례를 베풀고, 나아가 선한 일과 순종의 일에 힘쓰도록 훈련을 시킨다. 이것이 바로 교회를 이루어 가기 위해 행해야 할 중요한 일들의 순서라는 점을 기억하라. 선한 행위는 건전한 교리에서 나온다. 건전한 교리는 진리의 말씀을 전파하는 강단으로부터 흘러나온다.

⑥ 성경에서는 제자도의 삶, 즉 순종의 생활을 엄청나게 강조하고 있다.

"이같이 너희 빛이 사람 앞에 비치게 하여 그들로 너희 착한 행실을 보고 하늘에 계신 너희 아버지께 영광을 돌리게 하라"(마 5:16).

주님을 섬기고자 하는 열정으로 마음이 불타고 있는 제자에게 주님께서는 "누구든지 등불을 켜서 움 속에나 말 아래에 두지 아니하고 등경 위에 두나니 이는 들어가는 자로 그 빛을 보게 하려 함이라"(눅 11:33)고 말씀하신다. 주님이 말씀하신 빛은 순종하는 선한 행위에 의해서 널리 빛을 발한다.

실천

각 제자들은 선행에 의해서 증언해야 할 뿐만 아니라 당신의 교회도 또한 그러해야 한다. 다음과 같은 제안을 한다.

① 가난하고 빈궁한 자를 도우라. 교회는 집사들을 통해서 궁핍한 자들에게 그리스도의 사랑을 보여주는 일에 열중해야 한다. 이러한 일은 교회 내에서 가난으로 어려움을 겪고 있는 사람으로부터 시작하여 모든 이웃에까지 확장되어야 한다.

"그러므로 우리는 기회 있는 대로 모든 이에게 착한 일을 하되 더욱 믿음의 가정들에게 할지니라"(갈 6:10).

주님의 명령은 엄격하다.

"오직 너희는 원수를 사랑하고 선대하며 아무 것도 바라지 말고 꾸어 주라 그리하면 너희 상이 클 것이요 또 지극히 높으신 이의 아들이 되리니 그는 은혜를 모르는 자와 악한 자에게도 인자하시니라"(눅 6:35).

주님께서 고침받은 열 문둥병자 중 한 사람만 그에게 감사하러 올 것이라는 사실을 아시고도 그들을 다 고쳐주신 것처럼 "속임을 당할" 위험이 있을지라도 주라(눅 17:11-19).

② 만약 할 수 있다면 지역 사회 내의 봉사를 하라. 예를 들면, 성도들의 재능을 활용하여 상담을 해줄 수 있을 것이다. 지역 사회에 도움을 주도록 하고 교회의 문을 항상 개방해 두라. 알코올 중독자, 마약 중독자, 성적 성향 문제에 연루된 자들에게 손을 뻗치라. 사람들로 하여금 교회가 이런 방법을 통해 다른 사람에게 기꺼이 봉사

함으로써 주님을 섬기고 있다는 것을 알게 하라.

③ 법적인 충고나 사업상의 충고를 하라. 달리 법적인 보살핌이나 사업상의 도움을 얻을 방법이 없는 자에게 성도들을 통하여 그러한 도움을 주도록 하라. 무지한 자들은 무도한 자에 의해서 쉽게 속임을 당하며, 가난한 사람들은 돈을 다루는 일에 대한 지식이 거의 없다. 그러한 자들을 도와주어야 한다. 지역 사회의 사람들로 하여금 당신의 성도들이 사랑의 손을 뻗쳐 사랑을 행하고 있음을 알게 하라.

④ 지역 사회 사람들이 교회의 모임에 참여할 수 있도록 그들을 초대하라. 즉 토론회나 성경 공부, 젊은이들의 활동 등에 초대하라. 이런 방법을 취할 때, 회중에게 영향을 줄 나쁜 영향력이 미치지 않도록 주의를 기울이라. 장로로서 개입할 준비를 하고 나쁜 습관이 퍼지는 것을 막으라.

⑤ 가난한 아이들에게 따뜻한 점심 식사라도 제공하는 계획을 고려하라. 또한 외부 출입을 못하는 나이든 노인들을 위해 따뜻한 식사를 대접하는 계획도 생각해보라.

장로들이 함께 모이는 시간에 다른 방법들도 생각해보라. 당신의 형편에 더 알맞는 방법이 있을 것이다. 이로써 주께서 당신에게 주신 장소에서 사랑의 빛을 밝게 비추도록 하라. 사회 복음적인 (social-gospel) 선행주의를 실천하지 말고 지상명령을 주신 주님을 충성스럽고 신실하게 증거하라.

"누가 이 세상의 재물을 가지고 형제의 궁핍함을 보고도 도와 줄 마음을 닫으면 하나님의 사랑이 어찌 그 속에 거하겠느냐"(요일 3:17).

제자에게 참인 것은 교회에 대해서도 참이다.

"자녀들아 우리가 말과 혀로만 사랑하지 말고 행함과 진실함으로 하자"(요일 3:18).

요약

지상명령은 제자들로 하여금 모든 권세를 가지신 주님을 섬기도록 하는 교회의 헌장이다. 교회는 진정한 교회가 됨으로써, 즉 하나님의 영감된 말씀을 전하고 실천함으로써 그 일을 하는 것이다. 말씀의 증인이 되는 이러한 일과 말씀을 실행하는 일들을 살펴 감독하는 것이 바로 주님의 명령에 대한 장로의 막중한 책임이다.

19장
사나운 이리

만약 사도 바울이 말한 이리들이 실제로 이리와 같다면 그들을 분별해 내는 데는 어려움이 없을 것이다. 신학적인 이리들이 위협적인 이유는 그들이 양의 탈을 쓰고 나타난다는 점에 있다. 사탄이 죽은 척하거나(결코 죽지 않았지만) 혹은 "광명한 천사"의 옷을 입고 나타나는 것처럼, "신학적인" 이리들도 그러하다(고후 11:14).

그래서 바울은 밖으로부터 오는 교회의 적과 교회 안에서 생겨나는 교회의 적에 대하여 항상 주의를 기울이라고 훈계하고 있다.

교리적 표준에 대한 노골적인 공격과 교리적 탈선은 여기서 완전히 열거하고 논의하기 어려울 정도로 아주 많은 형태를 취하고 있다. 오히려 우리는 장로들이 경계해야 할 점, 즉 진리로부터 떠나가는 징후에 대해 보여주고자 한다. 변절의 징후를 조사하여 옳게 바로잡거나 권징을 가하는 것이 바로 장로들의 책임일 것이다.

능력은 진리 안에 있다

한 가지 기본적인 원리를 결코 잊지 말라. 오류는 진리에 의해서만 정복된다. 교회가 따르는 진리는 교리적인 탈선에 대하여 가장 강력한 방파제를 형성한다. 건전한 말씀 선포와 가르침을 통해 장로인 당신과 성도들 앞에 당신의 교회가 신봉하는 교리와 신앙고백을 요약한 기본 진리를 가지고 있어야 한다. 이러한 것들은 성도들을 강하게 하고 건전하게 하기 위한 초석이 되며 또한 정통 교리에서 벗어나려 할 때 분별하는 시금석이 된다. 당신의 교리적인 기준에 비추어서 "새로운" 교리를 잘 살펴보고 차이점이 무엇인가를 살펴보라. 그러면 이리는 매우 오랫동안 탐색당하는 것을 피할 수 없을 것이다. 교회가 신앙고백의 진리에 대하여 감각이 무뎌지게 되면 그 후 교회는 반드시 이단에게 희생을 당하는 것이다. 선반에 놓인 채 먼지가 쌓였거나 유리로 된 트로피 상자 안에 들어 있는 것이나 다름없는 신조나 교리는 어떤 이리도 위협할 수 없다. 당신은 당신의 회중이 교리에 관하여 높은 수준의 지식을 갖도록 하겠다고 굳게 결심해야 하며 그 일을 계속해야 한다. 이러한 것들은 신학적인 오류에 의한 감염에 대해 가장 강력한 해독제가 될 것이다.

이리는 다음과 같은 두 가지 방면에서 교회에 침투해 들어온다(혹은 다음의 두 가지 방면으로 교회 내에서 발생된다). 즉 교리적인 면과 생활면으로 침입한다. 믿는 바를 그릇되게 되거나 혹은 행하는 바를 나쁜 길에 빠지게 하는 것이다. 이러한 두 가지를 방지하기 위해(이 두 가지는 서로 밀접하게 관련되어 있다) 장로는 항상 주의를 기울여야 한다.

교리상의 부패

① 디모데에게 보낸 두 편지에서 바울이 무엇보다도 관심을 쏟고 있는 잘못은 공론과 무익한 논쟁에 관한 것이었다. 이러한 것들은 물론 진리를 "이해하는 것"으로 가장하여 나타난다. 이러한 것들을 성경의 진리의 매우 실천적인 성격과 비교해보면, 바로 이리임이 밝혀질 것이다. 성경은 세속적인 토론이나 탁상공론이나 변론을 격려시키기 위해 주어진 것이 아니다. 바울이 디모데에게 쓴 것처럼 영감에 의해 기록된 말씀은 "하나님의 사람으로 온전하게 하며 모든 선한 일을 행할 능력을 갖추게 하려[고]"(딤후 3:17) 주어졌다. 야고보도 "너희는 말씀을 행하는 자가 되고 듣기만 하여 자신을 속이는 자가 되지 말라"(약 1:22)고 되풀이하여 말하고 있다. 탁상공론을 하는 자나 무익한 논쟁자들 때문에 교회뿐만 아니라 그러한 사람들 자신도 속임을 당하게 된다. 주님도 같은 가르침을 베푸셨다. 주께서도 그의 말씀을 "행하는 자들"은 "지혜로운 사람"(마 7:24)이며 그의 "형제요 자매요 어머니"(마 12:50)라고 하셨던 것이다. 또한 그리스도께서는 이러한 실제적인 강조를 통해서 선지자들의 가르침과 하나님께서 친히 손가락으로 돌판 위에 쓰셨던 율법의 가르침을 되풀이하고 계신 것이다(출 31:18).

보다 많은 말을 하게 만드는 변론 가운데 내재되어 있는 위험을 주의하라. 단순히 흥미를 위한 신학 사상에 대해 의혹을 갖도록 하라. 그리스도인의 행위와 관련을 맺고 있지 않는 이론들은 위축당하게 하라. "항상 배우나 끝내 진리의 지식에 이를 수 없는"(딤후 3:7) 자를 바울은 책망한다. 이러한 책망을 받는 모든 것은 결코 순종의 행위로 나타날 수 없는 무익한 말들이다. 무엇보다 나쁜 것은 탁상공론 자체가 하나님과 교회에 대한 고고한 섬김인 것처럼 가장하는 데 있다. 이러한 것을 물리치라.

더욱이 탁상공론은 확실한 결론에 결코 도달할 수 없다는 특징을 지니고 있다. 그러므로 그것은 항상 세상에서 하나님을 향하는 삶을 방해한다. 그것은 해결된 듯하면서도 여전히 해결되지 아니하고 논란의 여지가 있는 두 가지 혹은 그 이상의 문제를 나타낸다. 바울은 무익한 탁상공론을 정죄하며 하나님은 탁상공론을 혐오하신다. 우리도 탁상공론을 정죄해야 마땅하다.

무익한 탁상공론에 대한 당신의 시험 방법은 아주 간단하다. "순종의 행위에 있어서 당신의 이론은 어떤 차이점을 가져오는지 보여주세요" 혹은 "당신의 탁상공론이 성도들로 하여금 하나님의 뜻을 행하도록 어떻게 독려할 수 있는지를 당신 자신의 삶 속에서 보여주세요"라고 요구해보라. 그리고 나서 즉시 그 결과를 시험해보라. 신학적인 용어나 고도로 과장된 언어를 사용함으로써 발뺌을 하려고 하면 이를 거절하라. 행위에 의한 증거가 말에 의한 증거의 성실성을 보여주어야 한다.

하나님의 뜻에 대한 참된 이해는 하나님의 말씀에 대하여 단지 말만 함으로써 생겨나는 것이 아니고 하나님의 말씀을 행하려고 노력하는 데서부터 생겨난다는 점을 항상 명심하라.

장로는 교회 학교, 지역 교회의 각종 강좌, 수련회 혹은 여러 종류의 공부 모임에서 탁상공론을 하는 것을 보게 될 것이다. 참된 교리가 무익한 공론에 의해서 더럽혀지는 것을 막는 것이 바로 당신이 맡게 된 어려운 일이다.

② 건전한 교리와 참되고 생동력 있는 순종의 근원은 성경이다. 이리는 성경의 내용과 권위를 끊임없이 훼손시키려고 할 것이 분명하다.

당신이 지니고 있는 기초 교리가 보여주는 바 성경에 대한 가르침을 확실하게 알고 있어야 한다. 설교단에서 그리고 모든 주일학교와 성경 공부 모임에서 그러한 가르침에 충실할 것을 주장하라. "학문"이나 "연구" 혹은 "비평"이라는 형태로 옷을 입고 성경에 대한 그릇된 견해가 침입해 들어오지 않도록 유의하라.

실제로 장로가 성경에 대한 학식이 있는 자들과 지식을 겨룰 수 있을까? 그렇다. 당신은 할 수 있다. 어떻게 할 수 있는가? 솔라 스크립투라(Sola Scriptura)라는 종교 개혁 원리를 부여잡고 항상 그것을 적용함으로써 그 일을 할 수 있다. 이 라틴어를 번역하면 "오직 성경"(only Scripture)이라는 의미를 지니고 있다. 이 말은 로마 가톨릭의 성직자 계급 제도에 반대해서 종교 개혁자들이 용감하게 사용한 무기였다. 오늘날 학문은 스스로 "사제직"을 취하고 있다. 이것은 성경에 귀 기울이는 자유에 대한 위협이나 마찬가지이다. 장로는 이러한 위협에 대항하여 종교 개혁자의 원리를 용감하게 사용해야 한다.

"솔라 스크립투라"는 성경만이 성경을 참되게 설명해줄 수 있다는 의미를 지니고 있다. 당신은 이제 이 원리를 진지하게 고려하고 결코 잊지 말라. 성경이 성경을 해석한다. "연구 결과"나 어학 연구 또는 "비평"이나 신학 논문 같은 것이 성경을 해석해주는 것이 아니다. 결코 그렇지 않다! 성경이 성경을 해석한다. 이것은 당신이 말씀을 사랑하고 읽는 어떤 다른 사람만큼이나 본문의 의미를 도출해낼 권리가 있음을 의미한다. 해석하기 어려운 본문이나 구절은 오직 성경에 의해서, 이미 당신이 이해했던 본문이나 구절에 의해서 조명을 받는다. 말씀으로 말씀을 설명할 수 있게 하라. 그것 외에 다른 영감 있는 주석이 있을 수 없기 때문이다.

오랫동안 확립된 이 원리를 알면(종교 개혁은 많은 부분 이 원리를 위해, 이 원리 위에서 싸웠다), 평신도는 자신이 교수와 똑같은 기반 위에 서 있음을 발견한다. 실제로는 이들 두 부류 중에서 말씀에 순종함으로써 말씀을 이해하는 더 많은 지혜로 가득 채워진 사람이 더 성도다운 사람일 것이다. 장로가 선택되는 것은 그러한 지혜를 위해서이다.

말씀은 말씀으로 시험하라. 역사나 비평에 의해서 성경 구절의 의미를 결정짓는 방식이, 성경이 스스로 말씀하는 것을 듣는 방식에 겸손히 절하게 하라.

솔라 스크립투라! 이 원리를 부인하거나 얕잡아 보는 자들을 경계하라.

③ 또한 "새로운 진리"에 대하여 개인적으로 "계시"를 받았다고

주장하면서 하나님의 말씀에 어긋나게 말하며 이것이 성령의 사역인 것처럼 가장하는 자들을 주의하라. 그리스도께서는 제자들에게 성령은 "자의로 말하지 않고 오직 듣는 것을" 말하신다고 하셨다(요 16:13). 성령께서는 계시된 말씀과 함께 역사하신다. 장로는 성령을 통한 특별한 계시를 주장하는 모든 사람을 성경의 조명하에서 옳고 그름을 분별하여야 한다. 성경은 사도 요한의 예언에 대하여 가감하는 자에 대한 저주로 끝나고 있다(계 22:18-19). 이것이 의미하는 것은 이미 새로운 계시의 시대가 끝났다는 것이다. 그리스도인의 신앙과 삶에 대한 충분한 내용이 성경 가운데 들어 있다. 새로운 계시는 필요하지 않다. 새로운 계시를 기대하지도 말라. 따라서 성령으로부터 새로운 계시를 받았다고 하는 모든 주장은 성경에 의해 분별되어야 한다는 사실을 항상 강조하라. 그리고 그러한 주장은 성경적 근거가 전혀 없다는 것과 그 주장을 한 사람은 회개해야 한다는 사실을 계속 강조하라. 그러한 주장을 제지하지 못하면 성령의 특별한 총애에 대한 환상이 곧 회중을 나누어 "보다 더 거룩한 자"와 "그렇지 못한 평범한 자" 사이의 구분이 생길 것이다.

④ 당신이 교리적 탈선의 표식을 발견할 때, 그러한 오류는 전혀 새로운 것인 경우가 거의 없다는 사실을 기억하라. 보통 그러한 오류의 희생자는 분명하다. 그러나 우리가 새로운 것으로 받아들이는 것이 사실상 이미 교회사 가운데 있었고 정체가 밝혀진 것들이다. 우리는 교회사에 대해 거의 알지 못하기 때문에 속임을 당하는 것이다. 깨어 있는 장로는 교회사에 대한 책을 읽을 것이다. 이러한 책

은 교회 도서관이나 기독교 서점에 있다. 사탄은 어느 시대나 계속해서 교회를 공격하여 왔다. 따라서 사탄의 공격 형태는 기발한 것일지는 모르나 새로운 것은 아니다. 당신이 지금 직면하고 있는 문제가 10세기 전에 어떻게 다루어졌을지 생각해보라. 그리하면 당신은 침착하게 그리고 확신 있게 그 오류들을 다루게 될 것이다.

⑤ 다른 영역에서, 교리적 결함이 복음전도를 가장하여 교회에 몰래 들어오는 방식을 주의하라.

복음전도는 교회의 사명이다. 그러나 "교회는 선교다"라고 말하는 것은 잘못이다. 15장에서 이미 살펴본 대로 교회는 세상에서 주님의 일을 하기 위해 부르심을 받은 "몸"이다. 즉 말과 행동으로 진리를 증거하기 위해 부르심을 받은 것이다. 선교와 복음전도는 단순히 그리스도 밖에 있는 자들에게 복음을 증거하여 교회에 참여시키는 것이다.

이러한 관점에서 볼 때, 복음전도는 천국에 대한 약속을 남발해서 "믿음이 생길 만한 사람"을 값싼 "결신자"로 만드는 일과는 거리가 멀다. 교회는 물론 천국 열쇠를 소유하고 있다. 그러나 이 열쇠는 스스로 세움을 입은 전도자들에게 맡겨진 것이 아니다. 왜냐하면 그 열쇠는 장로들의 감독하에 행해지는 말씀 전파이며 장로들이 실시하는 권징이기 때문이다.

교회를 건설하는 복음전도는 그리스도의 몸에 새로운 멤버들을 추가시키는 일에 초점을 맞추고 있다. 이러한 복음전도는 신적 축복을 기대할 수 있으며, 또한 교회의 주된 관심사이다. 주된 초점은 일생 동안 적극적으로 교회에 참여하는 멤버들의 증가로 지역 교회를 세우는 일에 두어야 한다. 복음전도가 "숫자 놀이" 같은 것으로 전락하지 않게 하라. 숫자 놀이는 결신자의 수를 세는 것으로 만족한다. 복음전도는 몸(교회)을 세우는 것이며 회심자가 교회 안에서 영구적인 멤버가 되는 것을 추구한다.

회심자는 새로 태어난 자이다. 새로 태어난 자는 특별한 관심과 주의를 필요로 한다. 장로는 목사가 설교를 할 때 그리스도 안에서 어린 사람들에게 "젖"을 줄 수 있도록 그를 도와주어야 한다. 회중을 위한 교육 계획은 교리와 삶의 성숙을 위해 새로운 멤버를 성장시키는 반을 포함해야 한다.

종종 복음전도를 통한 회심자는 순수한 열심과 열정을 가지고 찾아온다. 이러한 열심은 그를 주님께 인도하는 일을 도운 사람들에게 기쁨을 준다. 그러한 열심을 낭비하지 말고 회심자가 자질을 갖추고 있는 분야에서 몸 안의 사역을 감당할 수 있도록 특별한 노력을 기울이라. 그러나 갓 믿은 회심자의 신앙의 뜨거움이 미지근하게 보이는 다른 사람의 신앙을 판단하는 구실이 되지 않도록 주의하라. 새로운 신자는 회중 가운데 들어온 것이 순종과 성화 가운데 성장하는 일생의 분투적인 노력의 시작이라는 사실을 언제나 이해해야 한다. 모든 사람이 자신의 신앙의 깊이에 대한 증거를 솔직히 말하는 것은 아니다. 새 신자가 그것을 아는 데는 시간이 걸릴 것이다. 이 신자는 그리스도인의 성장에 있어서 "성공"의 척도가 다른 사람의 성장에 대한 자기 나름의 비교가 아닌 해마다 이루어지는 자기 자신의 성장이어야 한다는 사실을 반드시 깨달아야 한다.

장로는 예수님과 바울이 복음전도를 시작할 때 회개를 요구하였음을 반드시 명심해야 한다.

"이때부터 예수께서 비로소 전파하여 이르시되 회개하라 천국이 가까이 왔느니라 하시더라"(마 4:17).

바울은 베스도와 아그립바 앞에서 이렇게 증거한다.

"그러므로 하늘에서 보이신 것을 내가 거스르지 아니하고 먼저 다메섹과 예루살렘에 있는 사람과 유대 온 땅과 이방인에게까지 회개하고 하나님께로 돌아와서 회개에 합당한 일을 하라"(행 26:19-20).

이 "회개"란 무엇인가? 천국에 들어가기 위해 제자는 반드시 그의 이전 생활 태도를 버리고, 권력과 성공과 부 그리고 사리사욕을 포기하여야 한다. 바울이 말한 바와 같이 그것은 "회개에 합당한 일"을 행하는 것이다(행 26:20).

즉, 말로 회개한 것을 입증하기 위해 행동으로 그 회개의 정당함을 보여주는 것이다. 그리스도께서는 "지상명령"에서 이 순서를 명백히 보여주신다. 즉 교회(사도들에 의해 대표됨)는 복음을 전파하고, 믿는 자에게 세례를 주고, 이어서 "내가 너희에게 분부한 모든 것"(마 28:20)을 회심자에게 가르쳐 지키게 한다. 전파하라, 세례를 주라, 가르치라는 것은 여전히 복음전도의 황금률이다. 이 세 가지는 함께 서 있는 것이다. 참된 구원에 있어서 이 세 가지는 각각 매우 중요하다.

교회에 들어오는 것은 자기 부인과 십자가를 지는 것을 포함한다.

"누구든지 나를 따라오려거든 자기를 부인하고 자기 십자가를 지고 나를 따를 것이니라"(마 16:24).

주님께서는 천국에 이르는 길이 쉬운 것처럼 말씀하시지 않았다.

"좁은 문으로 들어가라 멸망으로 인도하는 문은 크고 그 길이 넓어 그리로 들어가는 자가 많고 생명으로 인도하는 문은 좁고 길이 협착하여 찾는 자가 적음이라"(마 7:13-14).

주님께서는 믿는 자, 세례를 통해 주의 몸에 연합하는 자, 그리고 순종하는 자기 부인의 삶을 살기 위해 참으로 분투하는 자에게 구원을 약속하신다(마 11:29-30). 교회는 이러한 제자들을 양육하기 위해 존재한다.

"참고 선을 행하여 영광과 존귀와 썩지 아니함을 구하는 자에게는 영생으로 하시고"(롬 2:7).

이러한 신자들은 자연스럽게 회중과 친밀한 교제를 갖게 될 것이다.

"아버지께서 내게 주시는 자는 다 내게로 올 것이요 내게 오는 자는 내가 결코 내쫓지 아니하리라"(요 6:37).

"내 양은 내 음성을 들으며 나는 그들을 알며 그들은 나를 따르느니라 내가 그들에게 영생을 주노니 영원히 멸망하지 아니할 것이요 또 그들을 내 손에서 빼앗을 자가 없느니라"(요 10:27-28).

장로는 선택받은 신자가 구원을 받지 못할까봐 결코 두려워할 필요가 없다. 당신의 최대의 관심사는 교회가 말씀을 전파하고, 회개를 요구하고, 주님의 길에서 청종하는 자들을 부지런히 교육하는 것이다. 참된 복음전도의 목표는 그러한 것이다.

삶에서의 탈선

본장에서, 삶의 탈선에 대한 우리의 관심은 권징과 관련된 것이 아니다. 권징은 8장과 9장에서 다루었다.

여기서 중요한 것은 교회 자체가 거짓된 삶의 태도의 미묘한 침입에 의해 손상을 입을 수 있다는 사실이다. 이러한 손상은 몸 안에 긴장을 가져오고, 교리적 안정성을 흔들어 놓는 것이다.

그리스도인의 삶은 건전한 믿음에 기초하고 있다. 우리는 앞에서 이 사실을 거듭 지적하여 왔다.

그러나 건전한 믿음은 기독교적 행실에서 탈선함으로써 손상될 수 있다.

예를 들면 코뮌(Commune, 함께 살면서 책무, 재산 등을 공유하는 집단적 공동체-편집주)의 도입은 소위 핵가족의 평가 절하를 가져올지도 모른다. 이상적 가정생활과 자녀양육 그리고 일부일처의 관계를 위한 교회의 본보기는 어떤 멤버가 무분별하게 공동 생활 양식을 채택함으로써, 간접적이지만 타격을 주는 비판 아래 놓일지도 모른다. 장로는 이 문제를 주의 깊게 살펴보아야 할 것이다.

교회는 국가에 대한 존중과 복종을 가르친다. 예를 들면 바울은 다음과 같이 요구하고 있다.

"각 사람은 위에 있는 권세들에게 복종하라 권세는 하나님으로부터 나지 않음이 없나니 모든 권세는 다 하나님께서 정하신 바라 그러므로 권세를 거스르는 자는 하나님의 명을 거스름이니 거스르는 자들은 심판을 자취하리라"(롬 13:1-2).

　민주주의 국가에서는 말과 행동으로 저항할 수 있는 여지가 있다. 그러나 비폭력의 시위가 법을 어길 때 이러한 저항은 반역이 된다. 교회의 멤버가 저항을 표시할 때도 이와 크게 다르지 않다. 이러한 행동이 장로의 권징으로 다스려지지 않는다면 그것은 국가에 대한 순종에 관한 성경의 가르침을 교묘히 평가 절하하는 태도가 교회에 들어오게 하는 것이다.

　젊은이와 장년은 그리스도를 위하여 "증거"해야 한다. 그러나 어떤 증거의 형태는 알미니안주의(Arminianism)처럼 회중에 의해 견지된 교리적 입장을 경시하는 가정(假定)에 의존하고 있다. 따라서 오류가 매우 칭찬할 만한 노력을 가장하여 교회에 침입할지도 모른다.

　장로는 항상 이상한 행동의 형태로 양을 습격하는 이리들에 대해 경계해야 한다. 그 생활 양식이 그 시대의 분위기에 어울리고 또한 널리 퍼져 있을 때에도 언제나 깨어 있어야 한다.

　행실이 언제나 믿음을 형상화시킨다는 사실을 기억하라. 성경이 인정하는 행실은 성경적 믿음에 대해 형식과 내용을 부여하는 것이다. 이와 다른 행실이 분별없이 허용된다면, 교회의 표식과 본질이 은밀히 훼손될 것이다. 장로는 이러한 위험에 대해 언제나 잘 알고 있어야 한다.

20장
이단 종파

성령의 영감을 받은 바울은 "때가 이르리니 사람이 바른 교훈을 받지 아니하며 귀가 가려워서 자기의 사욕을 따를 스승을 많이 두고 또 그 귀를 진리에서 돌이켜 허탄한 이야기를 따르리라"(딤후 4:3-4)고 기록하고 있다.

그러한 때가 가까이 이르렀다.

이단 종파를 이해하고 대처하기 위해 장로는 성령께서 바울을 통해 계시해주신 것을 심사숙고해보아야 한다. 이단 종파는 참 종교로부터 벗어나도록 사람들을 유혹하는 것이 아니다. 오히려 이단 종파는 그리스도와 복음으로부터 벗어나기를 원하는 사람들에 의해 생겨난다. 그러한 추종자들이 바로 거짓 지도자를 만들게 된다. 그 지도자는 그 추종자들의 요구에 부응한다. 이처럼 이단 종파 추종자들은 참 신자들과는 다른 편에 서 있다. 참 신자들은 주님의 부르심에 의해서 죽음으로부터 일으켜진 자들이다.

"문으로 들어가는 이는 양의 목자라…양은 그의 음성을 듣나니 그가 자기 양의 이름을 각각 불러 인도하여 내느니라…나는 선한 목자라"(요 10:2-3, 11).

만약 당신이 이단 종파 추종자들에게 이러한 결정적인 대조점을 분명하게 할 수 있다면 당신은 거짓 종교의 유혹을 상쇄할 수 있을 것이다. 회중 앞에 이러한 진리가 제시될 때 이단 종파가 당신의 교인들 사이에서 진전되어 갈 가능성은 없어질 것이다. 미혹당하는 자는 미혹받기를 원하는 자이다. 앞으로 미혹당하지 않기 위해 그들은 그들의 상태를 먼저 이해해야 한다. 이단 종파는 그들 자신이 부르심과 응답을 한다. 그들이 이단 종파에서 벗어날 수 있는 유일한 길은 말씀과 설교에서 듣게 되는 주님의 부르심을 듣고 응답하는 것뿐이다.

이단 종파에 대한 대답은, 회개하고 믿으라는 그리스도의 부르심에 대한 교회의 확언에 그 근원을 두고 있다.

"요한이 잡힌 후 예수께서 갈릴리에 오셔서 하나님의 복음을 전파하여 이르시되 때가 찼고 하나님의 나라가 가까이 왔으니 회개하고 복음을 믿으라 하시더라"(막 1:14-15).

이단 추종자들은 자신의 요구에 종교를 적응시킬 것인지 아니면 그리스도의 요구에 자신을 적응시킬 것인지를 결정해야만 한다.

"또 무리에게 이르시되 아무든지 나를 따라오려거든 자기를 부인하고 날마다 제 십자가를 지고 나를 따를 것이니라"(눅 9:23).

아래에서는 우리 시대에 보다 두드러지게 나타난 몇몇 이단들의 기본 교리와 그에 관한 유익한 정보들을 요약하고 있다. 여기서는 이단들이 하나님과 그리스도에 대하여 어떤 개념을 가지고 있는가를 살펴보았고 끝부분에서는 이러한 이단들이 갖고 있는 견해와 비교해보기 위하여 성경 구절들을 선택하여 수록하였다. 참으로 다양한 이단들이 존재한다. 장로는 자신의 구역 내에서 아래에 언급한 이단(사교)이 발견되면 그 사교가 신봉하는 바가 무엇인지에 대해 자세히 알아보는 시간을 갖고 성경에 근거해서 그 이단에 대처할 답을 준비해야 할 것이다.

동양 종교

① 역사 : 동양에서 시작된 종교들은 여러 가지 형태로 서양에 침투하고 있다. 그 종류로는 다음의 세 가지가 있다.

- 하레 크리슈나(Hare Krishna) : 스와미 프라부파다(Swami Prabhupada)에 의해서 창설된 사교
- 초월 명상(Transcendental Meditation) : 마하리쉬 마헤쉬 요기(Maharishi Mahesh Yogi)가 창설한 사교
- 선(Zen) : 불교의 다른 형태

② 교리 : 동양 철학과 힌두 철학에 그 근원을 두고 있고 모든 존재는 단 하나의 실체를 가지며 비인격적이고 순수한 존재에 포함되기로 예정되어 있다고 주장한다. 모든 존재는 신(神)과 하나이며 그 신 안에서 모든 개체는 상실된다고 주장하고 있다.

③ 특징 : 만트라(mantra)라고 하는 신비스럽고도 아무 의미도 지니고 있지 않은 말을 중얼거리며 명상에 잠기는 것이 예배의 주류를 이루고 있다. 이러한 자기 최면을 통해서 영혼은 그 자체의 인격성을 잃게 되고 우주 정신, 순수한 인식, 순수한 존재 혹은 "신"과 같은 여러 가지 말로 불리어지는 것과 하나됨을 이루게 된다. 깊은 숨을 쉬는 것과 같은 육체적 훈련과 함께 그 길을 따라 한 걸음 한 걸음 나아가는 것이 집중이고 묵상이고 명상이다. 도덕적인 생활 태도를 갖도록 권하기는 하나 도덕적으로 특별히 요구하는 바가 없다.

여호와의 증인

① 역사 : 세 명의 교주에 의해서 미국에서 시작되었다. 그들은 다음과 같은 시기에 직책을 맡았다.

- 찰스 테이즈 러셀(Charles Taze Russell) : 1884년
- 조셉 프랭클린 러더포드(Joseph Franklin Rutherford) : 1917년
- 나단 호머 노르(Nathan Homer Knorr) : 1942년

② 교리 : 삼위일체 교리를 여호와의 이름을 훼방하기 위해 사탄이 고안해 낸 거짓된 교리로 간주하고 있다. 그들은 다음과 같이 주장한다. 여호와는 능력과 공의와 사랑과 지혜의 속성을 가진 존재이다. 여호와는 1914년에 의(義)의 왕국을 지상에 설립하셨다. 여호와께서 사탄과 사탄의 모든 무리에 반대하여 여호와의 왕국을 입증하게 될 아마겟돈 전쟁 때에 모든 역사가 그 의미를 알게 될 것이

다. 이러한 승리가 인간의 구원보다 더 중요하다. 예수는 여호와의 최초이자 가장 훌륭한 창조물이지 신(神)은 아니다. 그는 죽으셨고 영으로만 부활하셨으며 지금 영으로만 하늘로부터 통치하고 계신다. 성령은 눈에 보이지 아니하며 전능자의 행동하는 힘이다(이 전능자는 여호와의 종들로 여호와의 뜻을 행하도록 감동시킨다). 그 영은 신도 인간도 아니다. 증거하는 일은 구원을 이루는 길이다. 그러므로 지금 더 어렵게 증거하면 할수록 여호와의 신실함이 약속하는 지상의 낙원에서 더 탁월한 지위를 얻게 된다. 여호와의 증인들만이 여호와의 참된 자녀들이다. 다른 모든 사람들은 사탄을 따르는 자들이며 그들은 죽음으로 멸절된다. 사탄의 조직체는 보이는 것과 보이지 않는 것 두 가지가 있다. 보이는 것은 세계의 모든 정치 조직, 파수대 협회를 제외한 모든 종교 단체이고, 보이지 않는 것은 악령들이다.

③ 특징 : 회원들은 왕국 회관에서 만난다. 그들은 초인종을 누른다. 그들에게서 볼 수 있는 일반적인 모습은 다음과 같은 것들이다.

- 피의 수혈을 반대함.
- 어떤 깃발에든지 경례하기를 거절함.
- 공공의 직책을 맡는 것을 거절함.
- 예언을 강조함.
- 미국을 요한계시록 13장에 나오는 짐승과 동일시함.
- 여호와의 증인 중에는 14만 4천 명의 정예 부대가 있는데 그들은 지구상의 모든 사람을 계몽하는 여호와의 "통로" 역할을 하는 자들임.

④ 출판물 : 공식적인 신앙고백서는 없고, 신세계역(譯) 성경(익명의 번역자들이 그들 나름대로의 체계를 성경에 넣은 것)이 있다. 또한 두 종류의 격주간 잡지("깨어라", "파수대")가 25개 언어로 발간되었다.

몰몬교

① 역사 : 조셉 스미스(Joseph Smith)가 창설하였다. 천사 마로니(Maroni)가 스미스에게 묻혀진 황금판의 위치를 계시해주었고 그는 그 황금판을 통해 몰몬경을 번역하였다. 스미스가 살해당한 후 브리검 영(Brigham Young)이 계승하였다. 1847년에 그는 몰몬교를 일리노이주(州)에서 유타주의 솔트레이크(Salt Lake) 계곡으로 옮겼다.

② 교리 : 하나님은 우주에 있는 수많은 신(神)들 가운데 한 분이다. 하나님은 인간적 상태에서 신적 상태로 점차 발전되어 왔고 그러한 발전은 계속 되어질 것이다. 몰몬이 계속되는 계시를 받는다. 하나님은 많은 아내들과 함께 영적인 자녀들을 출생시키면서 하늘에 살고 있고 그 자녀들은 다시 지상의 자녀들의 몸으로 태어난다.

예수 그리스도는 선재한 영들 가운데 최초로 태어난 아들이다. 그는 특이한 존재도 아니고 거룩함이나 성육신의 상태로 태어난 것이 아니다. 그는 하나님과 마리아 사이의 육체적인 결합에 의해 태어났다. 예수는 많은 아내와 친자녀들을 가지고 있었다.

인류는 시험과 전진과 학습의 전생(前生) 기간 동안에는 영으로서 존재했었다. 지상에서의 삶은 하나님과 다시 만나기 위해 준비하는 시험의 시기이다. 선한 상태에 있는 몰몬교도들만이 십일조 생활, 성전의 의무(temple duties) 실천, 규정된 도덕적 규칙 준수를 통해 하늘 왕국(Celestial Kingdom)이라고 불리우는 가장 높은 천국을 스스로 준비할 수 있다. 몰몬교는 조셉 스미스에 의해 회복된 복음을 알지 못하고 죽은 조상들을 대표하는 대리자들에게 성전에서 그 죽은 자를 위하여 세례를 베푼다. 영원과의 연합을 확실하게 해주는 "하늘의 결혼"은 몰몬교의 성전에서 행해진다.

③ 조직 : 스테이크(stakes), 와드(wards), 지회(branches)의 조직이 있다. 회장과 열두 사도의 정회원의 통치를 받는다.

④ 출판물 : 몰몬경(몰몬경의 내용은 몰몬교의 어떤 교리와도 모순되는 것 같음, 1830년)이 있고, 그 외에 계명의 책(1833년), 교리와 성약(1835년), 값진 진주(1830년), 성경 수정본이 발간되었다.

통일교

세계 기독교 통일 신령 협회라고도 불리운다.

① 역사 : 제명당한 장로교 목사 문선명에 의해 1954년 한국에서 시작되었다. 그는 우주의 신적 원리에 대한 환상을 보았고, 이 집단의 기본적 교본인 "원리 강론"을 썼다.

② 교리 : 문선명을 주(Master) 혹은 아버지라고 부른다. 그를 교회의 어떤 다른 과거의 예언자나 지도자들보다도 더 위대하며 또한 예수님보다도 더 위대한 자로 생각한다. 문선명과 그의 아내(한학자)

는 구원을 이루기 위해 이 땅에 온 참 부모이며 문선명은 참 구주이고 살아 있는 하나님이다.

하나님은 하나이며 삼위(三位)가 아니다. 성령은 여성이며 인류의 영적인 참 어머니이다. 예수는 신적인 구원을 이루셨지만 그가 결혼하여 죄 없는 자녀를 만들기 전에 십자가에 못박히셨다.

인간은 영적으로는 하나님을 신뢰하는 관계에 있지 않고 육체적으로는 사탄에 의해서 유혹에 굴복함으로써 타락하였다.

③ 특징 : 통일교의 목적은 기금을 모으고 옛 건물을 수리하고 새 회원을 입회시키고 죄 없는 자녀들을 만들기 위해 결혼시킴으로써 하나님 나라를 세우는 것이다. 문선명이 직접 재산 관리를 한다.

이 집단의 추종자는 사람을 교묘히 다룰 수 있고, 재산과 돈을 손에 넣기 위한 "거룩한 기만"을 실행하는 것도 허락된다.

그리스도께서 가장 좋은 사회 질서를 위해 민주주의를 만드셨다는 이유로 공산주의를 반대하는 입장에 서 있다.

결론

왜 장로는 이단 종파의 침입에 반대하여 그 자신과 성도들을 무장시켜야 하는가? 그들이 이상한 교리를 가지고 있기는 하지만 그들도 어느 정도의 선을 행하지는 않는가?

이러한 질문에 대한 대답은 이단 종파 자체의 특성에서부터 두드러지게 나타난다. 이단 종파는 그 추종자들을 노예로 만든다. 그 추종자들은 기독교 내에서 숨막힐 만한 것이라고 생각되는 것들을 피하거나 그것들로부터 독립과 자유를 추구하기 위해서 이단 종파의 교리와 그 지도자들의 노예가 되어 버린다.

사교의 주장이나 왜곡된 내용에 반대하여 확고한 말씀을 가르치도록 하라.

"그러므로 예수께서 자기를 믿은 유대인들에게 이르시되 너희가 내 말에 거하면 참으로 내 제자가 되고 진리를 알지니 진리가 너희를 자유롭게 하리라"(요 8:31-32).

여기 참된 자유의 유일한 근원이 있다.

"그러므로 아들이 너희를 자유롭게 하면 너희가 참으로 자유로우리라"(요 8:36).

당신이 어떻게 이런 참 자유 누리기를 거절하고 이단 종파의 노예가 되려고 하는 사람을 그대로 둘 수 있고 그들에게 아무런 경고도 하지 않을 수 있는가?

관련 성경 구절들

이단 종파의 유혹을 극복하기 위해서 장로는 "성령의 검 곧 하나님의 말씀"(엡 6:17)을 가지고 싸워야 한다. 그러한 싸움을 돕기 위하여 이단 종파들이 보통 문제로 삼는 진리와 관계되는 성경 구절들을 간추려 실었다.

예수 그리스도에 관하여

· 마 16:16 – 주는 그리스도시요 살아 계신 하나님의 아들이시니이다.

· 요 17:3 – 영생은 곧 유일하신 참 하나님과 그가 보내신 자 예수 그리스도를 아는 것이니이다.

· 행 2:36 – 그런즉 이스라엘 온 집은 확실히 알지니 너희가 십자가에 못 박은 이 예수를 하나님이 주와 그리스도가 되게 하셨느니라 하니라.

· 행 18:28 – 이는 성경으로써 예수는 그리스도라고 증언하여 공중 앞에서 힘있게 유대인의 말을 이김이러라.

· 고전 1:30 – 너희는 하나님으로부터 나서 그리스도 예수 안에 있고 예수는 하나님으로부터 나와서 우리에게 지혜와 의로움과 거룩함과 구원함이 되셨으니.

· 엡 2:19-22 – 그러므로 이제부터 너희는 외인도 아니요 나그네도 아니요 오직 성도들과 동일한 시민이요 하나님의 권속이라 너희는 사도들과 선지자들의 터 위에 세우심을 입은 자라 그리스도 예수께서 친히 모퉁잇돌이 되셨느니라 그의 안에서 건물마다 서로 연결하여 주 안에서 성전이 되어 가고 너희도 성령 안에서 하나님이 거하실 처소가 되기 위하여 그리스도 예수 안에서 함께 지어져 가느니라.

· 빌 2:9-11 – 이러므로 하나님이 그를 지극히 높여 모든 이름 위에 뛰어난 이름을 주사 하늘에 있는 자들과 땅에 있는 자들과 땅 아래에 있는 자들로 모든 무릎을 예수의 이름에 꿇게 하시고 모든 입으로 예수 그리스도를 주라 시인하여 하나님 아버지께 영광을 돌리게 하셨느니라.

· 딤전 1:15 – 미쁘다 모든 사람이 받을 만한 이 말이여 그리스도 예수께

서 죄인을 구원하시려고 세상에 임하셨다 하였도다 죄인 중에 내가 괴수니라.

· 딤전 2:5 – 하나님은 한 분이시요 또 하나님과 사람 사이에 중보자도 한 분이시니 곧 사람이신 그리스도 예수라.

· 요일 5:20 – 또 아는 것은 하나님의 아들이 이르러 우리에게 지각을 주사 우리로 참된 자를 알게 하신 것과 또한 우리가 참된 자 곧 그의 아들 예수 그리스도 안에 있는 것이니 그는 참 하나님이시요 영생이시라.

성령에 관하여

· 눅 11:13 – 너희가 악할지라도 좋은 것을 자식에게 줄 줄 알거든 하물며 너희 하늘 아버지께서 구하는 자에게 성령을 주시지 않겠느냐 하시니라.

· 롬 5:5 – 소망이 우리를 부끄럽게 하지 아니함은 우리에게 주신 성령으로 말미암아 하나님의 사랑이 우리 마음에 부은 바 됨이니.

· 롬 8:9 – 만일 너희 속에 하나님의 영이 거하시면 너희가 육신에 있지 아니하고 영에 있나니 누구든지 그리스도의 영이 없으면 그리스도의 사람이 아니라.

· 롬 8:11 – 예수를 죽은 자 가운데서 살리신 이의 영이 너희 안에 거하시면 그리스도 예수를 죽은 자 가운데서 살리신 이가 너희 안에 거하시는 그의 영으로 말미암아 너희 죽을 몸도 살리시리라.

· 롬 8:16-17 – 성령이 친히 우리의 영과 더불어 우리가 하나님의 자녀인 것을 증언하시나니 자녀이면 또한 상속자 곧 하나님의 상속자요 그리스도와 함께 한 상속자니….

· 롬 8:26-27 - 이와 같이 성령도 우리의 연약함을 도우시나니 우리는 마땅히 기도할 바를 알지 못하나 오직 성령이 말할 수 없는 탄식으로 우리를 위하여 친히 간구하시느니라 마음을 살피시는 이가 성령의 생각을 아시나니 이는 성령이 하나님의 뜻대로 성도를 위하여 간구하심이니라.

· 고전 2:10 - 성령은 모든 것 곧 하나님의 깊은 것까지도 통달하시느니라.

· 고전 2:11-13 - 사람의 일을 사람의 속에 있는 영 외에 누가 알리요 이와 같이 하나님의 일도 하나님의 영 외에는 아무도 알지 못하느니라 우리가 세상의 영을 받지 아니하고 오직 하나님으로부터 온 영을 받았으니 이는 우리로 하여금 하나님께서 우리에게 은혜로 주신 것들을 알게 하려 하심이라 우리가 이것을 말하거니와 사람의 지혜가 가르친 말로 아니하고 오직 성령께서 가르치신 것으로 하니 영적인 일은 영적인 것으로 분별하느니라.

· 고전 6:19 - 너희 몸은 너희가 하나님께로부터 받은 바 너희 가운데 계신 성령의 전인 줄을 알지 못하느냐.

· 고전 12:3 - 그러므로 내가 너희에게 알리노니 하나님의 영으로 말하는 자는 누구든지 예수를 저주할 자라 하지 아니하고 또 성령으로 아니하고는 누구든지 예수를 주시라 할 수 없느니라.

· 고후 3:17 - 주는 영이시니 주의 영이 계신 곳에는 자유가 있느니라.

· 골 2:8 - 누가 철학과 헛된 속임수로 너희를 사로잡을까 주의하라 이것은 사람의 전통과 세상의 초등학문을 따름이요 그리스도를 따름이 아니니라.

· 요일 4:2-3 – 이로써 너희가 하나님의 영을 알지니 곧 예수 그리스도께
서 육체로 오신 것을 시인하는 영마다 하나님께 속한 것이요 예수를 시
인하지 아니하는 영마다 하나님께 속한 것이 아니니 이것이 곧 적그리
스도의 영이니라….

· 요일 5:6 – 증언하는 이는 성령이시니 성령은 진리니라.

성경에 관하여

· 요 2:22 – 죽은 자 가운데서 살아나신 후에야 제자들이 이 말씀하신 것
을 기억하고 성경과 예수께서 하신 말씀을 믿었더라.

· 요 5:39-40 – 너희가 성경에서 영생을 얻는 줄 생각하고 성경을 연구하
거니와 이 성경이 곧 내게 대하여 증언하는 것이니라 그러나 너희가 영
생을 얻기 위하여 내게 오기를 원하지 아니하는도다.

· 요 7:38 – 나를 믿는 자는 성경에 이름과 같이 그 배에서 생수의 강이 흘
러나오리라 하시니.

· 롬 15:4 – 무엇이든지 전에 기록된 바는 우리의 교훈을 위하여 기록된
것이니 우리로 하여금 인내로 또는 성경의 위로로 소망을 가지게 함이
니라.

· 롬 16:26-27 – 이제는 나타내신 바 되었으며 영원하신 하나님의 명을
따라 선지자들의 글로 말미암아 모든 민족이 믿어 순종하게 하시려고
알게 하신 바 그 신비의 계시를 따라 된 것이니 이 복음으로 너희를 능
히 견고하게 하실 지혜로우신 하나님께 예수 그리스도로 말미암아 영광
이 세세무궁하도록 있을지어다 아멘.

· 딤후 3:16-17 – 모든 성경은 하나님의 감동으로 된 것으로 교훈과 책망
과 바르게 함과 의로 교육하기에 유익하니 이는 하나님의 사람으로 온
전하게 하며 모든 선한 일을 행할 능력을 갖추게 하려 함이라.

· 벧후 1:20-21 – 먼저 알 것은 성경의 모든 예언은 사사로이 풀 것이 아
니니 예언은 언제든지 사람의 뜻으로 낸 것이 아니요 오직 성령의 감동
하심을 받은 사람들이 하나님께 받아 말한 것임이라.

에필로그

이상의 모든 내용은 하나님께서 그리스도 안에서 그분이 임명한 장로들에게 주시는 도전과 기회 그리고 책임이다.

당신은 아마 사도 바울처럼 "누가 이 일을 감당하리요"(고후 2:16)라고 물어볼지도 모른다.

혼자 힘으로는 아무도 감당할 수 없다.

그러나 장로인 당신은 홀로 서 있는 것이 아니다. 무엇보다도 동료 장로들이 옆에 있다. 그리고 당신이 반드시 주님을 섬기는 일로 더욱더 이끌어야 할 주의 몸이 있다. 무엇보다도 풍성한 약속의 주님이 계시다.

"항상 우리를 그리스도 안에서 이기게 하시고 우리로 말미암아 각처에서 그리스도를 아는 냄새를 나타내시는 하나님께 감사하노라"(고후 2:14).

"너희 안에서 착한 일을 시작하신 이가 그리스도 예수의 날까지 이루실 줄을 우리는 확신하노라"(빌 1:6).

충성된 자세로 이 고귀한 소명을 수행하는 것을 소원으로 삼으라. 그리고 바울이 "맡은 자들에게 구할 것은 충성이니라"(고전 4:2)고 말한 것처럼 충성을 목표로 하고 하나님과 함께 하라.

"우리 가운데서 역사하시는 능력대로
우리가 구하거나 생각하는 모든 것에 더 넘치도록 능히 하실 이에게
교회 안에서와 그리스도 예수 안에서
영광이 대대로 영원무궁하기를 원하노라 아멘"(엡 3:20-21).

부록

장로에게 유용한 성경 본문의 목록

감사

1. 기도 중에 항상 감사
   · 느 11:17 – 기도할 때에 감사하는 말씀을….
   · 빌 4:6 – 아무 것도 염려하지 말고 다만 모든 일에 기도와 간구로, 너희 구할 것을 감사함으로 하나님께 아뢰라.
   · 골 4:2 – 기도를 계속하고 기도에 감사함으로 깨어 있으라.

2. 식사 전에 감사
   · 요 6:11 – 예수께서 떡을 가져 축사하신 후에 앉아 있는 자들에게 나눠 주시고 물고기도 그렇게 그들의 원대로 주시니라.
   · 행 27:35 – 떡을 가져다가 모든 사람 앞에서 하나님께 축사하고 떼어 먹기를 시작하매.

3. 그리스도께서 본을 보이신 감사
   · 마 11:25 – 그 때에 예수께서 대답하여 이르시되 천지의 주재이신 아버지여 이것을 지혜롭고 슬기 있는 자들에게는 숨기시고 어린 아이들에게는 나타내심을 감사하나이다.

- 마 26:26 – 그들이 먹을 때에 예수께서 떡을 가지사 축복하시고 떼어 제
  자들에게 주시며….
- 요 11:41 – 돌을 옮겨 놓으니 예수께서 눈을 들어 우러러 보시고 이르시
  되 아버지여 내 말을 들으신 것을 감사하나이다.

고난

1. 하나님의 시험
   - 욥 2:10 – 그가 이르되 그대의 말이 한 어리석은 여자의 말 같도다 우리
     가 하나님께 복을 받았은즉 화도 받지 아니하겠느냐 하고 이 모든 일에
     욥이 입술로 범죄하지 아니하니라.
   - 시 66:10 – 하나님이여 주께서 우리를 시험하시되 우리를 단련하시기를
     은을 단련함 같이 하셨으며.
   - 시 119:71 – 고난 당한 것이 내게 유익이라 이로 말미암아 내가 주의 율
     례들을 배우게 되었나이다.
   - 롬 5:3-5 – 다만 이뿐 아니라 우리가 환난 중에도 즐거워하나니 이는 환
     난은 인내를, 인내는 연단을, 연단은 소망을 이루는 줄 앎이로다 소망이
     우리를 부끄럽게 하지 아니함은 우리에게 주신 성령으로 말미암아 하나
     님의 사랑이 우리 마음에 부은 바 됨이니.
   - 히 12:6 – 주께서 그 사랑하시는 자를 징계하시고 그가 받아들이시는 아
     들마다 채찍질하심이라 하였으니.
   - 벧전 1:6-7 – 그러므로 너희가 이제 여러 가지 시험으로 말미암아 잠깐
     근심하게 되지 않을 수 없으나 오히려 크게 기뻐하는도다 너희 믿음의
     확실함은 불로 연단하여도 없어질 금보다 더 귀하여 예수 그리스도께서
     나타나실 때에 칭찬과 영광과 존귀를 얻게 할 것이니라.

2. 순종을 배우게 하는 고난
   · 시 25:16-18 – 주여 나는 외롭고 괴로우니 내게 돌이키사 나에게 은혜를 베푸소서 내 마음의 근심이 많사오니 나를 고난에서 끌어내소서 나의 곤고와 환난을 보시고 내 모든 죄를 사하소서.
   · 히 5:8 – 그가 아들이시면서도 받으신 고난으로 순종함을 배워서.
   · 벧전 2:20-21 – 죄가 있어 매를 맞고 참으면 무슨 칭찬이 있으리요 그러나 선을 행함으로 고난을 받고 참으면 이는 하나님 앞에 아름다우니라 이를 위하여 너희가 부르심을 받았으니 그리스도도 너희를 위하여 고난을 받으사 너희에게 본을 끼쳐 그 자취를 따라오게 하려 하셨느니라.

3. 영생을 위한 준비
   · 롬 8:18 – 생각하건대 현재의 고난은 장차 우리에게 나타날 영광과 비교할 수 없도다.
   · 고후 4:17-18 – 우리가 잠시 받는 환난의 경한 것이 지극히 크고 영원한 영광의 중한 것을 우리에게 이루게 함이니 우리가 주목하는 것은 보이는 것이 아니요 보이지 않는 것이니 보이는 것은 잠깐이요 보이지 않는 것은 영원함이라.

4. 계속되는 고난
   · 고후 4:8-10 – 우리가 사방으로 우겨쌈을 당하여도 싸이지 아니하며 답답한 일을 당하여도 낙심하지 아니하며 박해를 받아도 버린 바 되지 아니하며 거꾸러뜨림을 당하여도 망하지 아니하고 우리가 항상 예수의 죽음을 몸에 짊어짐은 예수의 생명이 또한 우리 몸에 나타나게 하려 함이라.
   · 고후 12:7-10 – 여러 계시를 받은 것이 지극히 크므로 너무 자만하지 않게 하시려고 내 육체에 가시 곧 사탄의 사자를 주셨으니 이는 나를 쳐서 너무 자만하지 않게 하려 하심이라 이것이 내게서 떠나가게 하기 위하여 내가 세 번 주께 간구하였더니 나에게 이르시기를 내 은혜가

네게 족하도다 이는 내 능력이 약한 데서 온전하여짐이라 하신지라 그러므로 도리어 크게 기뻐함으로 나의 여러 약한 것들에 대하여 자랑하리니 이는 그리스도의 능력이 내게 머물게 하려 함이라 그러므로 내가 그리스도를 위하여 약한 것들과 능욕과 궁핍과 박해와 곤고를 기뻐하노니 이는 내가 약한 그 때에 강함이라.

· 벧전 4:12-13 – 사랑하는 자들아 너희를 연단하려고 오는 불 시험을 이상한 일 당하는 것 같이 이상히 여기지 말고 오히려 너희가 그리스도의 고난에 참여하는 것으로 즐거워하라 이는 그의 영광을 나타내실 때에 너희로 즐거워하고 기뻐하게 하려 함이라.

고난 당하는 자에 대한 우리의 의무

1. 그들을 생각하라
   · 히 13:3 – 너희도 함께 갇힌 것 같이 갇힌 자를 생각하고 너희도 몸을 가졌은즉 학대 받는 자를 생각하라.
2. 그들을 위로하라
   · 욥 16:5 – 그래도 입으로 너희를 강하게 하며 입술의 위로로 너희의 근심을 풀었으리라.
   · 욥 29:25 – 내가 그들의 길을 택하여 주고 으뜸되는 자리에 앉았나니 왕이 군대 중에 있는 것과도 같았고 애곡하는 자를 위로하는 사람과도 같았느니라.
   · 고후 1:4 – (하나님은) 우리의 모든 환난 중에서 우리를 위로하사 우리로 하여금 하나님께 받는 위로로써 모든 환난 중에 있는 자들을 능히 위로하게 하시는 이시로다.
   · 살전 4:18 – 그러므로 이러한 말로 서로 위로하라.

3. 그들을 불쌍히 여기라
- 욥 6:14 – 낙심한 자가 비록 전능자를 경외하기를 저버릴지라도 그의 친구로부터 동정을 받느니라.

4. 그들을 위해 기도하라
- 행 12:5 – 이에 베드로는 옥에 갇혔고 교회는 그를 위하여 간절히 하나님께 기도하더라.
- 약 5:14-15 – 너희 중에 병든 자가 있느냐 그는 교회의 장로들을 청할 것이요 그들은 주의 이름으로 기름을 바르며 그를 위하여 기도할지니라 믿음의 기도는 병든 자를 구원하리니 주께서 그를 일으키시리라 혹시 죄를 범하였을지라도 사하심을 받으리라.

5. 그들을 보호하라
- 시 82:3 – 가난한 자와 고아를 위하여 판단하며 곤란한 자와 빈궁한 자에게 공의를 베풀지며.
- 잠 22:22-23 – 약한 자를 그가 약하다고 탈취하지 말며 곤고한 자를 성문에서 압제하지 말라 대저 여호와께서 신원하여 주시고 또 그를 노략하는 자의 생명을 빼앗으시리라.

6. 그들을 구제하라
- 욥 31:16-17, 19, 22 – 내가 언제 가난한 자의 소원을 막았거나 과부의 눈으로 하여금 실망하게 하였던가 나만 혼자 내 떡덩이를 먹고 고아에게 그 조각을 먹이지 아니하였던가…만일 내가 사람이 의복이 없이 죽어가는 것이나 가난한 자가 덮을 것이 없는 것을 못본 체 했다면…내 팔이 어깨 뼈에서 떨어지고 내 팔 뼈가 그 자리에서 부스러지기를 바라노라.
- 사 58:10 – 주린 자에게 네 심정이 동하며 괴로워하는 자의 심정을 만족하게 하면 네 빛이 흑암 중에서 떠올라 네 어둠이 낮과 같이 될 것이며.
- 빌 4:14 – 그러나 너희가 내 괴로움에 함께 참여하였으니.
- 딤전 5:10 – 선한 행실의 증거가 있어 혹은 자녀를 양육하며 혹은 나그

네를 대접하며 혹은 성도들의 발을 씻으며 혹은 환난 당한 자들을 구제하며 혹은 모든 선한 일을 행한 자라야 할 것이요.

7. 그들과 함께 동참하는 자가 되라
  · 롬 12:15 – 즐거워하는 자들과 함께 즐거워하고 우는 자들과 함께 울라.
  · 갈 6:2 – 너희가 짐을 서로 지라 그리하여 그리스도의 법을 성취하라.

8. 그들을 방문하라
  · 약 1:27 – 하나님 아버지 앞에서 정결하고 더러움이 없는 경건은 곧 고아와 과부를 그 환난중에 돌보고 또 자기를 지켜 세속에 물들지 아니하는 그것이니라.

고난의 유익

1. 죄를 깨닫게 함
  · 욥 36:8-9 – 혹시 그들이 족쇄에 매이거나 환난의 줄에 얽혔으면 그들의 소행과 악행과 자신들의 교만한 행위를 알게 하시고.
  · 시 119:67 – 고난 당하기 전에는 내가 그릇 행하였더니 이제는 주의 말씀을 지키나이다.
  · 눅 15:17-18 – 이에 스스로 돌이켜 이르되 내 아버지에게는 양식이 풍족한 품꾼이 얼마나 많은가 나는 여기서 주려 죽는구나 내가 일어나 아버지께 가서 이르기를 아버지 내가 하늘과 아버지께 죄를 지었사오니.

2. 복음의 진보를 가져옴
  · 행 8:3-4 – 사울이 교회를 잔멸할새 각 집에 들어가 남녀를 끌어다가 옥에 넘기니라 그 흩어진 사람들이 두루 다니며 복음의 말씀을 전할새.
  · 행 11:19-21 – 그 때에 스데반의 일로 일어난 환난으로 말미암아 흩어진 자들이 베니게와 구브로와 안디옥까지 이르러 유대인에게만 말씀을

전하는데 그 중에 구브로와 구레네 몇 사람이 안디옥에 이르러 헬라인에게도 말하여 주 예수를 전파하니 주의 손이 그들과 함께 하시매 수많은 사람들이 믿고 주께 돌아오더라.

· 빌 1:12 – 형제들아 내가 당한 일이 도리어 복음 전파에 진전이 된 줄을 너희가 알기를 원하노라.

· 딤후 2:9-10 – 복음으로 말미암아 내가 죄인과 같이 매이는 데까지 고난을 받았으나 하나님의 말씀은 매이지 아니하니라 그러므로 내가 택함받은 자들을 위하여 모든 것을 참음은 그들도 그리스도 예수 안에 있는 구원을 영원한 영광과 함께 받게 하려 함이라.

· 딤후 4:16-17 – 내가 처음 변명할 때에 나와 함께 한 자가 하나도 없고 다 나를 버렸으나 그들에게 허물을 돌리지 않기를 원하노라 주께서 내 곁에 서서 나에게 힘을 주심은 나로 말미암아 선포된 말씀이 온전히 전파되어 모든 이방인이 듣게 하려 하심이니 내가 사자의 입에서 건짐을 받았느니라.

3. 하나님의 영광을 크게 나타냄

· 요 9:1-3 – 예수께서 길을 가실 때에 날 때부터 맹인 된 사람을 보신지라 제자들이 물어 이르되 랍비여 이 사람이 맹인으로 난 것이 누구의 죄로 인함이니이까 자기니이까 그의 부모니이까 예수께서 대답하시되 이 사람이나 그 부모의 죄로 인한 것이 아니라 그에게서 하나님이 하시는 일을 나타내고자 하심이라.

· 요 11:3-4 – 이에 그 누이들이 예수께 사람을 보내어 이르되 주여 보시옵소서 사랑하시는 자가 병들었나이다 하니 예수께서 들으시고 이르시되 이 병은 죽을 병이 아니라 하나님의 영광을 위함이요 하나님의 아들이 이로 말미암아 영광을 받게 하려 함이라 하시더라.

· 요 21:18-19 – 내가 진실로 진실로 네게 이르노니 네가 젊어서는 스스로 띠 띠고 원하는 곳으로 다녔거니와 늙어서는 네 팔을 벌리리니 남이

네게 띠 띠우고 원하지 아니하는 곳으로 데려가리라 이 말씀을 하심은
베드로가 어떠한 죽음으로 하나님께 영광을 돌릴 것을 가리키심이러라
이 말씀을 하시고 베드로에게 이르시되 나를 따르라 하시니.

4. 우리를 하나님께로 되돌아가게 함

· 삿 4:3 - 야빈 왕은 철 병거 구백 대가 있어 이십 년 동안 이스라엘 자손
을 심히 학대했으므로 이스라엘 자손이 여호와께 부르짖었더라.

· 욥 34:31-32 - 그대가 하나님께 아뢰기를 내가 죄를 지었사오니 다시는
범죄하지 아니하겠나이다 내가 깨닫지 못하는 것을 내게 가르치소서 내
가 악을 행하였으나 다시는 아니하겠나이다 하였는가.

· 사 10:20 - 그 날에 이스라엘의 남은 자와 야곱 족속의 피난한 자들이
다시는 자기를 친 자를 의지하지 아니하고 이스라엘의 거룩하신 이 여
호와를 진실하게 의지하리니.

· 렘 31:18 - 에브라임이 스스로 탄식함을 내가 분명히 들었노니 주께서
나를 징벌하시매 멍에에 익숙하지 못한 송아지 같은 내가 징벌을 받았
나이다 주는 나의 하나님 여호와이시니 나를 이끌어 돌이키소서 그리하
시면 내가 돌아오겠나이다.

· 애 2:18-19 - 그들의 마음이 주를 향하여 부르짖기를 딸 시온의 성벽아
너는 밤낮으로 눈물을 강처럼 흘릴지어다 스스로 쉬지 말고 네 눈동자
를 쉬게 하지 말지어다 초저녁에 일어나 부르짖을지어다 네 마음을 주
의 얼굴 앞에 물 쏟듯 할지어다 각 길 어귀에서 주려 기진한 네 어린 자
녀들의 생명을 위하여 주를 향하여 손을 들지어다 하였도다.

· 겔 14:10-11 - 선지자의 죄악과 그에게 묻는 자의 죄악이 같은즉 각각
자기의 죄악을 담당하리니 이는 이스라엘 족속이 다시는 미혹되어 나를
떠나지 아니하게 하며 다시는 모든 죄로 스스로 더럽히지 아니하게 하
여 그들을 내 백성으로 삼고 나는 그들의 하나님이 되려 함이라 주 여호
와의 말씀이니라.

- 호 5:14 - 내가 에브라임에게는 사자 같고 유다 족속에게는 젊은 사자 같으니 바로 내가 움켜갈지라 내가 탈취하여 갈지라도 건져낼 자가 없으리라.
- 욘 2:1 - 요나가 물고기 뱃속에서 그의 하나님 여호와께 기도하여.

5. 우리에게 하나님의 뜻을 가르쳐줌
- 시 119:71 - 고난 당한 것이 내게 유익이라 이로 말미암아 내가 주의 율례들을 배우게 되었나이다.
- 사 26:9 - 밤에 내 영혼이 주를 사모하였사온즉 내 중심이 주를 간절히 구하오리니 이는 주께서 땅에서 심판하시는 때에 세계의 거민이 의를 배움이니이다.
- 미 6:9 - 여호와께서 성읍을 향하여 외쳐 부르시나니 지혜는 주의 이름을 경외함이니라….

6. 우리의 신앙과 순종을 시험하심
- 창 22:1 - 그 일 후에 하나님이 아브라함을 시험하시려고 그를 부르시되 아브라함아 하시니 그가 이르되 내가 여기 있나이다.
- 출 15:23-25 - 마라에 이르렀더니 그 곳 물이 써서 마시지 못하겠으므로 그 이름을 마라라 하였더라 백성이 모세에게 원망하여 이르되 우리가 무엇을 마실까 하매 모세가 여호와께 부르짖었더니 여호와께서 그에게 한 나무를 가리키시니 그가 물에 던지니 물이 달게 되었더라….
- 신 8:2 - 네 하나님 여호와께서 이 사십 년 동안에 네게 광야 길을 걷게 하신 것을 기억하라 이는 너를 낮추시며 너를 시험하사 네 마음이 어떠한지 그 명령을 지키는지 지키지 않는지 알려 하심이라.
- 히 11:17 - 아브라함은 시험을 받을 때에 믿음으로 이삭을 드렸으니 그는 약속들을 받은 자로되 그 외아들을 드렸느니라.
- 벧전 1:7 - 너희 믿음의 확실함은 불로 연단하여도 없어질 금보다 더 귀하여 예수 그리스도께서 나타나실 때에 칭찬과 영광과 존귀를 얻게 할

것이니라.

- 계 2:10 – 너는 장차 받을 고난을 두려워하지 말라 볼지어다 마귀가 장차 너희 가운데에서 몇 사람을 옥에 던져 시험을 받게 하리니 너희가 십일 동안 환난을 받으리라 네가 죽도록 충성하라 그리하면 내가 생명의 관을 네게 주리라.

7. 하나님께로 돌아가게 함

- 신 4:30-31 – 이 모든 일이 네게 임하여 환난을 당하다가 끝날에 네가 네 하나님 여호와께로 돌아와서 그의 말씀을 청종하리니 네 하나님 여호와는 자비하신 하나님이심이라 그가 너를 버리지 아니하시며 너를 멸하지 아니하시며 네 조상들에게 맹세하신 언약을 잊지 아니하시리라.

- 느 1:8-9 – 옛적에 주께서 주의 종 모세에게 명령하여 이르시되 만일 너희가 범죄하면 내가 너희를 여러 나라 가운데에 흩을 것이요 만일 내게로 돌아와 내 계명을 지켜 행하면 너희 쫓긴 자가 하늘 끝에 있을지라도 내가 거기서부터 그들을 모아 내 이름을 두려고 택한 곳에 돌아오게 하리라 하신 말씀을 이제 청하건대 기억하옵소서.

- 시 78:34 – 하나님이 그들을 죽이실 때에 그들이 그에게 구하며 돌이켜 하나님을 간절히 찾았고.

- 사 10:21 – 남은 자 곧 야곱의 남은 자가 능하신 하나님께로 돌아올 것이라.

- 호 2:6-7 – 그러므로 내가 가시로 그 길을 막으며 담을 쌓아 그로 그 길을 찾지 못하게 하리니 그가 그 사랑하는 자를 따라갈지라도 미치지 못하며 그들을 찾을지라도 만나지 못할 것이라 그제야 그가 이르기를 내가 본 남편에게로 돌아가리니 그 때의 내 형편이 지금보다 나았음이라 하리라.

1. 하나님께 속함

· 딤전 3:15 – 만일 내가 지체하면 너로 하여금 하나님의 집에서 어떻게 행하여야 할지를 알게 하려 함이니 이 집은 살아 계신 하나님의 교회요 진리의 기둥과 터니라.

2. 그리스도의 몸

· 엡 1:23 – 교회는 그의 몸이니 만물 안에서 만물을 충만하게 하시는 이의 충만함이니라.

· 엡 5:23 – 이는 남편이 아내의 머리 됨이 그리스도께서 교회의 머리 됨과 같음이니 그가 바로 몸의 구주시니라.

3. 기초가 되시는 그리스도

· 고전 3:11 – 이 닦아 둔 것 외에 능히 다른 터를 닦아 둘 자가 없으니 이 터는 곧 예수 그리스도라.

· 엡 2:20 – 너희는(하나님의 권속) 사도들과 선지자들의 터 위에 세우심을 입은 자라 그리스도 예수께서 친히 모퉁잇돌이 되셨느니라.

4. 머리 되시는 그리스도

· 엡 1:22 – 또 만물을 그의 발 아래에 복종하게 하시고 그를 만물 위에 교회의 머리로 삼으셨느니라.

· 엡 5:23 – 이는 남편이 아내의 머리 됨이 그리스도께서 교회의 머리 됨과 같음이니 그가 바로 몸의 구주시니라.

5. 그리스도께서 사신 교회

· 행 20:28 – 여러분은 자기를 위하여 또는 온 양 떼를 위하여 삼가라 성령이 그들 가운데 여러분을 감독자로 삼고 하나님이 자기 피로 사신 교회를 보살피게 하셨느니라.

· 엡 5:25 – 남편들아 아내 사랑하기를 그리스도께서 교회를 사랑하시고

그 교회를 위하여 자신을 주심 같이 하라.

· 히 9:12 – 염소와 송아지의 피로 하지 아니하고 오직 자기의 피로 영원
  한 속죄를 이루사 단번에 성소에 들어가셨느니라.

6. 그리스도께 복종하는 교회

· 롬 7:4 – 그러므로 내 형제들아 너희도 그리스도의 몸으로 말미암아 율
  법에 대하여 죽임을 당하였으니 이는 다른 이 곧 죽은 자 가운데서 살아
  나신 이에게 가서 우리가 하나님을 위하여 열매를 맺게 하려 함이라.

· 엡 5:24 – 그러므로 교회가 그리스도에게 하듯 아내들도 범사에 자기 남
  편에게 복종할지니라.

교회에서의 권징

· 욥 36:10 – 그들의 귀를 열어 교훈을 듣게 하시며 명하여 죄악에서 돌이
  키게 하시나니.

· 마 18:17 – 만일 그들의 말도 듣지 않거든 교회에 말하고 교회의 말도
  듣지 않거든 이방인과 세리와 같이 여기라.

· 고전 4:14 – 내가 너희를 부끄럽게 하려고 이것을 쓰는 것이 아니라 오
  직 너희를 내 사랑하는 자녀 같이 권하려 하는 것이라.

· 고전 5:11-12 – 이제 내가 너희에게 쓴 것은 만일 어떤 형제라 일컫는
  자가 음행하거나 탐욕을 부리거나 우상 숭배를 하거나 모욕하거나 술
  취하거나 속여 빼앗거든 사귀지도 말고 그런 자와는 함께 먹지도 말라
  함이라 밖에 있는 사람들을 판단하는 것이야 내게 무슨 상관이 있으리요
  마는 교회 안에 있는 사람들이야 너희가 판단하지 아니하랴

· 고전 5:13 – 밖에 있는 사람들은 하나님이 심판하시려니와 이 악한 사람
  은 너희 중에서 내쫓으라.

· 고후 2:5-8 – 근심하게 한 자가 있었을지라도 나를 근심하게 한 것이 아

니요 어느 정도 너희 모두를 근심하게 한 것이니 어느 정도라 함은 내가 너무 지나치게 말하지 아니하려 함이라 이러한 사람은 많은 사람에게서 벌 받는 것이 마땅하도다 그런즉 너희는 차라리 그를 용서하고 위로할 것이니 그가 너무 많은 근심에 잠길까 두려워하노라 그러므로 너희를 권하노니 사랑을 그들에게 나타내라.

· 갈 1:7-9 – 다른 복음은 없나니 다만 어떤 사람들이 너희를 교란하여 그리스도의 복음을 변하게 하려 함이라 그러나 우리나 혹은 하늘로부터 온 천사라도 우리가 너희에게 전한 복음 외에 다른 복음을 전하면 저주를 받을지어다 우리가 전에 말하였거니와 내가 지금 다시 말하노니 만일 누구든지 너희가 받은 것 외에 다른 복음을 전하면 저주를 받을지어다.

· 갈 6:1 – 형제들아 사람이 만일 무슨 범죄한 일이 드러나거든 신령한 너희는 온유한 심령으로 그러한 자를 바로잡고 너 자신을 살펴보아 너도 시험을 받을까 두려워하라.

· 살전 5:14 – 또 형제들아 너희를 권면하노니 게으른 자들을 권계하며….

· 살후 3:14-15 – 누가 이 편지에 한 우리 말을 순종하지 아니하거든 그 사람을 지목하여 사귀지 말고 그로 하여금 부끄럽게 하라 그러나 원수와 같이 생각하지 말고 형제 같이 권면하라.

· 딤전 1:20 – 내가 사탄에게 내준 것은 그들로 훈계를 받아 신성을 모독하지 못하게 하려 함이라.

· 딤전 5:20 – 범죄한 자들을 모든 사람 앞에서 꾸짖어 나머지 사람들로 두려워하게 하라.

· 딛 1:13 – 그러므로 네가 그들을 엄히 꾸짖으라 이는 그들로 하여금 믿음을 온전하게 하고.

· 딛 3:10-11 – 이단에 속한 사람을 한두 번 훈계한 후에 멀리하라 이러한 사람은 네가 아는 바와 같이 부패하여 스스로 정죄한 자로서 죄를 짓느니라.

1. 구원의 확신을 갖고 유지하라
    - 히 2:14-15, 18 – 자녀들은 혈과 육에 속하였으매 그도 또한 같은 모양
      으로 혈과 육을 함께 지니심은 죽음을 통하여 죽음의 세력을 잡은 자 곧
      마귀를 멸하시며 또 죽기를 무서워하므로 한평생 매여 종 노릇 하는 모
      든 자들을 놓아 주려 하심이니…그가 시험을 받아 고난을 당하셨은즉
      시험 받는 자들을 능히 도우실 수 있느니라.
    - 벧후 1:10 – 그러므로 형제들아 더욱 힘써 너희 부르심과 택하심을 굳게
      하라 너희가 이것을 행한즉 언제든지 실족하지 아니하리라.
2. 믿음에 의해 생기는 구원의 확신
    - 엡 3:12 – 우리가 그 안에서 그를 믿음으로 말미암아 담대함과 확신을
      가지고 하나님께 나아감을 얻느니라.
    - 딤후 1:12 – 이로 말미암아 내가 또 이 고난을 받되 부끄러워하지 아니
      함은 내가 믿는 자를 내가 알고 또한 내가 의탁한 것을 그 날까지 그가
      능히 지키실 줄을 확신함이라.
    - 히 10:22 – 우리가 마음에 뿌림을 받아 악한 양심으로부터 벗어나고 몸
      은 맑은 물로 씻음을 받았으니 참 마음과 온전한 믿음으로 하나님께 나
      아가자.
3. 순종을 통한 구원의 확신
    - 시 103:17-18 – 여호와의 인자하심은 자기를 경외하는 자에게 영원부
      터 영원까지 이르며 그의 의는 자손의 자손에게 이르리니 곧 그의 언약
      을 지키고 그의 법도를 기억하여 행하는 자에게로다.
    - 시 119:2, 4-6 – 여호와의 증거들을 지키고 전심으로 여호와를 구하는
      자는 복이 있도다…주께서 명령하사 주의 법도를 잘 지키게 하셨나이다
      내 길을 굳게 정하사 주의 율례를 지키게 하소서 내가 주의 모든 계명에

주의할 때에는 부끄럽지 아니하리이다.

- 사 1:19 – 너희가 즐겨 순종하면 땅의 아름다운 소산을 먹을 것이요.
- 마 12:50 – 누구든지 하늘에 계신 내 아버지의 뜻대로 하는 자가 내 형제요 자매요 어머니이니라 하시더라.
- 눅 8:21 – 예수께서 대답하여 이르시되 내 어머니와 내 동생들은 곧 하나님의 말씀을 듣고 행하는 이 사람들이라 하시니라.
- 요 8:51 – 진실로 진실로 너희에게 이르노니 사람이 내 말을 지키면 영원히 죽음을 보지 아니하리라.

기도

1. 기도에의 권면
   - 마 26:41 – 시험에 들지 않게 깨어 기도하라….
   - 행 8:22 – 그러므로 너의 이 악함을 회개하고 주께 기도하라 혹 마음에 품은 것을 사하여 주시리라.
2. 기도의 내용
   - 마 6:7 – 또 기도할 때에 이방인과 같이 중언부언하지 말라 그들은 말을 많이 하여야 들으실 줄 생각하느니라.
   - 마 21:22 – 너희가 기도할 때에 무엇이든지 믿고 구하는 것은 다 받으리라 하시니라.
   - 막 14:35-36 – 조금 나아가사 땅에 엎드리어 될 수 있는 대로 이 때가 자기에게서 지나가기를 구하여 이르시되 아빠 아버지여 아버지께는 모든 것이 가능하오니 이 잔을 내게서 옮기시옵소서 그러나 나의 원대로 마시옵고 아버지의 원대로 하옵소서 하시고.
   - 눅 11:2-4 – 예수께서 이르시되 너희는 기도할 때에 이렇게 하라 아버

지여 이름이 거룩히 여김을 받으시오며 나라가 임하시오며 우리에게 날마다 일용할 양식을 주시옵고 우리가 우리에게 죄 지은 모든 사람을 용서하오니 우리 죄도 사하여 주시옵고 우리를 시험에 들게 하지 마시옵소서 하라.

· 롬 8:26 - 이와 같이 성령도 우리의 연약함을 도우시나니 우리는 마땅히 기도할 바를 알지 못하나 오직 성령이 말할 수 없는 탄식으로 우리를 위하여 친히 간구하시느니라.

3. 기도할 때

· 시 55:16-17 - 나는 하나님께 부르짖으리니 여호와께서 나를 구원하시리로다 저녁과 아침과 정오에 내가 근심하여 탄식하리니 여호와께서 내 소리를 들으시리로다.

· 눅 18:1 - 항상 기도하고 낙심하지 말아야 할 것을 비유로 말씀하여.

· 엡 6:18 - 모든 기도와 간구를 하되 항상 성령 안에서 기도하고 이를 위하여 깨어 구하기를 항상 힘쓰며 여러 성도를 위하여 구하라.

· 살전 5:17 - 쉬지 말고 기도하라.

다시 죄를 범함

1. 다시 죄를 범하지 말라

· 고후 11:3 - 뱀이 그 간계로 하와를 미혹한 것 같이 너희 마음이 그리스도를 향하는 진실함과 깨끗함에서 떠나 부패할까 두려워하노라.

· 갈 5:4, 7 - 율법 안에서 의롭다 함을 얻으려 하는 너희는 그리스도에게서 끊어지고 은혜에서 떨어진 자로다…너희가 달음질을 잘 하더니 누가 너희를 막아 진리를 순종하지 못하게 하더냐.

2. 다시 죄를 범한 결과

- 민 14:43 – 아말렉인과 가나안인이 너희 앞에 있으니 너희가 그 칼에 망하리라 너희가 여호와를 배반하였으니 여호와께서 너희와 함께 하지 아니하시리라 하나.
- 시 125:5 – 자기의 굽은 길로 치우치는 자들은 여호와께서 죄를 범하는 자들과 함께 다니게 하시리로다….
- 사 59:2 – 오직 너희 죄악이 너희와 너희 하나님 사이를 갈라 놓았고 너희 죄가 그의 얼굴을 가리어서 너희에게서 듣지 않으시게 함이니라.
- 렘 5:6 – 그러므로 수풀에서 나오는 사자가 그들을 죽이며 사막의 이리가 그들을 멸하며 표범이 성읍들을 엿본즉 그리로 나오는 자마다 찢기리니 이는 그들의 허물이 많고 반역이 심함이니이다.
- 렘 15:6 – 여호와께서 이르시되 네가 나를 버렸고 내게서 물러갔으므로 네게로 내 손을 펴서 너를 멸하였노니 이는 내가 뜻을 돌이키기에 지쳤음이로다.
- 눅 9:62 – 예수께서 이르시되 손에 쟁기를 잡고 뒤를 돌아보는 자는 하나님의 나라에 합당하지 아니하니라 하시니라.

3. 범죄한 자리에서 돌이킴

- 대하 30:6 – 보발꾼들이 왕과 방백들의 편지를 받아 가지고 왕의 명령을 따라 온 이스라엘과 유다에 두루 다니며 전하니 일렀으되 이스라엘 자손들아 너희는 아브라함과 이삭과 이스라엘의 하나님 여호와께로 돌아오라 그리하면 그가 너희 남은 자 곧 앗수르 왕의 손에서 벗어난 자에게로 돌아오시리라.
- 사 31:6 – 이스라엘 자손들아 너희는 심히 거역하던 자에게로 돌아오라.
- 렘 3:12 – 너는 가서 북을 향하여 이 말을 선포하여 이르라 여호와께서 이르시되 배역한 이스라엘아 돌아오라 나의 노한 얼굴을 너희에게로 향하지 아니하리라 나는 긍휼이 있는 자라 노를 한없이 품지 아니하느니

라 여호와의 말씀이니라.

· 렘 14:22 - 이방인의 우상 가운데 능히 비를 내리게 할 자가 있나이까 하늘이 능히 소나기를 내릴 수 있으리이까 우리 하나님 여호와여 그리 하는 자는 주가 아니시니이까 그러므로 우리가 주를 앙망하옵는 것은 주께서 이 모든 것을 만드셨음이니이다 하니라.

· 호 6:1 - 오라 우리가 여호와께로 돌아가자 여호와께서 우리를 찢으셨 으나 도로 낫게 하실 것이요 우리를 치셨으나 싸매어 주실 것임이라.

· 갈 6:1 - 형제들아 사람이 만일 무슨 범죄한 일이 드러나거든 신령한 너 희는 온유한 심령으로 그러한 자를 바로잡고 너 자신을 살펴보아 너도 시험을 받을까 두려워하라.

· 약 5:10, 20 - 형제들아 주의 이름으로 말한 선지자들을 고난과 오래 참 음의 본으로 삼으라…너희가 알 것은 죄인을 미혹된 길에서 돌아서게 하는 자가 그의 영혼을 사망에서 구원할 것이며 허다한 죄를 덮을 것임 이라.

사랑하는 자를 잃음

· 삼하 12:23 - 지금은 죽었으니 내가 어찌 금식하랴 내가 다시 돌아오게 할 수 있느냐 나는 그에게로 가려니와 그는 내게로 돌아오지 아니하리 라 하니라.

· 욥 9:12 - 하나님이 빼앗으시면 누가 막을 수 있으며 무엇을 하시나이까 하고 누가 물을 수 있으랴.

· 욥 14:2 - 그는 꽃과 같이 자라나서 시들며 그림자 같이 지나가며 머물 지 아니하거늘.

· 시 39:5 - 주께서 나의 날을 한 뼘 길이만큼 되게 하시매 나의 일생이 주 앞에는 없는 것 같사오니 사람은 그가 든든히 서 있는 때에도 진실로 모

두가 허사뿐이니이다.
- 시 103:15-16 – 인생은 그 날이 풀과 같으며 그 영화가 들의 꽃과 같도
다 그것은 바람이 지나가면 없어지나니 그 있던 자리도 다시 알지 못하
거니와.

선행

1. 그리스도의 본
   - 요 10:32 – 예수께서 대답하시되 내가 아버지로 말미암아 여러 가지 선
   한 일로 너희에게 보였거늘 그 중에 어떤 일로 나를 돌로 치려 하느냐.
2. 우리 안에서 선한 일을 행하시는 하나님
   - 사 26:12 – 여호와여 주께서 우리를 위하여 평강을 베푸시오리니 주께
   서 우리의 모든 일도 우리를 위하여 이루심이니이다.
   - 빌 2:13 – 너희 안에서 행하시는 이는 하나님이시니 자기의 기쁘신 뜻을
   위하여 너희에게 소원을 두고 행하게 하시나니.
3. 열매
   - 마 3:8 – 그러므로 회개에 합당한 열매를 맺고.
   - 요 15:5 – 나는 포도나무요 너희는 가지라 그가 내 안에, 내가 그 안에
   거하면 사람이 열매를 많이 맺나니 나를 떠나서는 너희가 아무 것도 할
   수 없음이라.
   - 약 3:17 – 오직 위로부터 난 지혜는 첫째 성결하고 다음에 화평하고 관
   용하고 양순하며 긍휼과 선한 열매가 가득하고 편견과 거짓이 없나니.
4. 일반적 권면
   - 골 1:10 – 주께 합당하게 행하여 범사에 기쁘시게 하고 모든 선한 일에
   열매를 맺게 하시며 하나님을 아는 것에 자라게 하시고.

· 골 3:12-14 – 그러므로 너희는 하나님이 택하사 거룩하고 사랑 받는 자처럼 긍휼과 자비와 겸손과 온유와 오래 참음을 옷 입고 누가 누구에게 불만이 있거든 서로 용납하여 피차 용서하되 주께서 너희를 용서하신 것 같이 너희도 그리하고 이 모든 것 위에 사랑을 더하라 이는 온전하게 매는 띠니라.

· 살후 2:17 – 너희 마음을 위로하시고 모든 선한 일과 말에 굳건하게 하시기를 원하노라.

· 딤전 6:18 – 선을 행하고 선한 사업을 많이 하고 나누어 주기를 좋아하며 너그러운 자가 되게 하라.

· 딛 3:8 – 이 말이 미쁘도다 원하건대 너는 이 여러 것에 대하여 굳세게 말하라 이는 하나님을 믿는 자들로 하여금 조심하여 선한 일을 힘쓰게 하려 함이라 이것은 아름다우며 사람들에게 유익하니라.

· 히 10:24 – 서로 돌아보아 사랑과 선행을 격려하며.

· 히 13:21 – 모든 선한 일에 너희를 온전하게 하사 자기 뜻을 행하게 하시고 그 앞에 즐거운 것을 예수 그리스도로 말미암아 우리 가운데서 이루시기를 원하노라 영광이 그에게 세세무궁토록 있을지어다 아멘.

5. 행위에 의한 심판

· 전 12:14 – 하나님은 모든 행위와 모든 은밀한 일을 선악 간에 심판하시리라.

· 마 25:34, 41 – 그 때에 임금이 그 오른편에 있는 자들에게 이르시되 내 아버지께 복 받을 자들이여 나아와 창세로부터 너희를 위하여 예비된 나라를 상속받으라…또 왼편에 있는 자들에게 이르시되 저주를 받은 자들아 나를 떠나 마귀와 그 사자들을 위하여 예비된 영원한 불에 들어가라.

· 고후 5:10 – 이는 우리가 다 반드시 그리스도의 심판대 앞에 나타나게 되어 각각 선악간에 그 몸으로 행한 것을 따라 받으려 함이라.

- 약 2:17 – 이와 같이 행함이 없는 믿음은 그 자체가 죽은 것이라.

6. 선행이 다른 사람들을 하나님께로 인도함
  - 마 5:16 – 이같이 너희 빛이 사람 앞에 비치게 하여 그들로 너희 착한 행실을 보고 하늘에 계신 너희 아버지께 영광을 돌리게 하라.
  - 벧전 2:12 – 너희가 이방인 중에서 행실을 선하게 가져 너희를 악행한다고 비방하는 자들로 하여금 너희 선한 일을 보고 오시는 날에 하나님께 영광을 돌리게 하려 함이라.

섭리

1. 보존
  - 느 9:6 – 오직 주는 여호와시라 하늘과 하늘들의 하늘과 일월 성신과 땅과 땅 위의 만물과 바다와 그 가운데 모든 것을 지으시고 다 보존하시오니 모든 천군이 주께 경배하나이다.
  - 시 36:6 – 주의 의는 하나님의 산들과 같고 주의 심판은 큰 바다와 같으니이다 여호와여 주는 사람과 짐승을 구하여 주시나이다.
  - 골 1:17 – 또한 그가 만물보다 먼저 계시고 만물이 그 안에 함께 섰느니라.
  - 히 1:3 – 이는 하나님의 영광의 광채시요 그 본체의 형상이시라 그의 능력의 말씀으로 만물을 붙드시며 죄를 정결하게 하는 일을 하시고 높은 곳에 계신 지극히 크신 이의 우편에 앉으셨느니라.

2. 협력
  - 신 8:18 – 네 하나님 여호와를 기억하라 그가 네게 재물 얻을 능력을 주셨음이라 이같이 하심은 네 조상들에게 맹세하신 언약을 오늘과 같이 이루려 하심이니라.

- 시 104:20 – 주께서 흑암을 지어 밤이 되게 하시니 삼림의 모든 짐승이 기어나오나이다.
- 암 3:6 – 성읍에서 나팔이 울리는데 백성이 어찌 두려워하지 아니하겠으며 여호와의 행하심이 없는데 재앙이 어찌 성읍에 임하겠느냐.
- 마 5:45 – 이같이 한즉 하늘에 계신 너희 아버지의 아들이 되리니 이는 하나님이 그 해를 악인과 선인에게 비추시며 비를 의로운 자와 불의한 자에게 내려주심이라.
- 행 14:17 – 그러나 자기를 증언하지 아니하신 것이 아니니 곧 여러분에게 하늘로부터 비를 내리시며 결실기를 주시는 선한 일을 하사 음식과 기쁨으로 여러분의 마음에 만족하게 하셨느니라 하고.
- 빌 2:13 – 너희 안에서 행하시는 이는 하나님이시니 자기의 기쁘신 뜻을 위하여 너희에게 소원을 두고 행하게 하시나니.

3. 신자
- 창 50:20 – 당신들은 나를 해하려 하였으나 하나님은 그것을 선으로 바꾸사 오늘과 같이 많은 백성의 생명을 구원하게 하시려 하셨나니.
- 출 33:14 – 여호와께서 이르시되 내가 친히 가리라 내가 너를 쉬게 하리라.
- 시 36:7 – 하나님이여 주의 인자하심이 어찌 그리 보배로우신지요 사람들이 주의 날개 그늘 아래에 피하나이다.
- 시 91:1-2, 11 – 지존자의 은밀한 곳에 거주하며 전능자의 그늘 아래에 사는 자여, 나는 여호와를 향하여 말하기를 그는 나의 피난처요 나의 요새요 내가 의뢰하는 하나님이라 하리니…그가 너를 위하여 그의 천사들을 명령하사 네 모든 길에서 너를 지키게 하심이라.
- 롬 8:28, 38-39 – 우리가 알거니와 하나님을 사랑하는 자 곧 그의 뜻대로 부르심을 입은 자들에게는 모든 것이 합력하여 선을 이루느니라…내가 확신하노니 사망이나 생명이나 천사들이나 권세자들이나 현재 일이

나 장래 일이나 능력이나 높음이나 깊음이나 다른 어떤 피조물이라도 우리를 우리 주 그리스도 예수 안에 있는 하나님의 사랑에서 끊을 수 없으리라.

성별

1. 우리 자신의 것이 아닌 몸
   · 고전 6:19-20 - 너희 몸은 너희가 하나님께로부터 받은 바 너희 가운데 계신 성령의 전인 줄을 알지 못하느냐 너희는 너희 자신의 것이 아니라 값으로 산 것이 되었으니 그런즉 너희 몸으로 하나님께 영광을 돌리라.
2. 전념하라
   · 딤후 4:2 - 너는 말씀을 전파하라 때를 얻든지 못 얻든지 항상 힘쓰라 범사에 오래 참음과 가르침으로 경책하며 경계하며 권하라.
3. 증인
   · 사 43:10 - 나 여호와가 말하노라 너희는 나의 증인, 나의 종으로 택함을 입었나니 이는 너희가 나를 알고 믿으며 내가 그인 줄 깨닫게 하려 함이라….

순종

1. 제사보다 나음
   · 삼상 15:22 - 여호와께서 번제와 다른 제사를 그의 목소리를 청종하는 것을 좋아하심 같이 좋아하시겠나이까 순종이 제사보다 낫고 듣는 것이 숫양의 기름보다 나으니.
   · 시 40:6-8 - 주께서 내 귀를 통하여 내게 들려 주시기를 제사와 예물을

기뻐하지 아니하시며 번제와 속죄제를 요구하지 아니하신다 하신지라
그 때에 내가 말하기를 내가 왔나이다 나를 가리켜 기록한 것이 두루마
리 책에 있나이다 나의 하나님이여 내가 주의 뜻 행하기를 즐기오니 주
의 법이 나의 심중에 있나이다 하였나이다.

· 잠 21:3 - 공의와 정의를 행하는 것은 제사 드리는 것보다 여호와께서
기쁘게 여기시느니라.

· 렘 7:22-23 - 사실은 내가 너희 조상들을 애굽 땅에서 인도하여 낸 날에
번제나 희생에 대하여 말하지 아니하며 명령하지 아니하고 오직 내가
이것을 그들에게 명령하여 이르기를 너희는 내 목소리를 들으라 그리하
면 나는 너희 하나님이 되겠고 너희는 내 백성이 되리라 너희는 내가 명
령한 모든 길로 걸어가라 그리하면 복을 받으리라 하였으나.

· 마 9:13 - 너희는 가서 내가 긍휼을 원하고 제사를 원하지 아니하노라
하신 뜻이 무엇인지 배우라….

· 막 12:33 - 또 마음을 다하고 지혜를 다하고 힘을 다하여 하나님을 사랑
하는 것과 또 이웃을 자기 자신과 같이 사랑하는 것이 전체로 드리는 모
든 번제물과 기타 제물보다 나으니이다.

2. 자녀처럼
· 벧전 1:14 - 너희가 순종하는 자식처럼 전에 알지 못할 때에 따르던 너
희 사욕을 본받지 말고.

3. 종처럼
· 롬 6:16 - 너희 자신을 종으로 내주어 누구에게 순종하든지 그 순종함을
받는 자의 종이 되는 줄을 너희가 알지 못하느냐 혹은 죄의 종으로 사망
에 이르고 혹은 순종의 종으로 의에 이르느니라.

심판

1. 행위대로
   · 전 12:14 – 하나님은 모든 행위와 모든 은밀한 일을 선악 간에 심판하시리라.
2. 정한 날
   · 행 17:31 – 이는 정하신 사람으로 하여금 천하를 공의로 심판할 날을 작정하시고 이에 그를 죽은 자 가운데서 다시 살리신 것으로 모든 사람에게 믿을 만한 증거를 주셨음이니라 하니라.
3. 모든 사람이 심판을 받을 것임
   · 롬 14:10-11 – 네가 어찌하여 네 형제를 비판하느냐 어찌하여 네 형제를 업신여기느냐 우리가 다 하나님의 심판대 앞에 서리라 기록되었으되 주께서 이르시되 내가 살았노니 모든 무릎이 내게 꿇을 것이요 모든 혀가 하나님께 자백하리라 하였느니라.
4. 사후에
   · 히 9:27 – 한번 죽는 것은 사람에게 정해진 것이요 그 후에는 심판이 있으리니.
5. 책들이 마지막에 펼쳐짐
   · 계 20:12-13 – 또 내가 보니 죽은 자들이 큰 자나 작은 자나 그 보좌 앞에 서 있는데 책들이 펴 있고 또 다른 책이 펴졌으니 곧 생명책이라 죽은 자들이 자기 행위를 따라 책들에 기록된 대로 심판을 받으니…각 사람이 자기의 행위대로 심판을 받고.

어린이

1. 하나님을 영화롭게 함

- 시 8:2 - 주의 대적으로 말미암아 어린 아이들과 젖먹이들의 입으로 권능을 세우심이여 이는 원수들과 보복자들을 잠잠하게 하려 하심이니이다.
- 시 148:12-13 - 총각과 처녀와 노인과 아이들아 여호와의 이름을 찬양할지어다 그의 이름이 홀로 높으시며 그의 영광이 땅과 하늘 위에 뛰어나심이로다.
- 마 21:15-16 - 대제사장들과 서기관들이 예수께서 하시는 이상한 일과 또 성전에서 소리 질러 호산나 다윗의 자손이여 하는 어린이들을 보고 노하여 예수께 말하되 그들이 하는 말을 듣느냐 예수께서 이르시되 그렇다 어린 아기와 젖먹이들의 입에서 나오는 찬미를 온전하게 하셨나이다 함을 너희가 읽어 본 일이 없느냐 하시고.

2. 하나님의 선물

- 창 33:5 - 에서가 눈을 들어 여인들과 자식들을 보고 묻되 너와 함께 한 이들은 누구냐 야곱이 이르되 하나님이 주의 종에게 은혜로 주신 자식들이니이다.
- 시 113:9 - 또 임신하지 못하던 여자를 집에 살게 하사 자녀들을 즐겁게 하는 어머니가 되게 하시는도다 할렐루야.
- 시 127:3 - 보라 자식들은 여호와의 기업이요 태의 열매는 그의 상급이로다.

3. 기독교적 양육

- 신 6:6-9 - 오늘 내가 네게 명하는 이 말씀을 너는 마음에 새기고 네 자녀에게 부지런히 가르치며 집에 앉았을 때에든지 길을 갈 때에든지 누워 있을 때에든지 일어날 때에든지 이 말씀을 강론할 것이며 너는 또 그

것을 네 손목에 매어 기호를 삼으며 네 미간에 붙여 표로 삼고 또 네 집 문설주와 바깥 문에 기록할지니라.

- 시 119:9-11 – 청년이 무엇으로 그의 행실을 깨끗하게 하리이까 주의 말씀만 지킬 따름이니이다 내가 전심으로 주를 찾았사오니 주의 계명에서 떠나지 말게 하소서 내가 주께 범죄하지 아니하려 하여 주의 말씀을 내 마음에 두었나이다.
- 잠 3:1 – 내 아들아 나의 법을 잊어버리지 말고 네 마음으로 나의 명령을 지키라.
- 전 12:1 – 너는 청년의 때에 너의 창조주를 기억하라 곧 곤고한 날이 이르기 전에, 나는 아무 낙이 없다고 할 해들이 가깝기 전에.
- 딤전 4:12 – 누구든지 네 연소함을 업신여기지 못하게 하고 오직 말과 행실과 사랑과 믿음과 정절에 있어서 믿는 자에게 본이 되어.

4. 징계
- 창 18:19 – 내가 그로 그 자식과 권속에게 명하여 여호와의 도를 지켜 의와 공도를 행하게 하려고 그를 택하였나니 이는 나 여호와가 아브라함에게 대하여 말한 일을 이루려 함이니라.
- 신 8:5 – 너는 사람이 그 아들을 징계함 같이 네 하나님 여호와께서 너를 징계하시는 줄 마음에 생각하고.
- 잠 3:11-12 – 내 아들아 여호와의 징계를 경히 여기지 말라 그 꾸지람을 싫어하지 말라 대저 여호와께서 그 사랑하시는 자를 징계하시기를 마치 아비가 그 기뻐하는 아들을 징계함 같이 하시느니라.
- 잠 13:24 – 매를 아끼는 자는 그의 자식을 미워함이라 자식을 사랑하는 자는 근실히 징계하느니라.
- 잠 19:18 – 네가 네 아들에게 희망이 있은즉 그를 징계하되 죽일 마음은 두지 말지니라.
- 잠 22:6 – 마땅히 행할 길을 아이에게 가르치라 그리하면 늙어도 그것을

떠나지 아니하리라.

- 히 12:7 – 너희가 참음은 징계를 받기 위함이라 하나님이 아들과 같이 너희를 대우하시나니 어찌 아버지가 징계하지 않는 아들이 있으리요.

5. 유혹

- 잠 1:10 – 내 아들아 악한 자가 너를 꾈지라도 따르지 말라.
- 잠 3:31-32 – 포학한 자를 부러워하지 말며 그의 어떤 행위도 따르지 말라 대저 패역한 자는 여호와께서 미워하시나 정직한 자에게는 그의 교통하심이 있으며.
- 잠 4:24-25 – 구부러진 말을 네 입에서 버리며 비뚤어진 말을 네 입술에서 멀리 하라 네 눈은 바로 보며 네 눈꺼풀은 네 앞을 곧게 살펴.
- 잠 5:20-21 – 내 아들아 어찌하여 음녀를 연모하겠으며 어찌하여 이방 계집의 가슴을 안겠느냐 대저 사람의 길은 여호와의 눈 앞에 있나니 그가 그 사람의 모든 길을 평탄하게 하시느니라.
- 잠 6:10-11 – 좀더 자자, 좀더 졸자, 손을 모으고 좀더 누워 있자 하면 네 빈궁이 강도 같이 오며 네 곤핍이 군사 같이 이르리라.

의무

1. 사랑과 순종

- 신 10:12-13 – 이스라엘아 네 하나님 여호와께서 네게 요구하시는 것이 무엇이냐 곧 네 하나님 여호와를 경외하여 그의 모든 도를 행하고 그를 사랑하며 마음을 다하고 뜻을 다하여 네 하나님 여호와를 섬기고 내가 오늘 네 행복을 위하여 네게 명하는 여호와의 명령과 규례를 지킬 것이 아니냐.

2. 정의

· 미 6:8 – 사람아 주께서 선한 것이 무엇임을 네게 보이셨나니 여호와께서 네게 구하시는 것은 오직 정의를 행하며 인자를 사랑하며 겸손하게 네 하나님과 함께 행하는 것이 아니냐.

3. 빛을 비춤

· 마 5:16 – 이같이 너희 빛이 사람 앞에 비치게 하여 그들로 너희 착한 행실을 보고 하늘에 계신 너희 아버지께 영광을 돌리게 하라.

4. 산 제사

· 롬 12:1 – 그러므로 형제들아 내가 하나님의 모든 자비하심으로 너희를 권하노니 너희 몸을 하나님이 기뻐하시는 거룩한 산 제물로 드리라 이는 너희가 드릴 영적 예배니라.

5. 구원을 이룸

· 빌 2:12-13 – 그러므로 나의 사랑하는 자들아 너희가 나 있을 때뿐 아니라 더욱 지금 나 없을 때에도 항상 복종하여 두렵고 떨림으로 너희 구원을 이루라 너희 안에서 행하시는 이는 하나님이시니 자기의 기쁘신 뜻을 위하여 너희에게 소원을 두고 행하게 하시나니.

6. 앞을 향해 나아감

· 빌 3:13-14 – 형제들아 나는 아직 내가 잡은 줄로 여기지 아니하고 오직 한 일 즉 뒤에 있는 것은 잊어버리고 앞에 있는 것을 잡으려고 푯대를 향하여 그리스도 예수 안에서 하나님이 위에서 부르신 부름의 상을 위하여 달려가노라.

7. 경주함

· 히 12:1-2 – 이러므로 우리에게 구름 같이 둘러싼 허다한 증인들이 있으니 모든 무거운 것과 얽매이기 쉬운 죄를 벗어 버리고 인내로써 우리 앞에 당한 경주를 하며 믿음의 주요 또 온전하게 하시는 이인 예수를 바라보자….

1. 구약성경에 언급된 장로

- 창 50:7 – 요셉이 자기 아버지를 장사하러 올라가니 바로의 모든 신하와 바로 궁의 원로들과 애굽 땅의 모든 원로와.
- 민 22:4 – (모압이) 미디안 장로들에게 이르되….
- 수 9:11 – 그러므로 우리 장로들과 우리 나라의 모든 주민이 우리에게 말하여 이르되….

2. 족장들과 함께 한 장로

- 신 5:23 – 산이 불에 타며 캄캄한 가운데에서 나오는 그 소리를 너희가 듣고 너희 지파의 수령과 장로들이 내게 나아와.

3. 모든 교회에서 세우는 장로

- 행 14:23 – 각 교회에서 장로들을 택하여 금식 기도 하며 그들이 믿는 주께 그들을 위탁하고.
- 딛 1:5 – 내가 너를 그레데에 남겨 둔 이유는 남은 일을 정리하고 내가 명한 대로 각 성에 장로들을 세우게 하려 함이니.

4. 장로의 책임

- 행 15:6 – 사도와 장로들이 이 일을(믿는 자의 할례에 관한 일) 의논하러 모여.
- 행 20:28 – 여러분은 자기를 위하여 또는 온 양 떼를 위하여 삼가라 성령이 그들 가운데 여러분을 감독자로 삼고 하나님이 자기 피로 사신 교회를 보살피게 하셨느니라.
- 딤전 5:17 – 잘 다스리는 장로들은 배나 존경할 자로 알되 말씀과 가르침에 수고하는 이들에게는 더욱 그리할 것이니라.
- 약 5:14 – 너희 중에 병든 자가 있느냐 그는 교회의 장로들을 청할 것이요 그들은 주의 이름으로 기름을 바르며 그를 위하여 기도할지니라.

- 벧전 5:1-5 - 너희 중 장로들에게 권하노니 나는 함께 장로 된 자요 그리스도의 고난의 증인이요 나타날 영광에 참여할 자니라 너희 중에 있는 하나님의 양 무리를 치되 억지로 하지 말고 하나님의 뜻을 따라 자원함으로 하며 더러운 이득을 위하여 하지 말고 기꺼이 하며 맡은 자들에게 주장하는 자세를 하지 말고 양 무리의 본이 되라 그리하면 목자장이 나타나실 때에 시들지 아니하는 영광의 관을 얻으리라 젊은 자들아 이와 같이 장로들에게 순종하고 다 서로 겸손으로 허리를 동이라 하나님은 교만한 자를 대적하시되 겸손한 자들에게는 은혜를 주시느니라.

5. 존경받는 자여야 함

- 딤전 5:17 - 잘 다스리는 장로들은 배나 존경할 자로 알되 말씀과 가르침에 수고하는 이들에게는 더욱 그리할 것이니라.
- 히 13:17 - 너희를 인도하는 자들에게 순종하고 복종하라 그들은 너희 영혼을 위하여 경성하기를 자신들이 청산할 자인 것 같이 하느니라 그들로 하여금 즐거움으로 이것을 하게 하고 근심으로 하게 하지 말라 그렇지 않으면 너희에게 유익이 없느니라.

6. 자격

- 딤전 3:1-7 - 미쁘다 이 말이여, 곧 사람이 감독의 직분을 얻으려 함은 선한 일을 사모하는 것이라 함이로다 그러므로 감독은 책망할 것이 없으며 한 아내의 남편이 되며 절제하며 신중하며 단정하며 나그네를 대접하며 가르치기를 잘하며 술을 즐기지 아니하며 구타하지 아니하며 오직 관용하며 다투지 아니하며 돈을 사랑하지 아니하며 자기 집을 잘 다스려 자녀들로 모든 공손함으로 복종하게 하는 자라야 할지며 (사람이 자기 집을 다스릴 줄 알지 못하면 어찌 하나님의 교회를 돌보리요) 새로 입교한 자도 말지니 교만하여져서 마귀를 정죄하는 그 정죄에 빠질까 함이요 또한 외인에게서도 선한 증거를 얻은 자라야 할지니 비방과 마귀의 올무에 빠질까 염려하라.

· 딛 1:5-9 – 내가 너를 그레데에 남겨 둔 이유는 남은 일을 정리하고 내가 명한 대로 각 성에 장로들을 세우게 하려 함이니 책망할 것이 없고 한 아내의 남편이며 방탕하다는 비난을 받거나 불순종하는 일이 없는 믿는 자녀를 둔 자라야 할지라 감독은 하나님의 청지기로서 책망할 것이 없고 제 고집대로 하지 아니하며 급히 분내지 아니하며 술을 즐기지 아니하며 구타하지 아니하며 더러운 이득을 탐하지 아니하며 오직 나그네를 대접하며 선행을 좋아하며 신중하며 의로우며 거룩하며 절제하며 미쁜 말씀의 가르침을 그대로 지켜야 하리니 이는 능히 바른 교훈으로 권면하고 거슬러 말하는 자들을 책망하게 하려 함이라.

재정적으로 청지기 역할을 감당함

1. 자신의 것을 아끼지 않고 후히 베풂
   · 시 41:1 – 가난한 자를 보살피는 자에게 복이 있음이여 재앙의 날에 여호와께서 그를 건지시리로다.
   · 시 112:9 – 그가 재물을 흩어 빈궁한 자들에게 주었으니 그의 의가 영구히 있고 그의 뿔이 영광 중에 들리리로다.
   · 잠 11:25 – 구제를 좋아하는 자는 풍족하여질 것이요 남을 윤택하게 하는 자는 자기도 윤택하여지리라.
   · 마 5:42 – 네게 구하는 자에게 주며 네게 꾸고자 하는 자에게 거절하지 말라.
   · 마 19:21 – 예수께서 이르시되 네가 온전하고자 할진대 가서 네 소유를 팔아 가난한 자들에게 주라 그리하면 하늘에서 보화가 네게 있으리라 그리고 와서 나를 따르라 하시니.
   · 눅 3:11 – 대답하여 이르되 옷 두 벌 있는 자는 옷 없는 자에게 나눠 줄 것이요 먹을 것이 있는 자도 그렇게 할 것이니라 하고.

· 고전 16:1-2 – 성도를 위하는 연보에 관하여는 내가 갈라디아 교회들에게 명한 것 같이 너희도 그렇게 하라 매주 첫날에 너희 각 사람이 수입에 따라 모아 두어서 내가 갈 때에 연보를 하지 않게 하라.

· 딤전 6:18 – 선을 행하고 선한 사업을 많이 하고 나누어 주기를 좋아하며 너그러운 자가 되게 하라.

· 히 13:16 – 오직 선을 행함과 서로 나누어 주기를 잊지 말라 하나님은 이같은 제사를 기뻐하시느니라.

· 약 2:15-16 – 만일 형제나 자매가 헐벗고 일용할 양식이 없는데 너희 중에 누구든지 그에게 이르되 평안히 가라, 덥게 하라, 배부르게 하라 하며 그 몸에 쓸 것을 주지 아니하면 무슨 유익이 있으리요.

· 요일 3:17 – 누가 이 세상의 재물을 가지고 형제의 궁핍함을 보고도 도와 줄 마음을 닫으면 하나님의 사랑이 어찌 그 속에 거하겠느냐.

2. 십일조

· 레 27:30 – 그리고 그 땅의 십분의 일 곧 그 땅의 곡식이나 나무의 열매는 그 십분의 일은 여호와의 것이니 여호와의 성물이라.

· 신 14:22 – 너는 마땅히 매 년 토지 소산의 십일조를 드릴 것이며.

죽음

1. 위로

· 시 23:4 – 내가 사망의 음침한 골짜기로 다닐지라도 해를 두려워하지 않을 것은 주께서 나와 함께 하심이라 주의 지팡이와 막대기가 나를 안위하시나이다.

2. 영생

· 요 10:28-29 – 내가 그들에게 영생을 주노니 영원히 멸망하지 아니할

것이요 또 그들을 내 손에서 빼앗을 자가 없느니라 그들을 주신 내 아버지는 만물보다 크시매 아무도 아버지 손에서 빼앗을 수 없느니라.

- 요 11:25-26 – 예수께서 이르시되 나는 부활이요 생명이니 나를 믿는 자는 죽어도 살겠고 무릇 살아서 나를 믿는 자는 영원히 죽지 아니하리니 이것을 네가 믿느냐.
- 요 14:1-3 – 너희는 마음에 근심하지 말라 하나님을 믿으니 또 나를 믿으라 내 아버지 집에 거할 곳이 많도다 그렇지 않으면 너희에게 일렀으리라 내가 너희를 위하여 거처를 예비하러 가노니 가서 너희를 위하여 거처를 예비하면 내가 다시 와서 너희를 내게로 영접하여 나 있는 곳에 너희도 있게 하리라.

3. 그리스도 안에서 살아남
- 롬 6:4 – 그러므로 우리가 그의 죽으심과 합하여 세례를 받음으로 그와 함께 장사되었나니 이는 아버지의 영광으로 말미암아 그리스도를 죽은 자 가운데서 살리심과 같이 우리로 또한 새 생명 가운데서 행하게 하려 함이라.
- 고전 15:20 – 그러나 이제 그리스도께서 죽은 자 가운데서 다시 살아나사 잠자는 자들의 첫 열매가 되셨도다.

4. 영생의 약속
- 벧후 3:13 – 우리는 그의 약속대로 의가 있는 곳인 새 하늘과 새 땅을 바라보도다.
- 요일 2:25 – 그가 우리에게 약속하신 것은 이것이니 곧 영원한 생명이니라.
- 계 21:3-4 – 내가 들으니 보좌에서 큰 음성이 나서 이르되 보라 하나님의 장막이 사람들과 함께 있으매 하나님이 그들과 함께 계시리니 그들은 하나님의 백성이 되고 하나님은 친히 그들과 함께 계셔서 모든 눈물을 그 눈에서 닦아 주시니 다시는 사망이 없고 애통하는 것이나 곡하는 것

이나 아픈 것이 다시 있지 아니하리니 처음 것들이 다 지나갔음이러라.

5. 그리스도 안에서의 승리
  · 고전 15:54-57 – 이 썩을 것이 썩지 아니함을 입고 이 죽을 것이 죽지
    아니함을 입을 때에는 사망을 삼키고 이기리라고 기록된 말씀이 이루어
    지리라 사망아 너의 승리가 어디 있느냐 사망아 네가 쏘는 것이 어디 있
    느냐 사망이 쏘는 것은 죄요 죄의 권능은 율법이라 우리 주 예수 그리스
    도로 말미암아 우리에게 승리를 주시는 하나님께 감사하노니.

지옥

  · 마 7:13-14 – 좁은 문으로 들어가라 멸망으로 인도하는 문은 크고 그 길
    이 넓어 그리로 들어가는 자가 많고 생명으로 인도하는 문은 좁고 길이
    협착하여 찾는 자가 적음이라.
  · 마 13:41-42 – 인자가 그 천사들을 보내리니 그들이 그 나라에서 모든
    넘어지게 하는 것과 또 불법을 행하는 자들을 거두어 내어 풀무 불에 던
    져 넣으리니 거기서 울며 이를 갈게 되리라.
  · 마 22:13 – 임금이 사환들에게 말하되 그 손발을 묶어 바깥 어두운 데에
    내던지라 거기서 슬피 울며 이를 갈게 되리라 하니라.
  · 마 25:41, 46 – 또 왼편에 있는 자들에게 이르시되 저주를 받은 자들아
    나를 떠나 마귀와 그 사자들을 위하여 예비된 영원한 불에 들어가라…
    그들은 영벌에, 의인들은 영생에 들어가리라 하시니라.
  · 고전 6:9-10 – 불의한 자가 하나님의 나라를 유업으로 받지 못할 줄을
    알지 못하느냐 미혹을 받지 말라 음행하는 자나 우상 숭배하는 자나 간
    음하는 자나 탐색하는 자나 남색하는 자나 도적이나 탐욕을 부리는 자
    나 술 취하는 자나 모욕하는 자나 속여 빼앗는 자들은 하나님의 나라를

유업으로 받지 못하리라.

1. 책
   · 느 8:3 – 수문 앞 광장에서 새벽부터 정오까지 남자나 여자나 알아들을
     만한 모든 사람 앞에서 읽으매 뭇 백성이 그 율법책에 귀를 기울였는데.
   · 시 40:7 – 그 때에 내가 말하기를 내가 왔나이다 나를 가리켜 기록한 것
     이 두루마리 책에 있나이다.
   · 사 34:16 – 너희는 여호와의 책에서 찾아 읽어보라 이것들 가운데서 빠
     진 것이 하나도 없고 제 짝이 없는 것이 없으리니 이는 여호와의 입이
     이를 명령하셨고 그의 영이 이것들을 모으셨음이라.
   · 갈 3:10 – 무릇 율법 행위에 속한 자들은 저주 아래에 있나니 기록된 바
     누구든지 율법 책에 기록된 대로 모든 일을 항상 행하지 아니하는 자는
     저주 아래에 있는 자라 하였음이라.
   · 계 22:19 – 만일 누구든지 이 두루마리의 예언의 말씀에서 제하여 버리
     면 하나님이 이 두루마리에 기록된 생명나무와 및 거룩한 성에 참여함
     을 제하여 버리시리라.
2. 성경
   · 롬 1:2 – 이 복음은 하나님이 선지자들을 통하여 그의 아들에 관하여 성
     경에 미리 약속하신 것이라.
   · 고전 15:3 – 내가 받은 것을 먼저 너희에게 전하였노니 이는 성경대로
     그리스도께서 우리 죄를 위하여 죽으시고.
   · 딤후 3:16 – 모든 성경은 하나님의 감동으로 된 것으로 교훈과 책망과
     바르게 함과 의로 교육하기에 유익하니.

3. 하나님의 말씀

- 눅 11:28 – 예수께서 이르시되 오히려 하나님의 말씀을 듣고 지키는 자가 복이 있느니라 하시니라.
- 골 3:16 – 그리스도의 말씀이 너희 속에 풍성히 거하여….
- 히 4:12 – 하나님의 말씀은 살아 있고 활력이 있어 좌우에 날선 어떤 검보다도 예리하여 혼과 영과 및 관절과 골수를 찔러 쪼개기까지 하며 또 마음의 생각과 뜻을 판단하나니.
- 약 1:21 – 그러므로 모든 더러운 것과 넘치는 악을 내버리고 너희 영혼을 능히 구원할 바 마음에 심어진 말씀을 온유함으로 받으라.

회개

1. 세례 요한이 전파한 회개

- 마 3:2, 7 – 회개하라 천국이 가까이 왔느니라 하였으니…요한이 많은 바리새인들과 사두개인들이 세례 베푸는 데로 오는 것을 보고 이르되 독사의 자식들아 누가 너희를 가르쳐 임박한 진노를 피하라 하더냐.
- 막 1:4 – 세례 요한이 광야에 이르러 죄 사함을 받게 하는 회개의 세례를 전파하니.
- 눅 3:3 – 요한이 요단 강 부근 각처에 와서 죄 사함을 받게 하는 회개의 세례를 전파하니.

2. 예수님이 전파한 회개

- 마 4:17 – 이 때부터 예수께서 비로소 전파하여 이르시되 회개하라 천국이 가까이 왔느니라 하시더라.
- 막 1:14-15 – 요한이 잡힌 후 예수께서 갈릴리에 오셔서 하나님의 복음을 전파하여 이르시되 때가 찼고 하나님의 나라가 가까이 왔으니 회개

하고 복음을 믿으라 하시더라.

- 눅 5:32 – 내가 의인을 부르러 온 것이 아니요 죄인을 불러 회개시키러 왔노라.

3. 베드로가 전파한 회개
- 행 2:38 – 베드로가 이르되 너희가 회개하여 각각 예수 그리스도의 이름으로 세례를 받고 죄 사함을 받으라 그리하면 성령의 선물을 받으리니.
- 행 3:19 – 그러므로 너희가 회개하고 돌이켜 너희 죄 없이 함을 받으라 이같이 하면 새롭게 되는 날이 주 앞으로부터 이를 것이요.
- 행 8:22 – 그러므로 너의 이 악함을 회개하고 주께 기도하라….

4. 바울이 전파한 회개
- 행 17:30-31 – 알지 못하던 시대에는 하나님이 간과하셨거니와 이제는 어디든지 사람에게 다 명하사 회개하라 하셨으니 이는 정하신 사람으로 하여금 천하를 공의로 심판할 날을 작정하시고 이에 그를 죽은 자 가운데서 다시 살리신 것으로 모든 사람에게 믿을 만한 증거를 주셨음이니라 하니라.
- 행 20:21 – 유대인과 헬라인들에게 하나님께 대한 회개와 우리 주 예수 그리스도께 대한 믿음을 증언한 것이라.
- 행 26:20 – 먼저 다메섹과 예루살렘에 있는 사람과 유대 온 땅과 이방인에게까지 회개하고 하나님께로 돌아와서 회개에 합당한 일을 하라 전하므로.

5. 사도들이 전파한 회개
- 막 6:12 – 제자들이 나가서 회개하라 전파하고.

6. 그리스도께서 모든 복음 전파자에게 요구하신 회개
- 눅 24:45-47 – 이에 그들의 마음을 열어 성경을 깨닫게 하시고 또 이르시되 이같이 그리스도가 고난을 받고 제삼일에 죽은 자 가운데서 살아날 것과 또 그의 이름으로 죄 사함을 받게 하는 회개가 예루살렘에서 시

작하여 모든 족속에게 전파될 것이 기록되었으니.

7. 하늘에 기쁨을 가져다주는 회개
- 눅 15:7 – 내가 너희에게 이르노니 이와 같이 죄인 한 사람이 회개하면 하늘에서는 회개할 것 없는 의인 아흔아홉으로 말미암아 기뻐하는 것보다 더하리라.

8. 용서에 선행하는 회개
- 신 4:30 – 이 모든 일이 네게 임하여 환난을 당하다가 끝날에 네가 네 하나님 여호와께로 돌아와서 그의 말씀을 청종하리니.
- 겔 18:21-23 – 그러나 악인이 만일 그가 행한 모든 죄에서 돌이켜 떠나 내 모든 율례를 지키고 정의와 공의를 행하면 반드시 살고 죽지 아니할 것이라 그 범죄한 것이 하나도 기억함이 되지 아니하리니 그가 행한 공의로 살리라 주 여호와의 말씀이니라 내가 어찌 악인이 죽는 것을 조금인들 기뻐하랴 그가 돌이켜 그 길에서 떠나 사는 것을 어찌 기뻐하지 아니하겠느냐.
- 암 5:4-6 – 여호와께서 이스라엘 족속에게 이와 같이 말씀하시기를 너희는 나를 찾으라 그리하면 살리라 벧엘을 찾지 말며 길갈로 들어가지 말며 브엘세바로도 나아가지 말라 길갈은 반드시 사로잡히겠고 벧엘은 비참하게 될 것임이라 하셨나니 너희는 여호와를 찾으라 그리하면 살리라 그렇지 않으면 그가 불 같이 요셉의 집에 임하여 멸하시리니 벧엘에서 그 불들을 끌 자가 없으리라.
- 눅 13:2-3 – 너희는 이 갈릴리 사람들이 이같이 해 받으므로 다른 모든 갈릴리 사람보다 죄가 더 있는 줄 아느냐 너희에게 이르노니 아니라 너희도 만일 회개하지 아니하면 다 이와 같이 망하리라.

개혁된 실천 시리즈 ━━━━━━━━━━

1. 조엘 비키의 교회에서의 가정
설교 듣기와 기도 모임의 개혁된 실천
조엘 비키 지음 | 유정희 옮김

이 책은 가정생활의 두 가지 중요한 영역에 대한 실제적 지침을 포함하고 있다. 첫째, 공예배를 위해 가족들을 어떻게 준비시켜야 하는지, 설교 말씀을 어떻게 받아야 하는지, 그 말씀을 어떻게 실천해야 하는지 설명한다. 둘째, 기도 모임이 교회의 부흥과 얼마나 관련이 깊은지 역사적으로 고찰하면서, 기도 모임의 성경적 근거를 제시하고, 그 목적을 설명하며, 나아가 바람직한 실행 방법을 설명한다.

2. 존 오웬의 그리스도인의 교제 의무
그리스도인의 교제의 개혁된 실천
존 오웬 지음 | 김태곤 옮김

이 책은 그리스도인 상호 간의 교제에 대해 청교도 신학자이자 목회자였던 존 오웬이 저술한 매우 실천적인 책으로서, 이 책에서 우리는 청교도들이 그리스도인의 교제를 얼마나 중시했는지 엿볼 수 있다. 이 책은 그리스도인의 교제에 대한 핵심 원칙들을 담고 있다. 교회 안의 그룹 성경공부에 적합하도록 각 장 뒤에는 토의할 문제들이 부가되어 있다.

3. 개혁교회의 가정 심방
가정 심방의 개혁된 실천
피터 데 용 지음 | 조계광 옮김

목양은 각 멤버의 영적 상태를 개별적으로 확인하고 권면하고 돌보는 일을 포함한다. 이를 위해 교회는 역사적으로 가정 심방을 실시하였다. 이 책은 외국 개혁교회에서 꽃피웠던 가정 심방의 실제 모습을 보여주며, 한국 교회 안에서 행해지는 가정 심방의 개선점을 시사

해준다.

4. 네덜란드 개혁교회의 자녀양육
자녀양육의 개혁된 실천
야코부스 꿀만 지음 | 유정희 옮김

이 책에서 우리는 17세기 네덜란드 개혁교회 배경에서 나온 자녀양육법을 살펴볼 수 있다. 경건한 17세기 목사인 야코부스 꿀만은 자녀양육과 관련된 당시의 지혜를 한데 모아서 구체적인 282개 지침으로 꾸며 놓았다. 부모들이 이 지침들을 읽고 실천하면 큰 도움을 받을 수 있게 하였다. 의도는 선하더라도 방법을 모르면 결과를 낼 수 없다. 우리 그리스도인 부모들은 구체적인 자녀양육 방법을 배우고 실천해야 한다.

5. 신규 목회자 핸드북
제이슨 헬로포울로스 지음 | 리곤 던컨 서문 | 김태곤 옮김

이 책은 새로 목회자가 된 사람을 향한 주옥같은 48가지 조언을 담고 있다. 리곤 던컨, 케빈 드영, 앨버트 몰러, 알리스테어 베그, 팀 챌리스 등이 이 책에 대해 극찬하였다. 이 책은 읽기 쉽고 매우 실천적이며 유익하다.

6. 신약 시대 신자가 왜 금식을 해야 하는가
금식의 개혁된 실천
대니얼 R. 하이드 지음 | 김태곤 옮김

금식은 과거 구약 시대에 국한된, 우리와 상관없는 실천사항인가? 신약 시대 신자가 정기적인 금식을 의무적으로 행해야 하는가? 자유롭게 금식할 수 있는가? 금식의 목적은 무엇인가? 이 책은 이런 여러 질문에 답하면서, 이 복된 실천사항을 성경대로 회복할 것을 촉구한다.

7. 개혁교회 공예배
공예배의 개혁된 실천
대니얼 R. 하이드 지음 | 이선숙 옮김

많은 신자들이 평생 수백 번, 수천 번의 공예배를 드리지만 정작 예배에 대해서 제대로 이해하지 못하는 경우가 많다. 당신은 예배가 왜 지금과 같은 구조와 순서로 되어 있는지 이해하고 예배하는가? 신앙고백은 왜 하는지, 목회자가 왜 대표로 기도하는지, 말씀은 왜 읽는지, 축도는 왜 하는지 이해하고 참여하는가? 이 책은 분량은 많지 않지만 공예배의 핵심 사항들에 대하여 알기 쉽게 알려준다.

8. 아이들이 공예배에 참석해야 하는가
아이들의 예배 참석의 개혁된 실천
대니얼 R. 하이드 지음 | 유정희 옮김

아이들만의 예배가 성경적인가? 아니면 아이들도 어른들의 공예배에 참석해야 하는가? 성경은 이에 대해 무엇을 말하는가? 아이들의 공예배 참석은 어떤 유익이 있으며 실천적인 면에서 주의할 점은 무엇인가? 이 책은 아이들의 공예배 참석 문제에 대해 성경을 토대로 돌아보게 한다.

9. 마음을 위한 하나님의 전투 계획
청교도가 실천한 성경적 묵상
데이비드 색스톤 지음 | 조엘 비키 서문 | 조계광 옮김

묵상하지 않으면 경건한 삶을 살 수 없다. 우리 시대에 일어나고 있는 일이 바로 이것이다. 오늘날은 명상에 대한 반감으로 묵상조차 거부한다. 그러면 무엇이 잘못된 명상이고 무엇이 성경적 묵상인가? 저자는 방대한 청교도 문헌을 조사하여 청교도들이 실천한 묵상을 정리하여 제시하면서, 성경적 묵상이란 무엇이고, 왜 묵상을 해야 하며, 어떻게 구체적으로 묵상을 실천하는지 알려준다. 우리는 다시금 이 필수적인 실천사항으로 돌아가야 한다.

10. 장로와 그의 사역
장로 직분의 개혁된 실천
데이비드 딕슨 지음 | 김태곤 옮김

장로는 무슨 일을 하는 사람인가? 스코틀랜드 개혁교회 장로에게서 장로의 일에 대한 조언을 듣자. 이 책은 장로의 사역에 대한 지침서인 동시에 남을 섬기는 삶의 모델을 보여주는 책이다. 이 책 안에는 비단 장로뿐만 아니라 모든 그리스도인이 본받아야 할, 섬기는 삶의 아름다운 모델이 담겨 있다. 이 책은 따뜻하고 영감을 주는 책이다.

11. 9Marks 마크 데버, 그렉 길버트의 설교
설교의 개혁된 실천
마크 데버, 그렉 길버트 지음 | 이대은 옮김

1부에서는 설교에 대한 신학을, 2부에서는 설교에 대한 실천을 담고 있고, 3부는 설교 원고의 예를 담고 있다. 이 책은 신학적으로 탄탄한 배경 위에서 설교에 대해 가장 실천적으로 코칭하는 책이다.

12. 북미 개혁교단의 교회개척 매뉴얼
URCNA 교단의 공식 문서를 통해 배우는 교회개척 원리와 실천
이 책은 북미연합개혁교회(URCNA)라는 개혁교단의 교회개척 매뉴얼로서, 교회개척의 첫걸음부터 그 마지막 단계까지 성경의 원리에 입각한 교회개척 방법을 가르쳐준다. 모든 신자는 함께 교회를 개척하여 그리스도의 나라를 확장해야 한다.

13. 예배의 날
제4계명의 개혁된 실천
라이언 맥그로우 지음 | 조계광 옮김

제4계명은 십계명 중 하나로서 삶의 골간을 이루는 중요한 계명이다. 하나님의 뜻을 따르는 우리는 이를 모호하게 이해하고, 모호하게 실천하면 안 되며, 제대로 이해하고, 제대로 실천해야 한다. 이를 위해 우리는 이 계명의

참뜻을 신중하게 연구해야 한다. 이 책은 가장 분명한 논증을 통해 제4계명의 의미를 해석하고 밝혀준다. 하나님은 그날을 왜 제정하셨나? 그날은 얼마나 복된 날이며 무엇을 하면서 하나님의 복을 받는 날인가? 교회사에서 이 계명은 어떻게 이해되었고 어떤 학설이 있고 어느 관점이 성경적인가? 오늘날 우리는 이 계명을 어떻게 지킬 것인가?

14. 생기 넘치는 교회의 4가지 기초
건강한 교회 생활의 개혁된 실천
월리엄 보에케스타인, 대니얼 하이드 공저

이 책은 두 명의 개혁과 목사가 교회에 대해 저술한 책이다. 이 책은 기존의 교회성장에 관한 책들과는 궤를 달리하며, 교회의 정체성, 권위, 일치, 활동 등 네 가지 영역에서 성경적 원칙이 확립되고 '질서가 잘 잡힌 교회'가 될 것을 촉구한다. 이 4가지 부분에서 성경적 실천이 조화롭게 형성되면 생기 넘치는 교회가 되기 위한 기초가 형성되는 셈이다. 이 네 영역 중 하나라도 잘못되고 무질서하면 그만큼 교회의 삶은 혼탁해지며 교회는 약해지게 된다.

15. 9Marks 힘든 곳의 지역 교회
가난하고 곤고한 곳에 교회가 어떻게 생명을 가져다 주는가
메즈 맥코넬, 마이크 맥킨리 지음 | 김태곤 옮김

이 책은 각각 브라질, 스코틀랜드, 미국 등의 빈궁한 지역에서 지역 교회 사역을 해 오고 있는 두 명의 저자가 그들의 실제 경험을 바탕으로 쓴 책이다. 이 책은 그런 지역에 가장 필요한 사역, 가장 효과적인 사역, 장기적인 변화를 가져오는 사역이 무엇인지 가르쳐준다. 힘든 곳에 사는 사람들을 긍휼히 여기는 마음이 있다면 꼭 참고할 만한 책이다.

16. 단순한 영성
영적 훈련의 개혁된 실천
도널드 휘트니 지음 | 이대은 옮김

본서는 단순한 영성을 구현하기 위한 영적 훈련 방법에 대한 소중한 조언으로 가득하다. 성경 읽기, 성경 묵상, 기도하기, 일지 쓰기, 주일 보내기, 가정 예배, 영적 위인들로부터 유익 얻기, 독서하기, 복음전도, 성도의 교제 등 거의 모든 분야의 영적 훈련에 대해 말하고 있다. 조엘 비키 박사는 이 책의 내용의 절반만 실천해도 우리의 영적 생활이 분명 나아질 것이라고 한다. 그리고 한 장씩 주의하며 읽고, 날마다 기도하며 실천하라고 조언한다.

17. 지상명령 바로알기
지상명령의 개혁된 실천
마크 데버 지음 | 김태곤 옮김

이 책은 지상명령의 바른 이해와 실천을 알려준다. 지상명령은 복음전도가 전부가 아니며 예수님이 분부하신 모든 것을 가르쳐 지키게 하는 것까지 포함하는 포괄적인 명령이다. 따라서 이 명령 아래 살아가고 있는 그리스도인들은 모든 것을 가르쳐 지키게 하는 그러한 시스템을 구축하고 이를 실천해야 한다. 이 책은 예수님이 이 명령을 교회에게 명령하셨다고 지적하며 지역 교회가 이 일을 수행할 수 있는 실천적 방법들을 구체적으로 다루고 있다. 삶으로 그리스도를 따르는 제자들로 가득 찬 교회를 꿈꾼다면 이 책이 큰 도움이 될 것이다.

18. 목사와 상담
목회 상담의 개혁된 실천
제레미 피에르, 디팍 레주 지음 | 차수정 옮김

이 책은 목회 상담이라는 어려운 책무를 어떻게 수행해야 하는지 차근차근 단계별로 쉽게 가르쳐준다. 상담의 목적은 복음의 적용이다. 이 책은 이 영광스러운 임무를 효과적으로 수행할 수 있도록 첫 상담부터 마지막 상담까지 상담 프로세스를 어떻게 꾸려가야 할지 가르쳐준다.

19. 장로 핸드북
모든 성도가 알아야 할 장로 직분
제럴드 벌고프, 레스터 데 코스터 공저 | 송광택 옮김

하나님은 복수의 장로를 통해 교회를 다스리
신다. 복수의 장로가 자신의 역할을 잘 감당해
야 교회 안에 하나님의 통치가 제대로 편만하
게 미친다. 이 책은 그토록 중요한 장로 직분
에 대한 성경의 가르침을 정리하여 제공한다.
이 책의 원칙에 의거하여 오늘날 교회 안에서
장로 후보들이 잘 양육되고 있고, 성경이 말하
는 자격요건을 구비한 장로들이 성경적 원칙
에 의거하여 선출되고, 장로들이 자신의 감독
과 목양 책임을 잘 수행하고 있는가? 우리는
장로 직분을 바로 이해하고 새롭게 실천하여
야 할 것이다. 이 책은 비단 장로만을 위한 책
이 아니라 모든 성도를 위한 책이다. 성도는
장로를 선출하고 장로의 다스림에 복종하고
장로의 감독을 받고 장로를 위해 기도하고 장
로의 직분 수행을 돕고 심지어 장로 직분을 사
모해야 하기 때문에 장로 직분에 대한 깊은 이
해가 필수적이다.

20. 집사 핸드북
모든 성도가 알아야 할 집사 직분
제럴드 벌고프, 레스터 데 코스터 공저 | 황영철 옮김

하나님의 율법은 교회 안에서 곤핍한 자들, 외
로운 자들, 정서적 필요를 가진 자들을 따뜻하
고 자애롭게 돌볼 것을 명한다. 거룩한 공동체
안에 한 명도 소외된 자가 없도록 이러한 돌
봄이 잘 이루어져야 한다. 이 일은 기본적으로
모든 성도가 힘써야 할 책무이지만 교회는 특
별히 이 일에 책임을 지고 감당하도록 집사 직
분을 세운다. 오늘날 율법의 명령이 잘 실천되
어 교회 안에 사랑과 섬김의 손길이 구석구석
미치고 있는가? 우리는 집사 직분을 바로 이
해하고 새롭게 실천하여야 할 것이다. 그것은
교회 공동체를 향한 하나님의 거룩한 뜻이다.